家族资产管理

财富传承的成功哲学

应松 ◎ 著

ZHEJIANG UNIVERSITY PRESS
浙江大学出版社

图书在版编目（CIP）数据

家族资产管理：财富传承的成功哲学 / 应松著. —
杭州：浙江大学出版社，2021.4
ISBN 978-7-308-21089-8

Ⅰ. ①家… Ⅱ. ①应… Ⅲ. ①家族－资产管理 Ⅳ.
①F830.593

中国版本图书馆CIP数据核字(2021)第030066号

家族资产管理：财富传承的成功哲学

应 松 著

策　　划	杭州蓝狮子文化创意股份公司	
责任编辑	黄兆宁	
责任校对	卢　川　张　睿	
出版发行	浙江大学出版社	
	（杭州市天目山路148号　　邮政编码　310007）	
	（网址：http://www.zjupress.com）	
排　　版	杭州林智广告有限公司	
印　　刷	杭州钱江彩色印务有限公司	
开　　本	710mm×1000mm　1/16	
印　　张	19.75	
字　　数	254千	
版 印 次	2021年4月第1版　2021年4月第1次印刷	
书　　号	ISBN 978-7-308-21089-8	
定　　价	78.00元	

业如其人，一见如故

　　我认识应松的时间并不久，第一次见面时他就给我留下了面目温润、谈吐委婉、行为温文尔雅的印象，与我所熟悉的银行资管界人士甚为不同。谈及他所钟情的家族办公室事业，他的认知与我的见解颇为吻合。随后聊到他的家世，才得知其祖父是中国电影史上赫赫有名的第一代大导演应云卫先生。难怪应松有此温润的君子之气！

　　我和应松一见如故，除了因为他的君子之气，更多的是由于对他所从事的家族办公室事业的认同。自人类进入工业化时代，财富的集聚便进入了复利发展的阶段。中国在近代百余年历史里，虽曾与世界大背景下的工业化同频，但历经贫穷与战争，步履蹒跚，家族财富未能聚集成型，家族办公室需求亦未曾真正萌芽。中国改革开放40余年，是人类历史上体量最大、持续时间最长的经济发展，也是人类历史上最大的"造富运动"。它造就了人类历史上最大的一群"有钱人家"。时至今日，由于马太效应的作用，这种"造富运动"正在加速发展。如无意外，20年后中国将形成全球最大的家族财富群。

　　家族财富管理的独立化和制度化始自欧洲。人类在漫长的狩猎和农耕时代，劳动所获只能满足温饱和遗传。以蒸汽机为代表的近代科技出现后，经济进入了加速发展的轨道。家庭收入开始超过维持温饱的需求，大户人家开始有了财富的积累。当财富集聚到一定的规模，而经济出现了通胀，对财富的保值增值也就变成了真实的需求。家族办公室最早出现在欧洲的一些"老钱"的家族里，他们专门聘请了家族以外的专业人士来管理家族的财富。在有些家族里，如果家族资产增加超过一定的水准，管理人还可以从这些增量里分得一小部分。自此，家族办公室作为资产管理的一种制度安排便开始发扬光大起来。

家族办公室在第一代创业者掌权时通常都难以成型，因为对于第一代创业者来说，每一分钱都是血汗钱，他们不愿意把自己辛辛苦苦挣来的钱交给其他人去打理。家族办公室的兴起通常都是在第一代创业者退出舞台，由第二代、第三代掌权的时候。后人的财富是继承来的并不是奋斗来的，因此他们通常对于家族财富并没有那么多的情感牵扯，也因此愿意更理性地交给职业管理人去打理。所以家族办公室便应运而生。

中国当下经济的发展和财富的积累恰好是第一代创业者进入退休、第二代继承人开始接班的阶段。家族办公室行业也开始进入蓬勃发展的强劲时期。应松关于家族办公室的书确是恰逢其时，相信对于那些要设立家族办公室和钟情于财富管理的朋友来说，这是一本必读的专业书。

是为序。

阎焱

赛富基金创始管理合伙人

序 二

我心中的应松和财富话题

应松找我给他的第一本书作序，而我也是人生第一次帮别人写序。我当时脱口而出："你不应该找一个更大牌的人吗？咱俩可是谁都蹭不着谁的流量。"

我和应松已经认识了 20 多年，初次见面是在深圳八卦岭平安大厦的麦肯锡改革小组，而此后的两三年，我们吃住工作几乎都在一起。那时，我们经常一起做投影，需要先在电脑里写好 PPT，然后复印在一张张透明的胶片上，再把胶片放在一个沉重的带着灯泡的投影仪上，手动播放，我们小心翼翼地带着一盒盒的胶片去平安在全国各省的分公司宣讲、推广改革方案。那时候投影还是很新鲜的事物，所浸透的国际一流金融机构的管理经验更是新鲜的，我们站在投影仪高流明的强光里"指点" PPT，颇有布道般的恍惚。如今 20 年过去，胶片投影早已演变成了无线投屏，但是这背后的金字塔写作原则、七步成诗工作流程、MECE 分析法 ① 等，依然流传至今。

应松当时给我的印象是谦和、冷静，善于深度思考，不论遇到什么事情，脸上总是带着淡定的笑容。他每天比我这个公认的乐观者笑得还多。应松的职业轨迹大约是：

---

① MECE 分析法，全称 Mutually Exclusive Collectively Exhaustive，中文意思是"相互独立，完全穷尽"。

中国银行→中国平安→英国标准人寿保险公司（Standard Life）→瑞典斯堪地亚集团（Skandia Group）→法国安盛公司（AXA）→诺亚财富→自主创业，建立了优脉（家族办公室联盟）。

这条职业轨迹可以说横跨了资金端和资产端，覆盖了中国金融机构除了券商投行经纪业务的大部分金融专业领域，再加上他这么多年来喜欢深度思考、开放学习，有积淀更有所成。我在国庆长假期间花了几天时间阅读了他的新书书稿，感到他已经打通了金融的任督二脉，一通百通。

应松所创立的优脉的商业模式是指中国高净值和超高净值人群的财富管理及相关家族办公室事业（或还未到成立单一家族办公室时机）的一种服务提供商。而应松所写的这本书所适应的读者范围却远远大于高净值与超高净值人群这个群体，时代由"造富为主，转向财富管理与传承"，面向未来20年，就财富管理而言，书中的故事、信息、理念、方法论，各个人群均可以各取所需。

在中国，财富是一个刺激又敏感的话题。2020年10月14日，习近平总书记参加深圳经济特区建立40周年庆祝大会时，充分肯定了改革开放的成功。民族复兴，财富先行，万里长征才走完了前半程。这40年，中国人希望自身致富所产生的自驱力是中国经济最大的发展动力，而人们造富所积累的财富又变成新的生产要素，投入新的生产中。所以不论是动机归因还是要素归因，我们都可以说，财富是改革的功臣之一。

但是，一个社会，一个家庭，穷有穷的窘迫，富有富的烦恼：

· 我们社会的贫富差距到底有多大？又该缩小到怎样的程度才属于合理范围？

· 财富焦虑为何一直存在，拥有多少钱才算得上是财富自由？为什么达到了若干年前设定的标准，却没觉得有多自由？

· 富余出来的钱，是继续投资做企业，还是分一部分交给专业人士（机构）做财富管理？

· 自己的孩子不愿意接班，那么代际传承，是传事业，是传财富，还是传幸福？

· 下一代人持续幸福的能力，与财富有多大关系？

这些问题，读者都可以从书中找到建议，确切地说，更多的不是答案而是方法论，然后得出各自的结论。

未来 10 年，投资中国依然是做好财富管理的明智之举。从回报角度看，中国仍是最具成长性的巨大的市场，以及远没有释放完的放松管制可以带来的改革激励红利，都是投资中国的理由。从风险角度看（应松书里谈到财富管理，每每首先强调"风险"），比较全世界主要国家的未来，因为体制、机制和领先全球的及时且广泛的大数据应用，中国政府部门及金融监管机构对"风起于青萍之末"的各类风险苗头具备了比过往超前很多的先知先觉能力，所以中国出现一般性系统性风险的概率相对较低。换言之，在全球资产配置时代背景下的个人投资，投资中国这个布局的风险是相对较小的。在我身边就有许多人，在过去 30 年中主要是进攻型投资理财，包括买房买股、创立事业。而在未来 30 年，从风险角度出发，我们需要降低预期，并增加更多的耐心。

另外，财富与幸福之间不是等号关系。从 40 年来埋头狂奔造富，到抬头寻找意义、增加幸福感，我们传给下一代的不应该仅仅是财富，更需要"持续快乐的能力"，这包括受用一生的强大心理调节能力、自律能力、维持健康身体的能力、共情心，等等。智商、情商、财商三者之间，除了智商绝大程度上由遗传基因决定，情商与财商都是可以后天培养的，受原生家庭、学习成长路径影响，是可以塑造的。

再说回应松。中国过去的金融体系貌似发达，实则有些畸形，比如一些金融机构对外宣称"以客户为本"，但实际上屡试不爽的却是"渠道为王"，一切金融产品都靠卖，不论是银行、信托，还是第三方财富管理机构，往往都打着财富管理的名义实则做着产品销售。你以为他是队友，其实他是对手。是时候从交易驱动转向服务驱动。在《家族资产管理》这本书中，讲述了 customer（顾客）和 client（委托人）的区别，讲述了真正站在客户立场做专业财富管理平台、委外家族办公室的定位，他们有时候甚至需要与金融机构"敌对"，从这个角度看，"定位排在首位，专业技能则在其次"的准则才具有了意义。

通读这本书的时候，我时不时"走神"。因为本书在讲述专业分享的同时，也穿插了应松自己人生前半场的足迹，其中包括他人生感悟的回响、家族寻根的深思。阅读的过程中，我仿佛在回顾世界和中国财富史的同时，也能够看到他年近50岁创业时，曾有过的纠结和决心、积淀与绽放，如老友间围炉烹茶，向读者娓娓道来。其实人这一生，每个人都是自己的病人，每个人也都是自己的医生，过往不恋、未来不迎，太过消极，不忘过往、喜迎未来，又显矫情，不念过往、不惧未来，这大约才是恰如其分地刚刚好。

祝福应松，祝福他的 Clients。

任汇川

平安集团前总经理、腾讯集团战略高级顾问

充满朝气、尘土飞扬的时代

　　自 2015 年来，关于财富管理的社会讨论层出不穷、热闹非凡。越来越多的人首次踏入金融投资领域，因财富而生的悲喜故事也随之轮番演绎。由于对该领域不熟悉，许多家庭出现了非常重大的财务损失。作为一名专业人士，每每遇到这些案例，我都很是心痛。

　　从专业的角度剖析，许多损失本可避免。若能正确掌握做事的理念和基本逻辑，财富管理也可未雨绸缪。想来我们这一代人从来没有什么机会认真系统地学习关于财富管理的知识、理念和方法，一切全靠自己摸索。实际上，财富管理在国外是一个成熟的行业，其基本理念和做法也不分国界，而我有机会更早更系统地接触这个领域，所以希望能以本书为媒介，和读者一起探索财富管理的真谛，追本溯源，回归财富管理的原点。只有清楚认知财富管理的底层逻辑，才能尽量避免踩坑踩雷，保护好自己的财产。

　　有朋友可能会问这本书适合什么人阅读。我想主要是两类人：一类是经过几十年的成长发展、努力奋斗，拥有了相当大体量的财富的高净值或超高净值人士，这个群体是改革开放时代的人生赢家，也是优秀的财富创造者。他们或有舍我其谁的自信和爱拼才会赢的劲头，或有吃苦耐劳、自信坚持的精神和把握机会快速崛起的胆识，或有某一领域独特的技能和知识，但却相对缺少尊重规律、系统思考、长期规划的专业修为和对财富管理的理性认知。也因此，财富创造时代的弄潮儿可能会成为管理财富的败将。他们现在面临着管理自己家族资产的重任：要在未来几十年甚至更长的时间里，长期有效地让自己的资产以及过去几十年的努力成果保值、增值、传承，让自己及身边人更加幸福。我想这本书或许能帮上些什么。

另一类是目前身在高端财富管理领域或专业服务领域工作，希望有进一步成长和发展的人士。比如资深理财师、银行支行长、证券公司营业部主任（经理）、保险业 MDRT[①] 成员、移民顾问，以及与家族事务相关的律师、会计师等。我相信，书中的内容对其更好地服务客户会有一定支持和帮助。另外，财富管理行业正在迎来一个买方定位的财富办公室及家族办公室发展的巨大时机。相信本书对想成为客户真心信赖的家族资产管理人的朋友们也会有所帮助。

在本书中，我以自己的个人成长和家族经历为线索脉络，在此基础上解构财富管理保值、增值、传承的底层逻辑，进而展现财富管理的原则和关键因素。

2020 年恰是我大学毕业后参加工作的第 30 个年头，也是我从事金融服务行业的第 30 个年头，同时还是我参与一站式综合金融服务工作的第 20 年。其间亲身见证并参与了许多大型国有银行、创新型综合金融集团、海外金融集团和本土创业型财富管理公司的成长与发展。

2020 年还是我创立家族办公室专业服务平台——优脉的第 7 年。我很幸运，在见证了中国经济发展的全貌，亲历了中国金融体系从 4 家银行到繁荣昌盛的整个过程，目

---

① 百万圆桌会议（MDRT）是全球寿险精英的最高盛会。

睹了国内外多次金融危机、政治动荡、瘟疫及战争下的荣辱兴衰，也深度介入中国财富管理行业从无到有的过程之后，能有机会和志同道合的伙伴一起实现自己的理想。

我读书的年代，是"学好数理化，走遍天下都不怕"的理想主义时代。作为一名追求高科技的电子精密仪器专业的理工男，被命运撞了一下腰，大学一毕业就进入了中国银行，从柜台实习撰写汇票做起，从一次次点钞比武、分析假币竞赛开始，在老师们（银行里对年长同事的一致称谓）的悉心指导下，逐渐学习，实现成长。从好奇观察身边的各种灰色金融服务，到自己积极实践金融投资赢得财富；从想改变命运勤勉工作的个人努力打拼，到学习实践海外的先进理念和成熟做法；从系统认知外资财富体系专业精髓（专业精神与专业技术），到洞察外企结构性弱点从而明白为什么它们在中国业绩不佳；从下海创业公司辅佐创始团队成功发展，到独立门户实现从 0 到 1……这些过程让人倍感开心，收获颇丰，但当真着手筹备写书的时候，却发现还是存在着不少的困难与挑战。要将平时滔滔不绝的内容糅合成文字，推敲中会耗费大量的精力，写作过程中更感受到我和家族的变化几乎与整个中国的近代史发展紧密贴合，为此在本文的撰写过程中收集整理了 1900 年以来家族与时事的资讯，期望以此为案例更好地展现趋势对人的影响及个人选择的价值。为了保障准确性，在文中还引进了不少我非常喜欢的历史、心理、投资等行业的专家的经典文章段落和语录。在这本书中，我希望能够给上述两种类型的读者带来如下内容和价值：

其一，关于财富拥有者在管理财富时应有的角色定位、目标和原则。

做财富管理，无论是财富的拥有者，还是财富管理的专业服务者，首先需要清晰界定角色定位。在中国，大部分财富拥有者在进入财富管理市场时无意识地错误定位了自己，把自己当成了财富市场的"上帝"，即至高无上的消费者。关于这一点，我会在书中与大家做深入沟通：为什么千万不要成为这样一个角色，以及为什么你要主动当一个"委托人"，去寻找利益一致、专业过硬、能够更好帮助你管理财富的"受托人"。因为当你成为"上帝"时，你的需求目标、作业心态、选择标准、决策方式、工作过程及成果，都会和作为"委托人"时完全不同。如果看完整本书，你只记得一句话，那么我希望就是这一句：**在财富管理市场中，没有"消费者"，只有"委托人"**。我相信当你明白如何从平等以待、审慎选择、合作共赢、尊重专业、长期合作这5个维度做好"委托人"时，你的财富管理一定不会糟糕！

关于财富管理的目标，我会用较长篇幅先跟大家讨论人的本质需求。虽然这是一个乍一看跟财富管理相关性不高的话题，但我依然希望我们一起花一些时间，去了解智者们对人类自身需求所做的研究及其专业成果。比如，美国印第安纳大学教育心理系及教学系统科技系教授柯蒂斯·邦克（Curtis J. Bonk）的"健康身心与感官愉悦"理论认为，健康其实才是人生当中最重要的一个需求；著名心理学家西格蒙德·弗洛伊德（Sigismund Freud）对人的终极需求的研究发现——幸福是人生的终极目标，而获得幸福的方法是"去爱去工作"；心理学家米哈里·契克森米哈（Mihaly Csikszentmihalyi）神奇的心流学说告诉我们，人最快乐的状态是一种心流状态，即当人们全心投入与挑战搏斗的时候人心是最喜悦的；哈佛幸福学教授罗伯特·瓦尔丁格（Robert Waldinger）研究发现，良好的人际关系是人类幸福的最重要因素，尽管现实中经常被忽略；美国著名社会心理学家亚伯拉罕·马斯洛（Abraham H. Maslow）的需求层次理论则告诉我们，你会发现当你拥有了一定财富时，除了生存、安全等基本需求，社交、尊重和自我实现的需求会逐渐增强……以上这一切都在告诉我们，赚很多钱并不是人生目标，人生的目标是快乐幸福。而快乐幸福来自健康、良好的人际关系、做喜欢的事、战胜困难、惠及他人、被人认可及超越自我，这是一个付出的过程。而我们所拥有的财富如果能得到有效的管理，是能够助推这个过程，让我们的人生更加圆满、更具幸福感的。反之，使用和管理不当就有可能带来问题和灾祸。所以，让财富支持我们自己，支持我们的家族成员，让我们身边的更多人更具幸福感，才是我们家族资产管理的终极目标。这其中会涉及有关幸福人生、家族长青、自我超越的三大心理账户以及相应的资产规划工作。

当然，要实现具有幸福感的人生目标，在管理财富的过程中还必须遵循一个非常人文的财富管理理念——以人为本。这个理念包含三个基本规则：

一是关于如何认识和运用财富能量建立有效管理财富的方式的原则，即 Let your money work for you（让你的钱为你工作），这在当下的中国尤其重要。我们看到众多（超）高净值客户在拥有了巨大财富之后，还在亲力亲为各种被个人欲望或行为、思维惯性驱使的事务，比如花费大量时间和精力去钻研一些生涩难懂的领域。而实际上，这类客户应该理解财富是一种能量，要学习如何去运用它；要知道如何花钱减轻负担、降低压力、提升效率；并通过自我认知和反思，理解对他们而言 how much is enough（人要多少钱才够）。在此基础上，再通过聘请专业团队、参股、建立自己的家族办公室或其他专业事务团队来管理财富。这件事情既不需要摸着石头过河，也不能摸着石头过河。

二是如何建立可持续成长的财富管理能力和心态的原则，即要追求稳健持续增长的财富曲线而非过山车式曲线。过山车式的财富曲线在给你带来兴奋的同时，也可能会给你带来灾难，甚至还会让你迷失方向。

三是更大范围的以人为本的原则，即不要将资产配置到有可能存在法律、道德风险的投资产品中去，因为这有可能让你付出家族最宝贵的东西：声望、名誉和认同度。如果我们的财富能够投到为社会创造更大福报和影响力的投资项目当中，并获取相应的权益，这将是一件能够很好彰显家族价值观和人文精神的事情。

其二，关于财富保值、增值和传承的底层逻辑与个人信念。

关于财富保值，认知风险才有机会保护资产。无处不在的风险都有哪些？又该如何管理？在财富保值这部分，我们的财富拥有者和专业服务人员，不仅要认识到财富保值的关键因素是什么，更要认识到如何去实现财富保值。在财富管理过程中会遇到两类风险。首先是人性的内在风险，比如：冒险精神，这需要通过秉持纪律性的投资决策流程和规则来约束；幸存者偏差[①]，这需要用整体思考来看待问题而不是单看一个点；时间尺度上的挑战，而设定合理的时间尺度去观察将是区分信号与噪声的关键。其次是财富管理的外部风险，主要包括财富拥有者的风险、管理过程中的风险、财富本身风险和财富使用风险。当然我们拥有诸多处理风险的办法，比如通过保险工具进行风险转移，借助信托工具进行风险隔离，通过资产配置方法进行风险分散，通过尽调、风控、专业团队、纪律性投资决策规则降低风险，等等。这一切其实也都在告诉我们一件事情，财富保值的核心是风险管理，即风险能够被有效地管理和分散。在面对风险管理这个问题上，我们不要做随机漫步的傻瓜。

关于财富增值，关键是找到正确的核心动力源泉，从而谋定后动、坐等风来。诺贝尔基金管理上的得与失，让我们充分看到权益性资产配置在长期资产管理中的重要性。在本书第四章，我会详细分析为什么权益类资产能够为资产增值带来效用，从人类历史的角度探究为什么在 500 年前的农耕社会无人热衷于投资，比如很多贵族身价不菲，或为人慷慨，或奢侈消费，却不愿把钱投入在每亩生产能力的提升或者新技术研发上，而主要靠掠夺获得财富。为什么随着大航海时代的到来、文艺复兴运动的兴起，人类创造财富的能力越来越强？什么是决定性因素？为什么今天几乎所有的（超）高净值人士不是在做投资就是在做投资的路上？站在历史的角度回溯思考，能够让我们更加深度理解财富增值的秘密，以及为什么从长期资产配置来看，必须要有较高的比例配置在权益类的资产上。

关于财富传承，对于财富拥有者来讲，需要了解为什么精神文化传承可以做得很

---

① 幸存者偏差，是指人们只看到经过某种筛选而产生的结果，而没有意识到筛选的过程，因此忽略了被筛选掉的关键信息。

好的家族，财富却传不过三代。更需要认识到传承规划不是简单地购买某个家族信托产品。传承有序需要透明的法律环境、发达的金融系统、包容的文化环境、稳定的政治体系等外部支持，而传承落地的执行关键则需要个性化的需求定制和忠诚尽责的受托人选择。这些综合专业服务，需要诸多专业人士的配合。对于专业服务人员而言，需要理解的是如何操作、如何体现，以及如何分辨和把握做得好坏的关键节点是什么。在书中，我会和大家着重探讨财富传承的 5 个核心问题：所有权如何保护，财富如何不被分割，如何有效管理财富的保值增值，财富委托人的意愿如何持续保持、并由受托人忠诚尽责帮助实现，以及财富代表的权利如何有效保有。

其三，关于管理财富，到底是怎样的专业系统工程。

财富保值增值的专业工作到底怎么做？首先要判断所找的专业机构与你的利益是否一致。而在本书中，我会带领大家一起走一遍专业工作环节，希望通过还原实操案例的方式，系统地展现财富管理从投前机会获取、360° 尽调，到投中专业风控、纪律性决策，再到投后管理的整个流程和规范，并聚焦与家族资产管理息息相关的传承问题，给出专业化解决方案。

比如，获取投资机会。我们需要在确定的方向和领域去获得具体的投资机会，更需要在未来几十年时间里都能够捕获更多更好的投资机会。而要做好这项工作，我们需分三步走：第一，了解市场上好的投资机会都在哪里；第二，知道如何与拥有投资资源的机构建立可持续合作关系；第三，建立获取这些投资机会的工作机制。

我们在刚获得一个投资机会时，看到的是海面上的冰山，那么我们在真正落地投资决策前，还需要获得足够可靠的信息，看穿海面下的冰山，知道事物的全貌，即对它进行全面而深入的认知和了解。这个至关重要的动作就是投资尽调，其背后涉及尽调访谈、负面清单、尽调报告分析等一系列专业作业。

紧随其后的是纪律性投资决策和专业风控，在本书中我们会详细讲解如何根据丹尼尔·卡尼曼（Daniel Kahneman）的《思考，快与慢》（*Thinking, Fast and Slow*）一书进行投资决策方面的思考和优化。我们人类有一个本能性的决策系统，即快思维系统，也有一个基于理性思维的决策系统，即慢思维系统，所以关键是如何运用好"慢系统"，帮助我们更好地做出决策，并尽量避免直觉性的冲动行为所带来的影响。

随着市场变化，已投资产也可能会出现风险，投后管理是最容易被忽视的。我们除了要对风险进行跟踪（方式、流程、体系等）和及时采取措施（详见具体案例），更重要的是加强对已经确定投资领域或者投资机构的认知，不断提升下一次的投资决策能力。因为财富管理，特别是家族资产管理，其长期性要求我们必须持续做出投资决策。这就像打高尔夫球，一场球的胜负不在于是否有一杆进洞的神迹，而是需要每次挥杆都能越来越精准。

综上 3 个方面，想特别提醒大家的是：财富管理，特别是家族资产管理，是一个长期而艰巨的任务，让已经拥有的财富在未来几十年甚至更长的时间里有效地保值、增值、传承并按照财富拥有者的心意去有效使用，需要应对强权、政治、经济、技术、瘟疫、通胀、文化、人性、专业等各方面的挑战和压力。首先财富拥有者需要在管理资产的角色定位、工作目标认知、资产管理原则、管理理念等方面有非常清晰和明确的章法遵循，深度认知和理解财富长期保值的核心动因、财富增值的关键节点、专业工作如何规划与开展以及传承结构和金融工具如何使用。以上我会在书中和大家逐一探讨。

今天的中国，经历了 40 多年的改革开放，已经基本完成了工业化、城镇化和国际化进程，翻开了小康社会的历史篇章，成为全球第二大经济体，人均国内生产总值（人均 GDP）超过 1 万美元，成为人类文明史的一大奇观。"中国时代"备受国际瞩目。中国富豪榜的排名和上榜标准也如同中国经济的发展一样日新月异，中国已然成为全球"造富运动"的领头羊。

三十年河东，三十年河西，全球化进程导致的贫富差距和利益变化，也让中国不得不面对国际社会的压力，中国经济本身也迎来发展的拐点。国民经济从短缺到过剩，企业从创业到守业，企业家从一代到二代，各行业从求数量到求质量，一个巨大的历史命题摆在了面前：如何传承财富？如何保护多年努力获得的成果？中国经济即将进入一个稳健成长的时代，过往财富创造的过程也将转换到如何管理好财富，这已经成为（超）高净值人士和财富管理行业专业人士的终身必修课。

我希望能与所有对财富管理有需求、热爱财富管理事业的同道中人，一起进行开放式碰撞，一起不断逼近财富管理的本质。缓事宜急干，敏则有功；急事宜缓办，忙则多错。在这个喧嚣的时代，让我们管理好风险，锚定未来趋势，谋得一份时光相安、长久相宜，让财富温暖人生。

当然，这本书所记录的都是我这些年工作学习的收获，以及跟企业、跟行业前辈、跟海外成熟机构学习的经验，一定有很多地方是不完善的，也请大家多多提出意见和建议。让我们一起以本书为媒介，在家族财富管理这个需要持续学习成长的领域有更多切磋的机会。

目 录

"上帝"的诞生与烦恼：创富和守富是两个完全不同的时代

02 财富管理的压舱石：关于角色定位、目标需求、原则理念的反思

03 不做随机漫步的傻瓜：认知风险才有机会保护资产

04 察于未萌，重仓中国：把握时代趋势就是把握财富增值的命脉

05 富不过三代？——为什么五千年文明传承的家国难以传承财富

不要再摸着石头过河：家族财富管理的系统性思考、整体性规划、专业化作业

让财富温暖人生：下半场才刚刚开始

01 "上帝"的诞生与烦恼：
创富和守富是两个完全不同的时代

历史的书写绝不仅仅是历史学家的事。假如要把某一个时代做成标本，历史学家擅长的是做骨架，那些能展示历史纹理和质感的血肉，或许也需要依赖一份份真切有温度的个人叙事。

1992年邓小平发表南方谈话，指明了改革的方向。随后，党的十四大明确提出我国经济体制改革的目标是建立社会主义市场经济体制。20世纪80年代的理想浪漫色彩急剧褪去，房地产市场、股票证券市场、开发区建设等一下子就使得市场化的潮流涌动起来。经济飞速发展的同时，我和身边的人也都面临着一次次的选择和考验。

从1990年入职中国银行，到1993年"下海"平安（中国平安保险集团股份有限公司），再到有幸参加平安—麦肯锡改革，我是这波浪潮里的一个普通人，也是亲历者。我希望通过梳理和呈现自己这段在20世纪90年代的真实经历，以点带面地剖析我的"时代共识"——中国创富一代们的奋斗历程、思维方式，以及艰辛、乐观和坚韧背后的守富烦恼。

一个时代有一个时代的局限，也自有它的优点与长处。或许每一代人都有一双现实的眼睛，对于每一代人的历史叙事来说，无论如何都逃不开眼下的"我"，历史叙事只不过是一次例行出巡，但我依旧希冀可以伸展出一些纵深感，与你一起站在历史的角度看过去，在理解背景的状态下看当下，以发展的角度看未来。

全国"四大专业银行"背后

1990 年，我大学毕业进入中国银行。虽然是基于"服从"国家的毕业生分配制度，误打误撞和金融行业产生了交集，但随后 3 年的经历，特别是其间发生的趣事，让我从此对金融行业产生了一辈子的兴趣和热爱。过程中，我也开启了自己的人生投资初体验，充分感受到了中国开放之初最早出现的金融工具的魅力和资本的力量。

在 20 世纪 90 年代初期，金融行业中银行业对资源配置的作用最突出。当时银行业还遵循四大专业银行体制，四大银行各管一个专业，相互之间没有太多竞争：中国农业银行专门经营农村金融业务，中国银行专门经营外汇业务并管理国家外汇，中国建设银行专门经营基础设施建设等长期信用业务，中国工商银行专门经营工商信贷和个人储蓄业务。

20 世纪 90 年代初的金融市场仍然处在市场初期阶段，金融工具简单而匮乏，更遑论理财市场。居民可选择的理财工具就是银行储蓄，最多再买个带"贴花"的（即有奖储蓄业务）。彼时，我工作的中国银行旁边就是工商银行，在我身边发生了两件非常有意思的事情，或许可以将其看作市场化理财的雏形。

3

外汇券兑换背后的生钱之道，第一次见识市场的力量

其中一件趣事发生在中国银行，和外汇业务相关。20 世纪 90 年代初，中国实行官方汇率和外汇调节价格并存的汇率制度，官方汇率由中国银行公布外汇牌价，主要用作非贸易外汇结算。特殊时期就会有特殊产物——外汇兑换券。外汇兑换券简称外汇券，是从改革初期至 1994 年汇率并轨期间流通的一种特殊货币。根据国家外汇局的解释，外汇兑换券的发行和管理是为了便利国外旅客，防止外币在国内流通和套汇、套购物资。而外汇券可以在涉外饭店和商场购买用人民币买不到的稀缺商品，这反映了改革开放初期商品紧缺和外汇短缺的状况。

市场上很多人想拿人民币换外汇以购买紧缺用品如彩电、冰箱等，也有人想将外汇券兑换成更高价值的人民币，所以当时中国银行门口盘踞着许多"黄牛"做倒卖外汇券的生意。他们这些与政府规定不符的行为肯定是被打击的，报纸上也经常刊登相关信息，教育大家不要和"黄牛"交易。

然而非法换汇的行为似乎总是屡见不鲜，更有趣的是，"黄牛们"在做外汇生意时似乎找到了让其客户放心的手法。假设你是一个手持美元需要换人民币的客人，"黄牛"就会跟你介绍，"目前美元挂牌价是 5 元，我给你 6 元，具体怎么换？如果你需要换掉 1000 美元，你就到银行柜台存 1000 美元的活期存单，我（黄牛）存 6000 元外汇券的活期存单，我们同时存进去并交换存单（当时存单还没有实行实名制），然后再跑到银行柜台取出来，从而确保交易的资金是安全的……"

我当时感觉这帮"黄牛"还挺讲究策略的，充分利用银行做了信用背书，也第一次感受到市场的力量：抛开监管的话题，只要有需求出现，人们总能想到合理的方法满足。接触久了，我还发现"黄牛们"虽然在方法上取巧，但在底线上是坚守的，他们为了达成交易，想出上述取信客户的手法，把我们银行的工作人

员当成了免费的"出纳"；而作为金融服务提供者的我们，对于进入银行大厅办业务的每一位客人都是一视同仁的。

定期活期背后的生意经，基于"规则"的利息差（套利）

另外一件趣事发生在隔壁的工商银行。那时候《储蓄管理条例》规定，如果提前支取存款，那么就只能按活期存款利率计息，利息差别还是挺大的。所以中国银行门口的"黄牛"也经常去工商银行门口转悠。我有一次在隔壁买"贴花"，就看到了这样有意思的一幕：

某"黄牛"拉着某客户在沟通："你是要办理存款支取吗？我帮你看看存单……还有两个月到期……如果提前支取，会损失 100 元（定期利率变活期利率）。不如你把存单卖给我，我折中补你 70 元……"

和外汇券的情况一样，那时候的存单不是实名制，谁都可以支取。所以一方立马取到钱且少亏 70 元，另一方多等两个月能赚取 30 元，双方一拍即合。现在回过头来看，这其实就像二级市场的交易。名震一时的"杨百万"倒卖国库券的故事，也是类似逻辑。

身边的这些小事，一方面让我对金融更感兴趣，认识到从事金融行业，特别是做市场化金融，要始终保持诚信，要争取更合理的价格，提供更优质的服务，而要赢得更多客户，还得懂流程、靠方法。

另一方面，根据当时的金融监管规则，因为国家规定不允许私下买卖外汇，他们的行为是违法的。这也引发了我进一步的思考，即要关注整体而不是每一个局部。关注整体也成为我日后做风险管理工作特别注意的部分。我深刻意识到，不能只在意某一个投资动作本身是否存在问题，还必须观察整个流程，筛查所有可能的风险。

人生投资初体验：第一桶金和第一个大跟头

第一个投资机会是单位组织购买股票。当时，我太太的单位投资了一个项目需要发行股票，内部员工可以申购。这在当时属于新事物，公司上下都不知道买了之后到底会怎样，很多人看不懂也不愿意筹钱，大多数人对股票的认知还停留在"股票可是能让人跳黄浦江的"的概念上。而我因为在银行工作，对金融已有一定理解，所以觉得这是一件值得去尝试的事情。不过我们刚参加工作不久，手头积蓄不多，为了买股票，还向各方亲戚朋友借了一些钱，最终拿到了6000股。这只股票在1992年年初上市时，股价从1元变成了30元，涨到了30倍，我们的兴奋之情难以言表。

至此，学习和投身股票投资就成了我业余生活的重要组成。随后第二个机会很快来了。1992年年初，上海发行股票认购证，即股票发行将采用凭股票认购证摇号中签认股的方法，凡需认购市场发行的股票的投资者先要购买认购证，一次购买长期摇号抽签；股票认购证每张收费30元，不论中签与否概不退回。这是完全以自由抽签方式来决定后期可以买到什么股票，起初我评估如果购买10张认购证，中签的概率还是挺大的。不过在当时，300元相当于我3个月的工资，所以我找到同学一起凑钱购买。有趣的是在发行快结束时，我们获得消息称，认购证出现了摆在上海公园地摊上没人要的情况，大家有些犹豫。所以我后来就写了封信并附上身份证和30元寄给上海的姐姐，请她帮我代买一张。这里还有个小插曲，我姐夫在第一次代买时忘记带我的身份证，只能用他自己的身份证代买，所以后来在我的建议下又跑了一趟，买了一张与我的身份证对应的认购证。其实这也是我在银行工作时学到的，投资这类事情是不可以挂别人名字的。虽然一波三折，但是在当年2月1日截止日之前，我终于买到了一张认购证，并在同年6

月中了一只叫豫园商城的股票，赚了 1 万多元；我姐夫的认购证后来也中签了，回报不错。第二次投资的成功，让我更加相信这条赚钱之路的价值。

关注力就是生产力，第三、第四、第五个投资机会很快出现了。比如，1993年年初深科技（2006 年改名为长城开发）内部发行股票，当时内部员工愿意以0.1 ～ 0.2 元的加价转让，我得知后入手了数万股，上市后卖出赚取数倍，最高达到 25 倍的回报。这些回报率都很不错，即在短短时间里就获得了几倍到几十倍的回报，我开始觉得投资项目如果没有类似回报率都不值得看，对自己也充满了信心，并在购买原始股的路上一路狂奔，直到踩上一个大坑：青岛啤酒。

1993 年 8 月，青岛啤酒发行股票，首次采用在全国范围内无限量发行认购证的办法。我专程请假去山东青岛购买，相信这样的好企业一定能给我带来丰厚的回报。和往常一样，在集中了各种能用的资金后，我全仓买入并等待几个月后的上市交易。但在青岛啤酒上市的当天，端坐于证券公司的我，却发现青岛啤酒的股价只比发行价格高了 20% 左右，我心想这也太少了，再等等吧。结果这一等却再也没有等到高出发行价的那一天，直到多年后我以比起初购买价格亏损 50% 的价位退出为止。

直到 10 年以后，我才真正明白问题出在哪里。那时的我在投资时，完全缺乏风险防范意识，也缺乏对标的的深度分析和研究，更没有及时止损的决断力，无论之前有过数字多漂亮的投资回报，只要一次失误、一次误判或一次不走运，都有可能让此前所有的努力成果不复存在。这次失败也为我在财富管理的道路上指明了方向：永远以风险管理为前提，永远要注重风险的防范和分散。

回看 20 世纪 90 年代，中国的财富管理概念还未形成，人们进入金融市场购买金融产品，并不是基于财富管理的目标，而是想怎么样去赚钱套利。当时即使像我这样购买股票的人，也都是买了就卖以赚取差价。所以这种行为叫"炒股票"

而不是财富管理。

在这个阶段，客户敢冒风险敢拼敢搏，缺乏对风险的敬畏，金融服务体系及其服务机构刚刚建设，金融工具和金融产品也刚刚出现。股票和储蓄是该阶段最主要的理财工具，而这些工具、产品相对来说简单粗糙，质量也一般。

1993 年，"下海"深圳平安

为什么会决定下海？

1992 年邓小平南方谈话之后，全国掀起了市场经济的新高潮，我也被这股热潮所深深吸引。深圳成为年轻人最向往的城市。

我希望自己投身于更具成长性的事业，而不是在大机构里一眼望穿自己的人生。当时我以为这是自己主观能动性的选择，但回溯思考人生路径时，却更相信这是命运的安排——综合了时代的背景、家族的影响、个人先天特质以及人性的需求。

对我而言，工作好比游戏。如果仔细分析一下游戏的设计原理，你会发现很有意思。一般刚开始都是让你不停"打怪"，等你战胜了该阶段所有的困难和对手之后，就会给你一些金币和装备，此时如果让你再来一遍，一而再、再而三，你或许就觉乏味且不愿意继续了。所以游戏给你的最大奖赏是"升级"。什么是升级？或者说升级的内涵又是什么？升级意味着你将进入一个全新的游戏环境，迎接更大的挑战，且难度一定比上一级更高。同理，工作也需要不断"打怪"和"升级",难度愈高、压力愈大,激发内在能动性的要求就会愈高,成功的快感也会愈强。每次工作项目结束的时候,我们得到的回报是赚了多少钱或因此得到了什么荣誉;但多年以后回想往事,记忆最深的往往是工作过程中的点滴,以及过程中的人和事。

如果选择继续待在中国银行,5 年以后会怎样? 10 年以后会怎样? 20 年以后会怎样? 只要按部就班不出大差错,大概什么岗位、薪资、职级早就都一目了然,比如到了一定阶段有可能被外派至海外工作(纽约分行或者悉尼分行),然后回国之后可能会升职为某副处长,运气好的话再往上蹿一蹿成为处长……总之,未来的一切基本都能够想象。这或许是很多人所期望的稳定,但是至少对我来讲,这样的当下和未来少了些许意思。我希望看到更大更远的未来,即使这个未来有着更多的不确定性和各种可能。

所以伴随着邓小平南方谈话和市场经济的浪潮,我决定"下海"。当时的想法也很简单,想去一个更有空间的舞台努力,毕竟"时间就是金钱,效率就是生命"。当时我已经在杭州成家立业,暂时去不了深圳这座城市,于是选择先去一家总部在深圳的公司,既可以赚更多的钱,又能获得更多发展机会。

今天再回看过去,创造的过程最为快乐。我在过去 30 年里多次历任大机构的高管,但是工作一段时间有所成绩之后,都会选择去迎接下一个新挑战。虽然其间每天都过得很忙碌,会面临很多未知的困难,要解决很多棘手的问题,但是也很能彰显自己的价值。我发现最开心的时候往往都是最忙碌的时候,一旦公司进入规范运营阶段,就意味着我有机会开始享受之前努力奋斗的成果了,只是"坐"久了就会觉得很空虚,好像离现实社会越来越远,好像正在消耗自己的生命。

一纸申请批文，平安浙江办事处开始筹建，我踏入平安近 10 年

1993 年，平安集团浙江办事处筹建负责人葛总带了一纸申请批文只身前往杭州，而身处杭州的年轻的我就拥有了这样一个机会：在社会大众对保险基本毫无认知的情况下，在整个行业发展的最初阶段，通过 3 年时间的努力，实现了从业务员到部门经理，再到杭州地区总经理的发展。

为什么说当时保险行业还处在非常初级的阶段？我可以和大家分享一桩趣事。记得我刚进入中国银行工作时，一位亲戚关心我："毕业后去了哪里？"我答道："中国银行。""去银行不错，中国的哪家银行？""这家银行的名字就叫'中国银行'……"一番解释下来，我这位同样生活在东部沿海省城的亲戚才搞明白，原来还有一个叫"中国银行"的银行。这件事侧面反映了 20 世纪 90 年代初期保险行业的稚嫩，因为即使是金融业中大众接触最多的银行，人们都还处于懵懂了解的层面。

在大众概念里，保险就是保险公司，且都不太清楚保险公司还有人保（中国人民保险集团股份有限公司）、太保（中国太平洋保险集团股份有限公司）、平保（中国平安保险集团股份有限公司）三家，而保险品种和保险需求基本没人知晓，更遑论关注了。至于平安（指平安集团浙江办事处）？真的不认识！

1993 年，平安浙江只有财产险。我入职后主要做国际业务，即中国出口到海外或者海外出口到中国时，所需要的海上货运保险、仓储保险、运输保险等一系列业务。

当时中国只有 14 家外贸公司，如果想做好国际业务，就一定要跟另外 13 家外贸公司打好交道。我后来跟这些外贸公司都"混"得很熟，特别是储运部。不过刚开始彼此都不认识，完全靠陌生拜访，所以我算是"中国市场第一批做'陌拜'

的金融服务人员"。

值得一提的是，平安当时有个规则，凡是新入员工都有 6 个月试用期，在试用期内必须完成 70 万元的业务。因为是初入保险行业，所以我就给自己设定了一个做事原则：试用期期间不动用任何同学关系、同事关系、中行资源、家庭资源，如果在既定原则下完成了 70 万元业务指标，那么相信自己在这个行业能够生存下来，如果依靠关系和资源完成了 70 万元业务指标，那么业务的可持续性和后续生存能力就无法评估了。我每天出去见完全陌生的人，尽管最初也不太会跟人沟通甚至傻乎乎的，但坚持下来了且最后的结果也不错，4 个月时间完成了 80 万元的业务。我开始对自己充满信心，也预判自己可以在这个新行业里立足了。

第一年自己跑业务，第二年带领一个部门跑业务，第三年成为杭州地区总经理，并在七县一市建立办公室，招兵买马跑业务……其间工作范围在拓展，业务品类也在拓展。我开始负责国内财产险业务，主要包括企业的财产保险、机器损坏保险等，争强好胜地占据了全省业务的六成。有时觉得时间过得飞快，一晃一年就过去了，有时又觉得似乎经历的许多事已经过去了很久。

其间还发生了一件有意思的事。彼时平安高速成长，我记得董事长马明哲先生来杭州考察，和团队交流时分享道，他此前去台湾考察，发现台湾的一家保险公司发行股票并在上市后涨了一万倍，因此鼓励大家也购买平安的股票。当时平安股票是 1.76 元 / 股，公司内部员工都可以参与。以后即使卖不上万倍，卖个千倍百倍，对大家而言也是一个跟随公司成长的很好的财富增长机会。可惜当时似乎没有多少人对此有预期，对股票的购买也不是很踊跃，而后来的故事我们都知道了，平安股每年都有百分之十几的分红，中间还有过两次拆股，等到上市后确实实现了千倍的增长。

回顾我在平安的前半段经历，平安正处在第一个 10 年期，公司整体呈现"草莽英雄式"的特征。在20世纪90年代的中国保险市场，人保一直是背靠国家的"老大"，太保的背后则是交通银行，而平安就是一个完全市场化的混合股份制保险公司，各地完全依靠自己的团队市场化地拓展业务，过程很艰苦，每一单都不容易。

有一次参加保险同业协会会议的情景，让我至今印象深刻。与会的平安业务员都是和我类似的一群人，学历专业不错，大多是大学毕业工作了两三年的年纪，一眼望去，无论男女，个个精神。虽然既没有特别背景也没有特别关系，但整个队伍往那一站还是挺显眼的，朝气蓬勃。不得不说，这一时期平安独有的"竞争、激励、淘汰"的机制和文化，使得整个平安上下都充盈着努力上进的创业氛围。

亲历平安—麦肯锡改革

成为平安发展改革中心的成员，有机会从最高维度思考平安

1996年起，高速成长的平安开始面临一系列问题。记得在1997年年初的一次全系统工作会议中，马明哲先生进行了长达3个半小时的发言——他认为平安的发展进入了一个关键时期，并坦承平安面临着"六大危机"。在发言中，马明哲先生还列举产险、寿险、证券、信托等业务子公司所面临的危机，着重提到了经营风险的增加，以及日益突出的干部队伍问题。

我当时身处产险、寿险业务条线，最大的感受就是：公司业务增长速度正在降低，但人员增长速度还在持续，因此利润开始不断下滑；与此同时，由于保费分散在全国各地，资金使用效率不高的问题越来越突出。

1997 年，马明哲先生邀请麦肯锡给平安做战略咨询，成立集团改革发展中心，并亲自担任主任，同时任命寿险总公司总经理王立平为常务副主任，从集团各业务线抽调出 30 多名年轻一线干部组成多个项目组，与麦肯锡团队协同工作以推动平安—麦肯锡改革项目。改革中心集战略研究、管理改革、推广执行、人才培训等诸多功能于一身，被誉为平安锻造本土干部的摇篮。

麦肯锡的第一个建议是"上划资金"（即将各地的保险资金集中到总部管理），购买国债。这让平安快速获得了大笔的收益，并成功躲过了亚洲金融危机，由此也让人更看到了麦肯锡咨询的价值。

当时公司内部对麦肯锡的传言很多，有人说，"世界上有两个机构非常厉害，一个叫基督教，另一个叫麦肯锡，麦肯锡是世界顶级的咨询顾问公司"。我虽然还不了解为什么麦肯锡这么牛，但是可以想象如果能与这样的机构和团队一起工作，一定很有意思。

1997 年，我已经担任平安集团的杭州地区负责人，工作节奏相对没有那么紧张，于是就花了挺多业余时间读书，而书读得多了就会思考得更多，比如怎么把公司做好做大，如何在思维上有更多的开拓。所以在各方面因素驱动下，我递交了申请，并有幸成为发展改革中心的成员。

对发展改革中心的初印象

报道第一天，我印象极为深刻。当时的平安总部大楼位于深圳八卦岭工业区，周边都是工业厂房，有很多提供价格低廉的盒饭的摊位。我办完报到手续已经是下午 5 点，便就近买了个盒饭，和园区很多穿着粉红制服的打工仔、打工妹一样蹲在路边吃了起来。身处略显嘈杂却生机勃勃的环境，我的内心产生了一种奇妙的感觉，虽然从此放掉了一手组建的队伍、总经理的职位、大笔的业务费用和专业的福利待遇，只收获了总公司发展改革中心成员的身份和分配给我的总共不到 10 平方米、只有一张架子床外加一个五斗衣橱的简陋宿舍，可以说两手空空，四壁空空，但是我的内心却充盈着期待和憧憬，我笃定地认为更美好的前景即将到来！

改革中心发展的三年经历，平安有了"第二曲线"

3 年时间，1000 多个日夜，我们几乎每天都是工作十几个小时，工作强度丝毫不亚于如今互联网年轻人的"996"。至于工作本身，或许大家觉得麦肯锡这样的大机构充满神秘感，其实不然。

跟我们一起做项目的麦肯锡工作人员平均年龄比我还小一些（我当时不到 30 岁），而我们一起去访谈的基本都是"位高权重"的各部门负责人。尤其是平安的产险、寿险业务部门，在行业里已有较为领先的地位，相应负责的高管也都是从大公司出来的富有开拓精神的人。所以访谈之后经常会被问及："你是哪个大学毕业的？""工作几年了？""能为我们的业务提供哪些帮助？"……甚至还有更犀利的追问，"你工作才两年，对保险行业也不了解，怎么就能够为我们做咨询？"……每当此时，麦肯锡工作人员都会谦逊地告知工作方法："我们现在只是做访谈，以了解实际情况和所面临问题，然后我们会跟全球知名的保险业专家一起研讨，相信最终给出的意见和建议是可以起到重要参考作用的……"

因为完全亲历其中，我一方面充分感受到平安内部很多人士最初对麦肯锡的不屑，另一方面也深刻感受到麦肯锡成为世界一流咨询公司的原因——工作方法、工作逻辑、工作策略，以及聘用相关领域最优秀人才机制和"up or out"（不"晋"则退）考核制度的优势。在这个过程当中，我深刻理解了咨询是怎么进行的，其中还有很重要的一点：绝对不是你拥有某个行业的丰富经验就能做咨询的，只有基于良好的工作逻辑和工作方法，同时掌握足够的资源和资讯，才能为客户提供更丰富的意见和建议。麦肯锡为平安所做的流程梳理和业务诊断，从方案设计给出战略规划，到快速提升短期绩效，到营销体制深度改革，再到风控和两核制度^①，在相应试点成功后又推广到全国各地落地执行，效果明显。

在这 3 年时间里，我们跟全球知名的行业专家交流沟通，跟麦肯锡团队成员开会讨论，周末也全部用在了管理学书籍的重新研读上。每天都被项目填满，没有时间做业务，没有时间炒股票，拿着固定工资更遑论奖金，但我觉得这是自己人生中最具成长性的一个阶段。发展改革中心的成员之间也结成了深厚友谊。而且这份友谊维系至今，即使我们大家可能天各一方，甚至有人早已离开了平安。

回顾这段岁月，一批 30 岁左右的优秀年轻人在当时得到了很好的锻炼和成长，而后成为平安各个版块乃至整个保险行业的骨干。从这个维度看，20 世纪 90 年代末的这次麦肯锡改革，为平安的下一个 10 年发展暨"第二曲线"的开启奠定了基础。

我们看到平安，在第一个 10 年迈入第二个 10 年的重要节点，通过平安—麦肯锡改革，从一个市场化的、草莽英雄式的民营企业，一步一步转变成为一家具有国际化战略规划和国际化执行标准的世界 500 强公司。站在今天评价平安，其运营能力、作业能力在全球范围内都是属于一线企业水准的。

这里还有一个值得思考的现象，不少中国企业也曾借助麦肯锡，但后来都不了了之。在我看来，这或许是因为他们只是"买了一份报告"，而并不真正关注执行。平安和麦肯锡从一开始就明确了一个原则，即合作不是由麦肯锡单方面提供方案供平安执行，而是组成联合小组，一起努力达成目标。这种方式的好处是，

---

① 两核制度，即核保、核赔。

麦肯锡可以更深入了解平安，有的放矢，平安则可以将战略与执行更好地结合，并落到实处，产生效果。

所以平安与麦肯锡的合同到期时，虽然"老麦"们飘然而去，但"小麦"们凭着从"老麦"那儿学到的"手艺"，坚定迈进了第二个 10 年，开始探索综合金融模式，开启华丽的"第二曲线"。

作为当年的"小麦"之一，我也即将在这个大背景下开启自己的"第二曲线"，开始聚焦财富管理。第一步，就是深刻理解我所服务的群体和其所面临的问题。

我的 30 年和你我他的 40 年

40 年前，中国民间几乎没有财富积累；15 年前，中国没有理财观念；5 年前，中国没有财富管理。中国的（超）高净值人士其实是创富第一代人。那么，这些财富的创造者是怎么出现的？他们都是些什么类型的人？他们的核心能力和资源又是什么？为什么这些人能够成为中国现在的（超）高净值群体？这是值得深思和研究的课题。

20 世纪 80 年代，"边缘人"成为第一批"富人"

如果时间倒流回到 40 多年前，1980 年的中国，许多城市的人们连基本生活都还没法保证，物资相当匮乏，什么都要凭票购买，财富管理这个词没有人知道，也没有（超）高净值人士一说，最多就是个"万元户"。

20世纪80年代初期，农村改革拉开了中国改革开放的序幕。在农村开始出现一些承包者，他们承包农村的田地以进行种植或者养殖等。而在一些耕地非常稀缺的地方，人们为了生存只能从事一些小商小贩的工作，社会还会就此争论"姓资姓社"的问题，也有一些无法找到体面工作的人开始"跑单帮"做个体户。这些人我们可以称之为当时中国社会的边缘人，他们基本上都挣扎在生存线附近，如果不去想方设法创造一些自己的财富，或许根本就无法生存下去。换言之，这些人绝大多数是不被当时社会认可的人，但他们因为"绝境反击"而成为中国第一批富起来的人。

所以20世纪80年代很大一部分有钱人，其文化素养和被社会接受的程度都是较低的。

20世纪90年代，知识分子、主流群体纷纷加入下海经商的热潮

到了20世纪90年代，特别是1992年邓小平南方谈话之后的情形如何？

我们看到，有些人开始大踏步地进入市场环境里，开始为自己和整个社会创造财富。其中很多原先是公务员或者国企干部，他们纷纷下海，然后创办企业。中国现在很多知名的企业家（号称"92派"，比如陈东升、田源、郭凡生、冯仑、王功权、潘石屹、易小迪等），都是在那个时候下海的，现在他们中的很多人都成了中国顶级富豪。中华人民共和国人力资源和社会保障部数据显示，仅1992年就有12万名公务员下海，超千万人停薪留职。

拥有相对优越的城市生活条件、相对优秀的教育背景，同时更愿意去闯荡，更愿意敢为天下先，更愿意为改变生活现状而去努力付出、去承担相应风险——这是中国在20世纪90年代开始创造财富的人士的典型特征。

其间，中国经历了 1998 年爆发的亚洲金融危机，1999 年、2000 年开始的互联网热潮，并于 2001 年正式加入世界贸易组织（WTO）。至此中国开始进入真正的致富阶段。

21 世纪初，外贸、制造、房地产、资本市场四大造富运动

从 2000 年至今，相继涌现了四类典型富裕人群。

第一类来自外贸业。中国加入 WTO 之后，外贸业得到快速发展，从过去的 14 家国营外贸公司，发展到几乎所有外贸公司的外贸员都辞职建立了各自的贸易公司，还有诸多外贸相关企业也专门成立了单独的外贸公司。这些从事外贸业的企业主，无论是做货运还是做贸易，都在过去 20 年内积累了大量财富，是中国融入全球一体化过程当中的主要受益者。

第二类是制造业、加工业的一些企业主，主要集中在广东、浙江、江苏等地。这批人士本身文化水平可能不是特别高，但他们吃苦耐劳、勤奋坚持，从最简单的产品做起，不断精进品质，提升价格竞争力，从最初的模仿发展到拥有自己的品牌和设计，同样创造和积累了大量财富，成为现在中国（超）高净值主流人群之一。

第三类与房地产行业息息相关。中国从 1999 年开始商业住房改革，20 年里造就了大批富豪。无论是全国各地的中小型房地产商，还是全国性的大型房地产商，以及与房地产相关的建筑材料，或者是与其配套的家装设计等行业，都取得了大跨步发展。在这些领域建立自己的企业并且持续努力的人士成为市场的赢家，同样是中国先富起来的一群人。

第四类我们称之为资本市场（互联网行业）的赢家。从 2000 年开始，中国的资本市场也在不断开放，包括从 2000 年设立创业板市场，到 2009 年 28 家企业正

式登陆；中国企业陆续奔赴海外上市，比如科创企业、互联网公司。纵观整个过程，资本市场都带来了很好的财富创造，相对应的参与者也成为财富的赢家，马云、张朝阳等都是这个时代的典型代表。

那么以上四类人有什么共同特点？他们既不是社会边缘人，也不是仅仅敢为天下先，综合起来，他们都是机会的把握者，即当市场向人们展示各种各样机会的时候，这些人通常具备较为敏锐的眼光，能够快速捕捉市场时机并且牢牢抓住。所以无论是抓住了外贸、制造相关机会，还是踏准了房地产、互联网浪潮，在这个过程中持续努力，经历九死一生，并最后生存下来的，几乎都成了中国市场的（超）高净值人士。

2010 年至今，"四万亿"下的购房者、投资者，基金管理人、互联网科技人才代表

2010 年以后的造富运动又是一番什么景象？这里有一个基本前提，2008 年发生了全球性的金融危机，危机之后的中国开始了举世瞩目的"四万亿"政策，大量资金进入市场当中。

与之相对应的是，2010 年以后的财富拥有者，他们大多是因为在 2010 年之前购买了房产（投资为主），并且此前身份或者是拥有各种资源比如矿产资源（金矿、煤矿等）的人士，或者是水产、猪牛羊养殖等方面的农场主，或者是在资本市场上的投资人，所以能积累一定的财富，成为 2010 年以后的财富拥有者。

这波财富大增值的核心原因有二：一是金融危机之后，各类资产价格暴涨。举个例子，2010 年中国市值 1 万元 1 平方米的房产，到 2020 年平均市值差不多 4 万元 1 平方米。伴随着资产价格的暴涨，很多人一下子拥有了巨额财富。二是中

国完全赶上了全球移动互联网科技浪潮，各种股权投资、各种互联网企业的创业者造就了巨大财富。

不同于海外财富普遍通过世代传承而来的情况，中国（超）高净值人士有着自身鲜明特点：第一是胆子大，敢冒风险，敢做别人不敢做的事情；第二是敢为天下先，他们敢做的同时动手往往还比别人快且早；第三是坚持和固执，当判断跟别人不一样的时候他们通常不会随大流，更愿意遵循自己的想法。

当然其中大部分的人士还具备这些基本品质——勤奋、努力、坚持，一个企业一守就是 20 年、30 年，直至最后成功。比如，我们的很多客户经营着非常传统的制造业企业，并兢兢业业坚持了 40 年，每年利润几千万元，公司也发展得很好。此外当初建厂时的土地拿地价格一般很低，到了如今土地价值飙涨，这也带来了更多的财富。

那么，创富阶段的成功因子在守富阶段是否同样适用？这是另一件有意思，也值得研究的事情，即中国（超）高净值人士在创富到守富的过程中面临哪些问题。

从创富到守富的投资现形记

目前中国财富管理市场上有个普遍的现象——财富的创造者往往亲自下场管理财富。只是很可惜，创富成功人士在财富管理市场里的表现与其在财富创造市场里的表现大相径庭，甚至大部分人都没有真正分清楚什么是财富管理、什么是财富创造。

我们先看一组对比图（见表 1-1），或许能寻摸出原因所在——

表 1-1 （超）高净值人士在财富管理市场中的表现

创富时	守富时	思考
爱拼才会赢的"大哥大"	无视风险、把把"梭哈"的投资人	追求高收益有错吗？
敢为天下先的"弄潮儿"	喜欢尝试、输赢参半的投资人	摸着石头过河不对吗？
勤劳勇敢的实干派	厌恶风险、信仰刚兑的投资人	相信大机构、有承诺不好吗？
自信坚持的理想家	自信跨界、盲目坚持的投资人	相信自己有什么问题吗？
追逐机会的成功者	爱追热点、跟随风口的投资人	为什么风口产品总是结果不佳？
上天眷顾的幸运儿	自以为是、随心而动的投资人	中国股市拼的不就是运气吗？

下面，我们来做个剖析——

站在管理财富的角度，我们看到有一类企业家过去奉行"爱拼才会赢"，比如闽系企业家，他们特别有赌性，正向一点说是敢冒风险，负面一点说就是赌性很强。当他们遇到自己认可的投资项目时通常敢下重注，甚至把全部身家押到一个项目中，把把"梭哈"。然而实际结果往往与预想有很大差距。有很多人在类似投资过程中，损失惨重，原本辛苦打拼所赚的财富付诸东流。

第二类是"敢为天下先"的企业家，他们在管理财富时也很有意思。他们头脑极度开放，愿意尝试各种投资机会、各种投资策略，几乎从不拒绝，但是因为每一笔投资的尝试都是几百万元甚至上千万元的资金，一旦发生重大亏损就会给总体收益带来严重的负面影响。所以他们整体的财富管理状况往往也并不理想。

第三类是实干派企业家，他们对风险是非常厌恶的，认为金融工具大多不靠谱，所以必须选择非常安全可靠的投资。那么具体怎么选择投资方向的呢？我们很痛心地看到，很多人当初觉得投资 P2P（互联网金融点对点借贷平台）靠谱，结果损失惨重，当然今天大家已经能够识别并排除 P2P 平台。我曾经访谈过一位投资人，他提到："平台推荐人是我认识的，其人品也是我认可的，而且平台承诺不仅肯定可以保本，还能实现百分之十几的收益率。所以我当时认为 P2P 投资既然承诺刚兑，那么比起股权类数年看不见摸不着的投资更为靠谱。"其实，这类所谓的保守和安全投资反而更有问题。

至于存银行，这种方式对这类企业家也没有太大吸引力。有一位东部沿海省份的客户，20世纪八九十年代初在当地颇有名气，等到了2008年左右身价过亿，他却高兴不起来了："我曾经是当地的第一批万元户，以前在县里面也都说得上话，如今虽说资产上亿，但这个身家实际上在我们这儿根本就没有什么分量……"事实确实如此，20世纪80年代的万元户，哪怕当时有数十万元，如果选择把钱全部存入银行，那么相信今天一定会"掩面而泣"。所以存银行的（超）高净值客户我们倒是较少看到，但是因为相信一些所谓的刚兑、所谓的承诺，而去购买固定收益的"安全资产"的（超）高净值客户却不在少数。

第四类是拥有自信和坚持品质的企业家。他们做企业时特别自信，在投资过程中同样也表现出这一特点。以股权投资为例，有些行业明明是不熟悉的，却仅仅因为"迷之自信"而自觉能够做出准确判断，那么结果可想而知，在具体投资过程中不可避免地出现了许多重大失误。

我们还看到很多做企业时能够把握机会的成功人士，以及被"上帝"眷顾的宠儿，他们在投资时也经常选择碰运气。究其原因，这两类（超）高净值人士，可能连自己都未必真正清楚为什么突然之间就拥有了大笔财富，"我都想不到我这么有钱，钱怎么就源源不断地来了……"他们潜意识里的幸运认知延续到了投资中，因此他们经常会随心而动，即跟着自己的感觉做投资，很少聆听专业意见。

我在金融和财富管理行业工作的30年里，有10多年时间直接接触客户，我真心感受到，无论是哪个年代走过来的（超）高净值人士，在财富创造领域，虽然他们是优等生，是市场当中的佼佼者，但在管理财富这件事情上，他们都还处于相对初级的阶段。这个评价可能不是很"悦耳"，但事实确实如此。

到底是怎样的原因造成了上述状况？归根结底，财富管理与财富创造是截然不同的。

先来看透财富创造，我们所生存的世界发展至今，财富创造基本上经历了两个阶段（见图 1-1）。

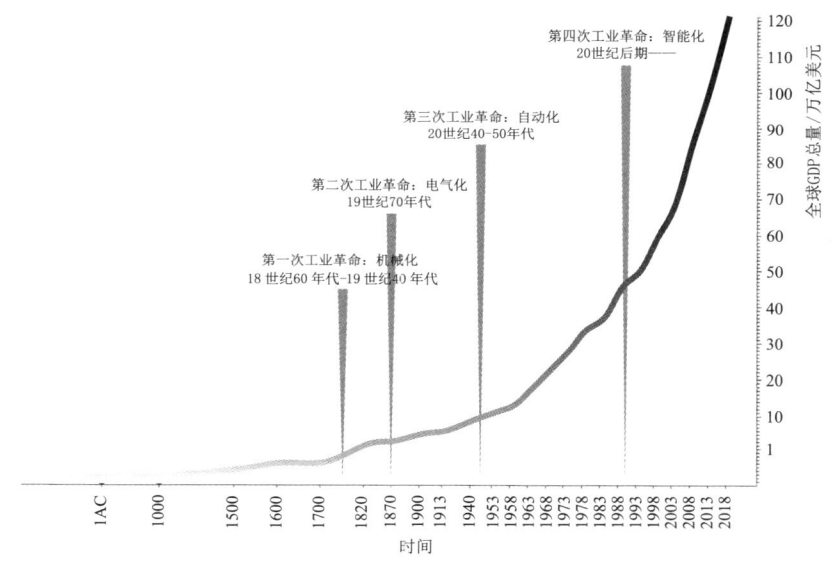

图 1-1　过去 3000 年全球 GDP 总量变化及影响要素

如果我们去观察人类社会的全球 GDP 增长曲线，会发现工业革命前后是两条线：工业革命前的 GDP 几乎是一条水平线，极为平缓；工业革命后的 GDP 简直就是一条垂直线，嗖嗖往上蹿。

工业革命之前，"每一笔巨额财富的背后，都隐藏着罪恶"

巴尔扎克曾经说过一句话："每一笔巨额财富的背后，都隐藏着罪恶。"可以看出他对资本相当厌恶。他的反感并非毫无根据，因为在工业革命之前，全世界大富豪获取财富的方法只有一个——掠夺。

公元 2 世纪，日耳曼人就占领了法国，在法国大肆地掠夺土地，在喜欢的土地上写上自己的名字，然后就拥有了该土地的所有权。

如果说公元 2 世纪还太早，我们更为熟悉的是移民国家美国的发家史。17 世纪初，欧洲人漂洋过海踏上北美大陆，掠夺北美原住民的土地并尝到了甜头，从此一发不可收拾。

大家都知道华盛顿是非常有名的美国开国元勋，也是非常睿智的国家总统，却很少有人知道其背后家族是如何发家的。其实，华盛顿家族登陆北美后，同样侵占了原住民的土地，并将土地高价卖给之后的移民。他的家族是靠卖土地发家的土地销售商和分销商，严格来说，也是掠夺者的角色。

工业革命之后，财富创造速度飙升

工业革命之后，人类创造财富、积累财富的方式发生巨变。新技术不断涌现，生产效率大幅度提升。加上股份制这种治理结构的出现，人们不再需要实际经营企业，通过投资持有其股票，就可以获得该企业的利润、分红，或者通过转让该企业的价值来获得收益。所以工业革命之后的财富创造，更多来自新技术的发展，以及人类治理方式的演变。

美国著名小说家马克·吐温（Mark Twain）在其短篇小说《百万英镑》（*The Million Pound Note*）中曾经生动对比了 20 世纪初英美截然不同的财富发迹状况。20 世纪初在英国，若想成为一个拥有百万英镑的家族，没有几代人的积累是做不到的。但在彼时的美国，想要成为拥有百万美元的富翁，一代人或许就能完成。

仍以股份制资本市场的形成为例，人们在财富的聚集和交换方面，拥有了极大的便利。比如通过资本市场这样一种渠道，从千千万万的老百姓手里把资本引导到生产过程中来，那么这个时候资本市场起到了筹集社会资本、配置社会资源的作用，从而，经济规模得以迅速扩大，财富创造的速度也随之大大加快。

中国只用 40 年就成为世界第二大经济体

我们中国能够用 40 年时间实现赶超，成为世界第二大经济体，也得益于我们在过去 40 年中正赶上全球互联网大潮，信息科技发展日新月异。过去 40 年全球财富的积累，远超再往前 200 年所能够有效达成的状态。

随着科技的不断进步，人类体能、智能也不断地被各种机器所加持，财富创造能力大大增强。在财富创造的环境里面，特别强调能够整合生产要素的能力，比如某种特殊资源，当你整合该资源的能力越强，那么你创造财富的能力就越强。

以发展一个企业为例，你需要非常熟悉或是非常热爱你要进军的领域，同时能够做到努力和坚持。所以能够创造财富的人，一般要么可能干得早，要么可能干得久，而不是今天干点这、明天干点那。"打工很难挣到大钱"的原因也在于此。

当你持续努力做一件事情时，你的各种资源会在你的商业版图里被持续整合，此时时间的复利就会源源不断地创造价值。资产就是由资源整合和时间复利的双向力量带来的，这也是财富创造的价值所在和背后动因。

以疫情为例，看懂财富管理的核心逻辑

管理财富的首要目标，是让已拥有的财富安全地穿越未来一个个充满不确定

性的经济周期（几十年甚至更长时间），其核心逻辑是风险管理。要做好风险管理，就必须考虑如何规避风险。假设你拥有 1 亿元资产，你需要思考未来 30 年，什么因素可能会让你失去这些资产，然后提前做好防范。

举个当下的例子，2020 年春节前中国武汉发生了新型冠状病毒肺炎疫情，当时大家或许不会觉得有多大影响力，即使做了些准备也不会太完备。但是你肯定想象不到，等过完了春节还依旧无法复工（即使你不在武汉）。如果你是餐饮公司的老板，随着彼时复工的遥遥无期，原本红火的公司不得不面临破产风险；而如果你是生鲜电商公司的老板，那么可能原来快倒闭的公司突然之间起死回生。

流行瘟疫这个风险在未来 30 年还会发生吗？以历史为镜或许看得更明白。在人类历史上，曾经产生较大影响的流行瘟疫有：鼠疫、天花、非典、流感、埃博拉病毒等。在世界古近代历史上，瘟疫是比战争更可怕的灾难，肉眼不可见的细菌病毒甚至能毁灭一个强盛的帝国。比如，在众多导致罗马帝国衰亡的原因中，瘟疫也是重要因素之一。

我们知道未来肯定会再次发生瘟疫，但是会在什么时候发生，以什么形式发生，以多么严重的程度出现都是无法预料的。而一旦出现瘟疫，你怎么保证资产安然无恙，或是能够将大部分资产持续保留在身边？

所以我们强调财富管理的核心是风险管理，而风险管理就会涉及资产配置。资产配置能调动专业人员运用专业手段来实现系统安排。关于这个话题，我们在第三章中会做详细讨论。

如果说财富创造是小概率的大成功，那么财富管理就是大概率的小成功，即要大概率地让你的财富实现保值增值。

前面提到了管理财富要通过资产配置来分散风险，而这件事情很可能会超出你擅长和熟悉的领域，因为需要通过不同的金融工具，配置在不同的行业和地区。

问题来了，在金融行业干了几十年的金融老兵，有时候都很难保证对某一种类型的资产做到透彻认知，又如何要求跨行业的财富创造者对各类资产做出清晰准确的判断和分析？这几乎是不可能完成的任务。

如果（超）高净值人士还寄希望于自己过去的成功法宝，比如爱拼才会赢、自信、坚持、努力、勤奋等，在管理财富的市场里继续获得成功，这无疑是不现实的。毫无疑问，管理财富和创造财富完全是两回事。

中国财富管理市场中的错误认知

当前中国（超）高净值人士在管理财富当中碰到的问题，我们应该怎么解读？在此和这个市场的参与者一起纠正三个错误认知，希望能帮助每一位（超）高净值人士有效解决其过去所经历的财富管理烦恼，而这也是我们实现让财富温暖人生初衷的第一步。

其一是客户有不知：以为移民海外，躲避国内市场就能解决问题。

在财富管理市场，客户经常会出现这样的观点，"中国的市场实在是太混乱了，不值得信任，不如套现移民"。那么套现移民到底能不能解决问题？

举个加拿大华裔的真实案例。他是我的一位朋友，在移民加拿大之前赚足了上亿身家，因为觉得中国的空气、环境、教育都不是特别理想，在2013年左右带着全家去了加拿大。7年后的一天，他向我表达了失落："我现在的学生，甚至是我学生的学生，都比我有成就。这个成就落差，不仅体现在社会地位方面，在财富积累方面更是如此……我现在整天在加拿大打高尔夫，时间长了也就没有了多强的幸福感……"套用一句移居海外同胞的话，就是"好山好水好寂寞"。

这个问题背后所反映的其实是我们到底应该怎么管理财富，特别是当我们拥有了一定财富之后，应该怎样让我们的人生更具意义，让我们的生活更加快乐。我们不能因为某些客观因素就选择躲避，以为换一个国度就能够解决真正面临的深层次问题。

中国财富管理市场目前是全世界范围内炙手可热的一块市场，包括中国财富总量的增长，以及中国整体经济的增长。2019 年中国 GDP 增速换挡降低到 6.1%，但依然是全球最大型经济体中（目前全球第二大）增速最快的。特别是疫情带来的世界格局的微妙调整，给中国这个经济体带来了更多的机会。

所以从这一点出发，中国目前是管理财富的一个好市场，可以让我们的财富更好地实现保值增值，并且在这个过程当中只要我们用心规划、科学管理，相信就能够更好感受到人生的价值。

其二是机构有不知：还以为没有为专业服务埋单。

财富管理行业的一些从业人员，经常会感到无奈："中国的财富管理真的很难做。很多客户经常听不进专业的资产配置建议，而且也不太喜欢为专业埋单，所以不得不只卖产品给他们。毕竟不卖产品不赚佣金怎么生存？"

事实却并非如此。中国的（超）高净值客户其实是非常睿智的，也愿意为专业埋单，更多时候是不知道自己已经为专业埋了单。

有一个很好的例证，中国现在无论是公募基金还是私募基金，都有几十万亿元的资产管理规模，这些被专业资产管理公司管理的资产每一单都被收取历年的管理费和超额收益分成。换言之，客户是愿意通过专业机构管理资产并支付相应专业服务费的，只不过费用是以管理费的形式呈现而已。所以这个问题不是客户愿不愿意付费的问题，而是从业者和相关机构值不值得客户托付，以及所提供的服务和价值是不是值得被付费。

事实上，中国财富管理市场在过去 10 年时间里，基本上也都处在一个金融产品销售商汇集的初级状态，还远未达到"财富医生"坐诊的理想状态。行业里一度流行一句话，"哎，大家都是搬砖（卖产品）的啊。"如果从业者自认定是个"搬砖的"，即把一个产品从甲机构"搬"到乙客户那里，后者的确没必要为你这个动作付费。这个问题也是目前行业从业人员亟须认真思考的，即我们带给客户的价值到底是什么，是告诉客户一个信息，从而把某个信息不对称的问题给解决了，还是我们去专业地理解客户需求，帮助客户做财富规划、资产筛选、存续管理，协助客户做好财富的保值、增值、传承等一系列工作。如果从业者能够把这些工作都真正做到位，那么我相信客户一定是会愿意为此付费的。

其三是行业有不知：中国的金融监管其实非常支持行业的创新和发展。

我在中国金融市场工作数十年的感受是，中国的监管队伍、监管制度还是非常人性化的。我跟监管机构人员打过不少交道，也跟他们一直保持着沟通。作为从业者，在近距离地接触过监管机构后，我理解的监管思路及其背后逻辑是：中国在金融监管上的很多政策制度比起海外，确实还存在较大提升空间。但是在这样一个快速发展的市场中，到底采用什么样的监管政策和监管规则会更加适宜？这需要一个探索的过程。所以政策初期通常会制定在较为宽广的层面上，让大家先去"跑马"，让不同的想法和努力在市场当中充分尝试。随后监管会根据尝试的实际情况来判定，哪些因素是有利于市场发展的，哪些因素是存在隐患的，最终在动态调整的过程当中去出台各种有针对性的监管政策。

中国过去的 30 年，金融市场就是在这样一个监管大环境和大背景下进行的，并不断成长与发展，创新的业态亦相伴相生，比如支付方式变革、财富管理兴起等。针对这些新发领域，中国的金融监管虽在起初暂无明确的制度规则，但依然给予了创新的空间，特别是基于科技在金融领域应用的网络支付，这在海外成熟的金融监管体制下是几乎不可能萌芽的。

与此同时，监管机构也在观察并跟进，跟随市场的探路者和尝试者的脚步，根据市场的实际情况努力制定新规则，并通过发放网络支付牌照的政策来规范这个行业。换个角度思考，目前中国的网络支付之所以能够全球领先，离不开中国监管的包容和支持。

再比如平安在麦肯锡咨询建议下于 1997 年就确定了综合金融服务集团的愿景。虽然当时的全国监管环境是分业监管、分业经营，但最终结合平安的实际情况不但没有拆分平安，反而给予了尝试的空间。这种监管机构的支持在海外同样是难以想象的。

综合来看，目前中国的监管制度已愈加清晰明了，整个监管环境亦有助于金融行业的有效发展，具体到中国高端财富管理市场，未来仍有着巨大的成长与发展空间。我们每一位（超）高净值人士在过去所经历的烦恼，相信能够逐一得到有效改善和解决。

深度思考：寻找第二曲线的道路上，如何另辟蹊径

前文中，我们反复提到了一个词："第二曲线。"

怎么理解"第二曲线"？经营企业在管理学中有一个理论叫作"第二曲线"。每个组织和企业都会经历成长的第一曲线，即从初创期、成长期再到成熟期。到达顶峰之后，如果没有走出第二曲线，就会走向衰落。因此，要启动第二曲线，

且一定要在第一曲线还未到达顶峰的时候就展开行动，从而实现持续增长。

我们在做项目投资时也经常强调企业的第二曲线。比如消费类企业，价格透明度高、差异化小、可替代性高，导致企业间竞争十分激烈，我们会更加关注其有没有可成长的第二曲线，特别是上市后有没有能够实现进一步发展的动力，如果只靠原动力可能就会面临后劲不足的情况，如果能够不断产生新的动力源泉往往可以实现可持续发展。

前文已经提到，中国的（超）高净值人士其实是创富第一代人，即以改革开放40年催生的中国第一批企业家为主，目前正面临着从创富到守富的困境。所以理解了第二曲线，或许就能助力中国创富一代和守富二代之间的有效衔接，进而实现从"富二代"到"新一代"的蜕变。

下面我们尝试着从财富管理的角度出发，找到一条可行的第二曲线。

从中国改革开放走来的一代人，40年的艰苦创业，通过把握各种各样的市场机会拥有了巨大财富。这代人年纪逐渐大了，很可能已经年过六旬，精力状态、人生需求和年轻时相比都已发生重大变化。他们的二代子女大多经过海外的学习和历练，开始成长起来并执掌家业。

但是后辈并不见得一定喜爱父辈的事业类型和相关领域。更重要的是，随着经济和社会的快速发展，当初父辈所处的行业，其未来成长性或已见顶。此时，财富管理和财富传承便越来越重于财富创造。

这也是为什么在前十几年，财富管理行业的从业者在跟客户讲财富管理时，客户并不是很在意。因为彼时他们四五十岁，精力旺盛，而且都是小概率的大成功者，非常自信，有自己的主观意见和想法，更愿意去创造和发展。

时至今日，他们需要考虑并谋划未来更为长久的发展。很多中国的企业家在胼手胝足完成创业的使命以后，资产已经上十亿甚至过百亿。在这样的财富体量下，他们所思考的问题，就已经不仅仅是个人单一需求、购置几套房产，或者对抗通货膨胀的命题，而是整个家族长达几十年甚至百年的管理和传承需求。

金融行业的语言和一般行业的语言是不一样的，所谓术业有专攻。企业家们一般历经数十年的商海沉浮，非常了解和明晰行业的风险和商业的风险，他们可能在资本市场或房地产市场中也颇有斩获。但是在进行组合配置以及保证资产长期保值增值时，他们可能并不理解金融风险波动的本质，甚至会在贪婪与恐惧中迷失。

根据我们的实证研究数据，在同样市场情况下，凭借专业团队的风险管理和投资策略，大部分财富拥有者可以获得比完全靠自己打理高出 5%~12% 的超额收益。这就是专业团队带给客户的实实在在的、可量化的金融价值之一。

可以说，对于中国的第一代企业家而言，通过专业机构和专业团队，有效连通创富和守富两个阶段，或许是一个值得考量的"第二曲线"方向。在此我们先抛出这个可能性，关于"第二曲线"具体如何实践，希望这本书可以提供一些助益。

本章观点

从财富创造递进到财富管理与传承，对中国的每一个富裕家族来说都是新课题，而且是一个事关重大的、迫在眉睫的崭新课题：

● 中国 40 多年改革开放以来的财富创造者们，每个都有自己的机遇和成功方法，也都是各自领域的佼佼者和幸运儿。这些各异的因素造就了每位（超）高净值人士截然不同的个性和信念。

● 在财富管理领域，还在以财富创造思维观纵横天下的财富拥有者们正在面临被重新洗牌的危机，各种错误认知和行为让很多人的财富难以传承下去。

● （超）高净值人士急需提升自己管理财富的理念和思维方式，认知管理财富与创造财富的差异，如此才能从根本上实现财富长期持续的保值、增值及传承。

02 财富管理的
压舱石：
关于角色定位、
目标需求、原则
理念的反思

"

电影《少年派的奇幻漂流》中曾有这样一句话："如果我们在人生中体验的每一次转变，都让我们在生活中走得更远，那么，我们就真正体验到了生活想让我们体验的东西。"回顾金融行业 30 年，每一次自我超越和跨界创新，都让我走得更远。

离开平安之后的近 10 年外企经历，我想将其称之为"外企派的财富管理'漂流'"。彼时恰逢各行各业最为开放的年代之一，我身临其"境"，得以接触并学习国际上先进的财富管理理念和经验，并且拥有在中国本土实践的宝贵机会。

在这个时期，我第一次开始尝试从人性视角去搭建财富管理的框架——角色定位、目标需求、原则理念，并在后续的从业和创业中一步一步尝试在每一个关键之处装填上"压舱石"。

没开过船的人，可能不太了解"压舱石"所承载的意义。听一位船老大讲，船舱底部有一舱室，空船状态时专门用来装水或石头，装上水就叫"压舱水"，装上石就叫"压舱石"。有了它，船吃水深了，即使遇上大风大浪，也可以避免大幅摇晃和翻沉。

船要稳行离不开"压舱石"，财富管理要行稳致远也是如此。在角色定位明确、目标需求清晰和原则理念既定的情况下，任凭财富管理市场风浪迭起，我们仍可不惧风浪，稳稳驶向财富管理的幸福人生彼岸。

入世 10 年，外企派的财富管理"漂流"

2001 年 12 月 11 日，经过长达 15 年的艰苦谈判，中国正式成为世贸组织成员。此后 10 年，中国金融业随即步入扩大开放的新时代。

面对一群来自西方的"狼"，尚且稚拙的中国金融业被迫"与狼共舞"。当时，金融入世利弊之争不绝于耳，诸如"中国金融业入世后或将不堪一击"的悲观论调接踵而至。对开放的恐慌，乃至对金融主权和产业安全受到威胁的担忧情绪，弥漫着整个行业。

时光荏苒，十年一梦。"狼"吃"羊"的故事在中国没有发生，倒上演了一出中国金融业"凤凰涅槃"的好戏。中国政府在履行金融开放承诺的同时，坚持主动开放、审慎开放、互利开放的原则，完成了通过开放促进发展的壮举；中外金融机构也从竞争转为竞合发展，共同改变着世界金融版图。

据悉，当年中国入世谈判最艰难的部分就是金融行业的保险领域，"狼"和"羊"的比喻最先即源自于此，人们把外资保险看作"狼"，中资保险看作"羊"。2004 年 12 月 11 日，中国保险业结束入世过渡期，率先在金融领域实现了全面对外开放。此后第一个 10 年，名列《财富》500 强中的 40 多家境外保险公司大多数已进入中国保险市场，中资保险公司在市场竞争中获得了绝对优势，这个局面用"共赢 10 年"四字形容最为贴切。

身在其间，我的理解是，入世不仅意味外国金融业进入中国市场，更重要的是随之而来的先进金融理念、金融技术、市场经验和优质服务。从资金、客户、人才等各方面与国内机构开展竞争，这促使中国金融业在背负巨大压力的同时也更具发展可能性。21 世纪第一个 10 年间，在激烈残酷的市场竞争中，中国金融业不断学习和引进国外先进的金融理论和运作经验，并积极按照国际金融业经营管理的基本原则和惯例来规范运作。

很庆幸在这样一个扩大开放、海纳百川的千禧年代，我选择走进英国标准人寿保险公司（Standard Life）、瑞典斯堪地亚集团（Skandia Group）、法国安盛公司（AXA）3 家国际性金融机构在中国的合资公司担任高管职位，扮演着属于"狼"和"羊"之间的特殊角色，开启了一段奇妙的外企派财富管理"漂流"。

第一家，英国标准人寿保险公司，2000 年《财富》全球 500 家公司中排名 264 位。2002 年 11 月初，中国保监会主席吴定富宣布，批准英国标准人寿保险公司进入中国市场筹建营业性机构。它也是在中国加入 WTO 后获准在华建立营业性机构的第二批外资保险公司之一。

就在人们期待这家投资规模最大的老牌外资机构隆重登场，组建庞大的代理人队伍，展示琳琅满目的产品线，推出种类繁多的创新服务的时候，大家却发现这支市场新军似乎已经打定主意，用英国人的谨慎保守开创出一番不同寻常的"新"气象——传承百年传统，尊重中国本土特色、循序渐进，走专业化道路。这一切直接体现在业务策略的设计上。

所以初入中国的英国标准人寿，在每一个专业线上都派了老外作为负责人，但其整体规划和建设如何在中国市场落地，还需要根据中国的情况具体设定，公司管理层每年都进行一次 5 年规划，持续进步和调整目标。我负责标准人寿中国地区的多元渠道拓展和管理，自我定位是欧洲先进经验在中国实践的落地探索者和执行者角色，主要负责开拓银行合作渠道和其他有战略协同作用的合作伙伴发展保险业务，而产品以财富管理型的投资连结整个保险为主。

记得当时标准人寿是最早在市场上与房地产中介服务机构展开合作的，这也是我第一个另类合作机构的拓展与落地项目。彼时的顺驰中国（中国规模最大的全国性房地产企业集团之一），拥有覆盖全国的巨大线下销售网络和众多地产销售人员，所服务的客户品质也较高，有着很好的市场影响力。我们理解顺驰有更大化现有资源的价值实现需求，便设计出适合的产品和合作方式，与顺驰的业务负责人深度沟通后达成合作，即用投资连结型寿险产品为消费者提供财富管理服务。这使得顺驰置业的服务范围由房地产中介扩展至家庭理财服务领域，顺驰也因此成为全国首个提供跨行业中介服务的地产公司。

这次业务拓展，充分展现出外资体系化作业的特点。在业务合作推动上，公司不仅考虑产品的销售，还提前设立了专题项目组。核保、客服、产品、IT 等公司内部各个团队通力协作，创造了高效率的合作成果。也正是该项目，让我认识了后来的公司创始合伙人李文煜。

第二家，Skandia 是总部位于瑞典和英国的投资集团，以共同基金的组合管理起家，成为全球基金经理筛选与组合管理的先锋。在这里，作为外资机构在财富管理业务方面的落地执行者，我感受到了专注和坚持的力量，也看到了全球迄今最好的财富管理产品以及中国投资机会。我与诺亚的机缘就源自于此。

在我看来，Skandia 选择基金经理时的严谨与高标准，现在依然颇值得国内财富管理行业从业者学习。

被 Skandia 选中的基金经理，至少要有 3~5 年且穿越牛熊周期的良好投资业绩。

按一般人的想法，与老资格的基金经理沟通一次就可以拍板决定了。但 Skandia 会持续跟踪考察一年到一年半时间，其间约谈 4~6 次。重要的问题反复问，然后前后比照看他们的回答是否一致。同时深入探究基金经理的过往业绩究竟是得益于整体市场的上涨，还是缘于独到的选择。最终，才确定那些真正能稳定获取超额收益的基金经理。

Skandia 采取基金中的基金（Fund of Funds，简称 FOF）的管理模式，即在自己的名下募集基金，然后委托全球其他基金公司的基金经理进行管理。他们最重要的工作之一就是从全球挑选出真正优秀的基金经理。委托全球知名资产管理公司或擅长某一领域的投资"精品店"管理基金，透过组合管理的方式从而最大化客户利益。

可以说，专注基金经理筛选、产品与服务，把投资、销售等职能外放给合作伙伴，加上公司本身的耐心与执着，为 Skandia 的成功奠定了良好的基础，使之成为全球在基金组合筛选方面做得最好的机构。Skandia 一直专注 FOF 模式，并成为该领域的全球老大，被并购时市值已达上千亿美元。这或许还与瑞典这个国家和民族的一些特性相关：专注耕耘细分领域，并力图做到极致，最终赢得整个市场。其他行业如 skype、宜家等也是如此。

2005 年，Skandia 开始在上海发展，而我主要负责与各大银行的私人银行部建立合作关系。2005 年，是中国私人银行业务刚刚起步的时期，各大银行都在最好的地段最好的大厦里精心装修，舒适的地毯、蓝山咖啡还有俊美靓丽的理财师都快速到位了，但其投资产品和零售条线的产品基本没有差别，还处于较为初级的阶段。

在欧洲，Skandia 有很多合作伙伴是独立财富办公室或家族办公室，我因为做过另类渠道的开发（顺驰），因此对非银行机构的感觉比较敏锐。当时我们提出一个创新想法，即除了跟银行的私人银行部合作以外，还可以尝试找些非银行机构合作。为此我们还专门设立了一个部门去寻找类似独立财富办公室的合作机构。

当时团队负责人花了大约 6 个月时间，找了各种财务公司、渠道公司、保险代理公司等，但都面临业务方向、经营理念、专业水准，或是价值观不太契合的问题。2006 年 6 月，我的团队负责人告诉我，他找到一家名为诺亚的公司似乎和我的要求比较符合。很快我和汪静波女士见面，彼时的诺亚刚从湘财证券股份有限公司分拆出来，十几个人在新上海国际大厦租了 100 多平方米的办公场地，规模小也没有任何金融牌照，按其资质，理论上是通不过 Skandia 的合作伙伴尽职调查标准的。但是彼此交流后，我发现双方在方向、理念和价值观等方面很相近，于是跟总部争取，最终实现了合作，并持续取得了不错的业绩。2006 年年底，红杉资本准备投资诺亚时还专程找我做尽调，这更让我感受到市场的趋势与机会。这段时间里，我的角色就是一个海外理想模式的中国实践者，虽然市场很躁动，合作伙伴各式各样，但外企严格、系统的合规作业标准（合作伙伴准入尽调、作业规范、签约规范、投后服务规则等）让我养成了规范作业和尊重流程制度的习惯，并在后面的工作中深受其益。

与诺亚的合作以及红杉对诺亚的投资，使我第一次近距离地强烈感受到中国金融行业创业发展机会的到来，哪怕起步时是一家小机构，也是有机会独立创业并取得大发展机会的。这在 2007 年之前的中国市场是不敢想象的。彼时，与外贸、制造业人人有机会创业不同的是，在金融行业，除非与大型机构和重资本有关系并获得金融牌照，否则单凭几个人创业，做金融服务可以说是天方夜谭。这样的经历让我比他人更早感知市场变化，并成为第一批下海第三方财富机构的金融高管。

多年以后我创立优脉，在喧嚣的市场环境下能够一直坚持买方定位，不代销任何资产，也不自己做资产，专注在各类基金筛选、组合管理和家族办公室解决方案的设计与执行上，并相信我们也有机会赢得市场，这些也都和这段经历密不可分。

第三家，法国安盛公司，全球第二大保险集团，亦是全球第三大国际资产管理集团。2008 年金融危机，AXA 不仅没有受到影响，还因此获得了高速成长。在 AXA，我第一次认真思考一家公司的经营策略和管理思想；同时因为负责中国区的财富管理业务，得以认识理财规划大师艾伦·艾贝（Arun Abey），开始从人生目标及人性需求角度思考财富管理这件事。

AXA 品牌创立于 1985 年，跟平安的成立时间（1988 年）差不多，至今已有 30 多年历史。那么，AXA 是如何成为全球第二大保险集团的？跟平安的内生性成长（即组织成长、盈利能力特别强）不同，AXA 走了一条完全不同的路径：并购式发展的资本经营路线。

从 20 世纪 80 年代开始，AXA 从一家地区性的中型财产意外险专业保险公司，通过兼并、收购、合资，实现超常规的跨越式发展，迅速成长为全球最大的三大保险公司集团之一。1988 年，AXA 在巴黎证交所上市，当时的规模相当于太保集团 2002 年的水平。此后，AXA 依托资本平台展开了一系列资本运作，使资本规模和资产总额迅速扩张，最终成为全球第二大保险集团，亦是全球第三大国际资产管理集团。

以 AXA 上市前的第一次同业并购为例。20 世纪 80 年代，欧洲遭遇金融危机，法国 Drouot 财产险公司（相当于中国人寿在中国的地位）出现严重亏损，不得不出让股权。法国是一个讲究贵族圈层的国度，所以 Drouot 负责人找到了同属一个阶层的 AXA 负责人，双方一拍即合，AXA 就把 Drouot 接手过来了。兼并之后没多久，金融危机结束，资产价格回升，AXA 的营业额从兼并前的 2 亿欧元跃升至 14 亿欧元，3 年增加 6 倍，一举成为全国性的保险公司。此后，基本上 10 年都会发生一次危机，但每一次 AXA 都牢牢抓住了机会。

AXA 在风控运营上非常严谨，绝不多花一分钱。许多公司在市场形势好的时候，会采用低价竞争、大规模营销推广等方式迅速占领市场，但 AXA 不会这样作业，其产品定价精算严格，在市场当中也不是很有竞争力。所以当初在中国推广 AXA 的时候，我一直颇感吃力，做得特别累、特别难。由于运营谨慎，AXA 虽然发展速度比不上别的机构，但是财务状况一直非常稳健。

等到 10 年一次的金融危机来临，AXA 就是市场上手握重金的"救世主"。其专业的投行团队一直在市场中寻找机会，而此时就是出手的时候，像买入 Drouot 一样在危机时接手大量优质的低价资产。危机过后，资产价格暴涨，AXA 就大赚一笔。所以，AXA 在危机期间往往都会实现高速成长，而在竞争对手高速成长时始终保持稳健发展。记得 2008 年全球金融危机时，AXA 中国区 CEO 就曾在管理层大会上说，每一次危机对我们而言就是一次机会，因为当危机来临，那些曾经冒进的人就无法再牢牢攥紧他们手里的钱，财富就会易手他人。正如中文"危机"所言，危与机并存。

这一理念对我影响颇深。运营优脉的时候，创始团队一直坚持严格的运营标准和对投入产出效率的关注。事实证明，这是让优脉能够长期存活下去，并在行业面临危机时有机会脱颖而出的正确经营方式，优脉因此实现了逆势而行。

说到 AXA，就不得不提艾伦·艾贝。他是高傅财富创始人之一，早年在澳大利亚为（超）高净值人士提供财富管理建议和方案，通过多年的经营成为澳大利亚公认的"最成功的理财规划大师"。他也是澳大利亚三大理财公司之一的 IPAC 资产管理公司的主要创始人。2002 年，AXA 以高达 2.5 亿美元的价格收购 IPAC 后，艾伦·艾贝继续担任 IPAC 公司执行主席，同时还担任 AXA 亚太控股公司战略总监。

作为中国区的财富管理业务负责人，我和艾伦·艾贝有了较多的交流，对财富管理有了进一步的认知，并有幸获得他的赠书《在美国挣多少钱才能一辈子衣食无忧》（*How Much Is Enough? Making Financial Decisions That Create Wealth and Well-being*）。与他的沟通交流让我开始从人性的角度系统化思考财富管理的角色、目标和原则，这后来也成为我在为（超）高净值人士提供财富管理时的出发点。

关于角色：只有"委托人"，没有"消费者"

在外企"漂流"的经历告诉我，财富管理是一个系统化、多专业协作的工作，海外有成熟的规则和做法，这些规则和做法没有国界之分，不同的只是当地的背景、文化和客户状态，如果两者不能有效结合也不会有好的成果。对于管理财富这项工作，我们不能只是就事论事地谈产品、谈投资策略，更需要整体理解当前中国经济的背景、财富管理行业发展的阶段、资产管理行业的状态等，并以此来协助财富拥有者们定义好工作的框架，其中最重要的是帮他们做好在管理财富中的角色定位，制定好目标原则。

当今中国的（超）高净值人士，大部分人搞错了自己在管理财富时的定位，不自觉地把自己放在了"上帝"的位置，误解了"顾客是上帝"这句话的内涵。

我们先要明白消费者（customer）与委托人（client）为什么大有不同。

关于 customer 和 client 原语境里的学问

在财富管理行业，我们经常说一个词：客户，在英文里表达"客户"这个意思的单词有两个，customer 和 client。在中文表达里，不太区分顾客、客户的差异，理解的内涵也相差不大；但在英文里，customer 和 client 这两个词的含义是大不相同的。

customer 在《牛津大辞典》里的英文解释是：eat, drink, or ingest（food or drink）以及 buy（goods or services），意为关于商店或商业的例常交易，就是买，或者光顾。它是一个消费的概念，是买卖双方的纯粹交易，即一手交钱，一手交货（服务），产生对等的交易。所以 customer 是顾客或者叫消费者，强调的是消费者付出费用，得到相应的、对等的服务。

client 在《牛津大辞典》里的英文解释是：a person or organization using the services of a lawyer or other professional person or company，即个人或者组织需要使用某种专业服务，比如说法律服务，律师（个人）或事务所（机构）向客户提供专业的法律服务。中国有个译言网，其中有篇文章为 client 做了一个中文的解释，指出 client 这类客户有两个明显的特征：一是雇佣别人来帮助自己，二是要服从被雇佣者。

很显然，财富管理行业的"客户"的定义应该和英文的 client 的内涵是一致的。

财富管理行业的 client/ 委托人

西方的学者认为：销售人员对顾客（customer）的了解一般不深，可以不了解其状况甚至不知道名字；而对客户（client），销售人员则必须对其背景有所了解，在服务时大部分时间是一对一的。

为了更好地区分这种差异，在财富管理领域，我们用一个更具区别性的词"委托人"来指代有理财需求的人，以区别"顾客"或"客户"这样的难以界定内涵的词。

具体而言，涉及财富管理的人，家里是有一定资产的，特别是家族资产管理，涉及的资产规模可能更大，管理需求也更加庞杂，包括保值、增值、传承、教育、公益、影响力等，而且是长周期的，所涉及的专业领域非常广泛。一般都需要委托专业的机构或人士为管理财富以及相关系列事务提供专业意见和方案，而不是单纯购买产品和服务的概念。

2020年年初，公关职场剧《完美关系》播出，剧中公关专家卫哲对客户说："公关和律师有一个点是一样的，就是委托人一定要告知真实情况。如果我不知道真实情况，是无法真正帮到你的……"财富管理也是如此，如果客户不能告知受托人实际情况，那么受托人提供的方案是很难帮到客户的。

财富管理本质上就是受人委托、替人理财的行业，跟律师、医生、公关是一种类型，都属于经验型专业服务领域。所以在财富管理特别是高端财富管理市场，不要把自己定位为消费者、客户，而是要从委托人的角度出发。

财富管理这件事如果亲力亲为或者受托人选错了，就可能面临麻烦。目前市场上绝大部分的财富管理人员，担任的都是金融产品销售者的角色。这是基于我们中国整个财富管理行业发展的初级阶段而出现的状态，毕竟15年前除了银证保缺少其他财富管理的渠道。十余年时间，大量第三方财富机构、信托机构都建立了自己的渠道，这样快速的发展导致现在遍地都是靠佣金过日子的金融产品销售者。

如何才能让理财师完全站在财富拥有者的角度考虑问题？不能仰赖他凭良心办事，而是要在财务上即利益上跟他保持一致。所以你是他的委托人，你委托他、雇佣他、付费给他，让他为你负责任；同时，你要审慎地去评判、选择适合的受托人。

从金融法规角度看，"委托人"比"消费者"更具法律效应。

有个值得重视的现象，在中国裁判文书网以"合同纠纷""金融"等为关键词搜索，得到的全国各法院已审结此类纠纷案件数量逐年增加，如图 2-1 所示。

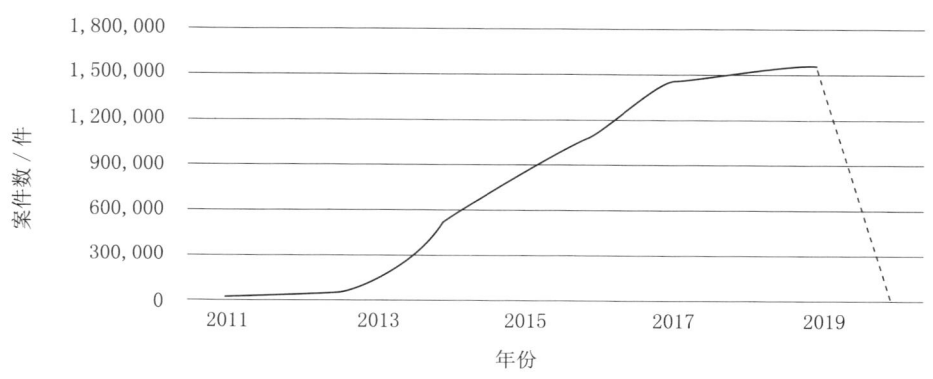

图 2-1 金融类合同纠纷相关案件历年增长情况

据相关专业律师的经验，在司法实践中，法院一般不会支持金融消费者以"卖方机构存在欺诈行为"为由要求其承担惩罚性赔偿责任的诉讼请求。

以和家族资产管理最密切、目前国内法规相对健全的信托工具为例，"金融消费者"定义模糊，更多适用的是"委托人"概念。

2016 年 12 月 14 日，中国人民银行发布《中国人民银行金融消费者权益保护实施办法》（以下简称《央行办法》），首次对"金融消费者"的概念进行了定义，即购买、使用金融机构提供的金融产品和服务的自然人。这也是目前唯一有关"金融消费者"的定义。

该办法出台后，证券和银保监系统有关适当性管理的各项规定和自律准则，均没有使用"金融消费者"的名称，而是使用了"投资者"和"委托人"（信托业务）的名称。而且，上述"投资者"或"委托人"的概念，与《央行办法》中规定的"金融消费者"存在一个重要区别，即央行规定，"金融消费者"只能是个人，而"投资者"或"委托人"可以是个人，也可以是机构，还可以是金融产品自身。可见，"金融消费者"这一概念并未被金融行业主管部门所采纳。

中国信托业协会于2018年9月16日发布了《信托公司受托责任尽职指引》，其中包含了适当性管理的内容，但既未使用"消费者"的概念，亦未使用"投资者"的概念，而是沿用《信托法》的规定，采用"委托人"和"受益人"的称谓。

中国人民银行、银保监会、证监会和国家外汇管理局2018年4月27日联合发布的《关于规范金融机构资产管理业务的指导意见》，在第一条基本原则中提及要"加强金融消费者权益保护"，其他条文或者使用"委托人"，或者使用"投资者"。"金融消费者"这一名称仅出现那一次而已。

所以不论基于词义本身的内涵，还是背后的法律定义，我们的（超）高净值人士都需要更加深刻理解"委托人"与"顾客或客户"的差异。在财富管理行业，client 和 customer 是不同的，从具体的行为方式上看，主要有以下七点差异。

一是需求方向不同。

委托人是要找专业高手帮助解决其自身难以有效解决的议题，消费者是想要获得自己喜欢的物品或者服务。所以需求方向差异就是，委托人专注于议题，消费者关乎于感受。

（超）高净值客户在管理财富时的需求是复杂的，涉及各种金融工具的使用及对需求的深度解析，没有受过专业训练的人士很难看懂各种金融工具和解决方案，很难做好财富规划并配置资产，也很难判断过程中可能面临哪些风险并采取应对措施。

因此，作为非专业人士的（超）高净值客户，就需要请更专业的人或团队来帮助他们规划财富，这时委托人的需求就出现了。

二是目标要求不同。

委托人的要求是更有效地解决问题，并为此愿意支付相应的专业服务费，比如找医生看病肯定比自己判断来得更准确，请律师协助打官司往往胜率更高。财富管理也一样，如果聘请专业人士或机构来做，就是希望能够将资产管理得更好，让资产更安全。这是委托人的目标。

消费者的行为往往要求心里满意度和性价比都要高。比如说市场上某产品打折，很多消费者就会产生购买冲动，而不管是否真正需要该产品。情绪化的消费者购买产品的理由千差万别，喜欢的东西会买，便宜的东西会买，甚至服务人员的态度好也会买，更多在乎的是情感情绪上的满足。

而（超）高净值人士要考虑在未来几十年甚至更长时间里实现资产的保值增值及有效传承，对于解决方案的有效性要求是非常高的，这与一般客户所需要的满足是不同的。

三是作业心态不同。

如果我是委托人，在选择一个受托人的时候，会非常审慎，会跟对方紧密合作，会进行平等而充分的交流，从而达成最佳效果。委托人的目标导向，让合作方式和交流方式更变通。只要有益于目标达成，我就愿意去做，这是作为委托人的心态。

但是消费者的心态通常是自己的观点至上，在碰到任何一个相关的产品和服务时，都要求服务机构全盘满足自己的需求，喜欢讨价还价，甚至以一次性交易的心态彼此博弈。这种心态上的差异会影响其判断和决策。

四是选择标准不同。

委托人选择受托人时会考虑可信赖程度、专业能力、过往案例成果、人品口碑等；消费者选择服务商时更多考虑性价比、品牌知名度、货品丰富性、服务态度、便利性等。两者基于完全不同的选择逻辑，结果自然也大相径庭。

选错服务机构导致自身财富损失的案例不胜枚举，为了避免损失，（超）高净值人士需要审慎选择受托人，尽可能保障自身利益。反面的案例，比如震惊体坛的孙杨 8 年禁赛或与选错律师有关，代价极其惨痛。然而在过去 10 年多的时间里，中国财富管理市场中的绝大部分财富拥有者们都把自己当成了消费者。

五是决策方式不同。

委托人选择受托人及解决方案的决策是审慎的，只要合作不出意外，一般都是长期的关系；消费者的选择则更具随机性和机动性。在管理财富时，投资决策都需要科学的机制来保障决策的一致性，以及专业的团队来提升决策的品质。

举个例子，我有个朋友是卖车的，据他的观察，许多消费者来 4S 店买车前都做了充分的功课，比如分析对比目标车辆的标准化数据，发动机的排量、性能等，心中会确定一两款目标车型。可是到了现场，他们的选择标准可能忽然就发生了变化，哪位销售给的折扣高，最终就在对方手里买了车。在消费的语境下，消费者的决策总是感性的，即使做了理性的分析，其最终决定也可能是感性的，但作为专业服务委托，感性的行为就有可能带来大麻烦，毕竟即使换了不同品牌、车型，也不会产生太大的结果差异，但如果财富管理委托人的决策不同，其后果的差别就大了。

六是工作过程不同。

委托人在委托他人做事情的时候，一方面需要诚实告知自身的情况和需求，任何隐瞒或虚假信息，只会导致受托人给出的方案和建议难以真正帮到委托人，因此工作的过程是双方持续坦诚的合作与商议的过程。另一方面委托人必须尊重专业服务方的意见和建议，甚至是跟随其指引行事。

消费者在购买某项服务和产品时一般不需要谈论太多自身的情况，更像发号指令的"上帝"角色，只负责提出要求，更多的是感受产品和服务的过程。

而在财富管理的过程中，专业服务者需要充分理解其委托人的状态，用专业能力提供解决方案，委托人需要尊重专业意见，不理解的地方充分交流，合作共舞才可能达成好的结果。试想，一个理财师如果不知道受托资产的需求状况，不知道受托人的生活状态、生命阶段、未来愿景和期望，是没有办法给出真正科学的建议的。对于不同背景的、不同生活阶段、不同家庭状态的人而言，同样价值100万元的投资策略和方法可能是完全不同的。所以要掌握委托人全面、真实、最新的情况，从而共同找到最佳解决方案，共同为委托人的目标努力。在这个过程当中，双方需要坦诚互信，基于共识和目标相互协作，这是一种非常紧密的关系。

七是成果标准不同。

委托人对成果的标准，通常是其复杂问题的处理情况如何，而顾客对成果的标准，一般是接受产品（服务）时的感受是否满意（更多的是当下的感受）。

财富管理的决策成果都不是立刻体现好坏的，也很难完全以结果论英雄，因此需要更加理性的成果评估标准和方法，比如方案是不是降低了财富风险，是不是实现了资产长期保值增值，是不是让你更轻松地完成财富管理……这些是委托人真正应该关心的内容，而非最初的感受。

综上，（超）高净值人士在管理财富的过程中必须成为"委托人"的角色：希望专业机构将事情做得专业有品质，拿到更好的成果，而不是像一般消费者（"上帝"）那样享受综合服务（情绪态度、心理感受、服务品质等），乐意购买各种附加值产品。

那么，（超）高净值人士如何做好财富管理委托人角色？

第一，摆正心态，保持谦卑。

中国有句古话，"打江山容易，守江山难"。在过去几十年中国经济高速增长的过程中，无论是凭本事、能力、辛勤、胆识还是运气获得财富都不是一件易事，而管理财富更是一项极其复杂和极具挑战性的专业工作。但只要我们摆正心态，保持谦卑和谨慎，就会愿意借助资深专业人士的帮助，避免因为过于自信而造成不必要的财富损失。

第二，坦诚沟通，审慎选择。

任何方案都是以个人的真实需求为出发点的，如果信息有误，方案就会出问题；在此基础上，应该选择你信任的、与你利益一致的专业服务机构或人士。海外的成熟经验告诉我们，绝大多数的（超）高净值人士会选择家族办公室、独立理财室这样的专业小型机构作为风险看门人和财富管理者，而不是选择那些大型金融服务机构，因为后者往往更倾向于交易的金额和频次。

第三，尊重专业，长期共赢。

对于慎重选择的合作伙伴的专业意见要尊重，如果不理解要深度沟通。这主要是针对中国创一代而言的，一定要尊重专业意见，否则专业机构的价值就会打折。因为受托人的价值除了通过自身资源帮你找到更好的配置项目和投资机会，更重要的是基于长年累月经验所形成的专业意见。

此外，长期合作是保障彼此权益并提升工作效率的关键。在博弈论里面有一个现象叫囚徒困境，如果大家都只追求自己的利益最大化，最后往往会走向双输局面。而解决囚徒困境的方案就是长期合作，从而形成一种纳什均衡，达到共赢状态。我一直强调，管理财富是长期主义者的课题，不是预测一朝一夕的市场涨跌，也不是选购一两个理财产品的问题。我们真正的目标是在未来几十年甚至更长的周期里，实现资产长期可持续的保值增值和传承。

关于目标：从五大幸福源泉追寻终极人生

先和大家分享一个有意思的经历。

有一次我参观一个自然保护区，管理人员在沟通时给我展示了一张图——整个自然保护区的生态一览无遗，上面还有很多红色的小点在移动。他告诉我："这些移动的点就是我们整个自然保护区里面的动物。"但同时，他追问了我一个问题："你知道这些移动的点，哪些是人类，哪些是非人类吗？"我尝试着给出自认为有理的猜测："这么大一个屏幕，很难分辨，难道是依靠热敏技术，比如根据体温进行监测和识别……"听罢，他微微一笑："其实人和动物有个很大的区别，人是有行动轨迹的，他往往有个目标，会沿着某个路径往前走。但是动物经常就是在某一个区域里不停移动，且一般不会超越该区域……"我听完之后很受震撼，原来人跟动物的差别能够因"目标"这个因素如此清晰地体现出来。

反观管理财富这件事情，也是这样，我们需清楚地认知和了解要去到哪里，即我们的目标到底是什么。如果我们不清楚目标，可能就会像保护区里的动物一样在一个区域内随意地移动而无所成就。

特别是当你拥有了以千万甚至以亿为单位的巨额资产时，管理的目标还是为了赚更多钱吗？"How much is enough？"（"赚多少钱才够？"）这个问题值得深究。因为有的时候，你会发现人生当中有一些基本的、稀松平常的、看似不是问题的问题，答案其实并不清晰。

幸福快乐是所有人的终极目标

关于幸福的话题，或者说幸福这个词在中国似乎被"说滥"了。曾经中央电视台还做过一档节目，采访天南海北的群众代表："你幸福吗？"每个人对于幸福的答案或许不尽相同，但是对幸福的追求都是一样的。

如果我们去问一个人为什么干某件事情，他可能会告诉你一些理由，然后你追问为什么有这个理由，他可能又会给你一个答案，然后你针对他的答案继续追问为什么……这样一直问下去，最终答案到底会是什么呢？据哈佛大学的幸福学[①]研究，当这个问题被追问到底，答案就是"我高兴，我快乐，我觉得很幸福"。因为到了这个程度时，你再问他："你为什么要追求幸福？""你为什么要高兴/快乐？"他已经没有答案了，只会告诉你"that's it."（就是这样。）言外之意，"我觉得幸福很好，这就是我的终极答案"。

所以我们可以说，这是一项人类关于自身存在意义的重要研究，人生在世是为了追求幸福和快乐，而并不是为了赚钱。那么，幸福和快乐的来源又是什么？有人也许会反问："我已经拥有了大量财富，难道我不幸福不快乐？"我先告诉你答案：不是，且这两者之间不是冲突关系。我本人也很喜欢这个话题，花了很多时间尝试从心理学和人性的角度去学习，包括弗洛伊德的"去爱，去工作"、柯蒂斯的"健康身心和感官愉悦"、积极心理学家米哈里的"心流学说"、哈佛幸福学的"人际关系"、马斯诺的"需求层次理论"等，并有了一些很有意思的发现。

---

① "哈佛幸福课"由泰勒·本－沙哈尔教授开创，风靡哈佛大学，备受学生喜爱。它的两门课程分别为积极心理学和领袖心理学。该课程所关注的相关研究在本书中简称为"哈佛大学幸福学研究"。

既然幸福快乐是所有人的终极目标，那么我们应该如何去获得？

其实，也有人问过弗洛伊德这个问题："如果你的人生想要获得幸福，你应该怎么做？"他的回答特别精炼——"去爱，去工作。"我们可以理解为："去爱""去工作"这两个词是追求幸福的关键。那么具体到财富管理这件事情，我们如何与幸福建立联系？

还需要具体来看看下面这 5 个幸福源泉。

幸福源泉 1：健康的身心和感官的愉悦。

美国著名思想家、文学家拉尔夫·沃尔多·爱默生（Ralph Waldo Emerson）曾说过，健康是人生的第一财富。柯蒂斯讲，幸福的首要条件是健康……相信大家都能接受这个观点，即健康是人生的第一大财富，也是我们幸福的源泉。没有健康的身体，根本无从谈起幸福的感受，这同样也是财富管理当中的重要点位。比如如何通过拥有的财富，让我们的身心更加健康。

而与人类感官相关的情绪往往是直觉性的，听觉、触觉、味觉等都会触发情绪，这些本能的感受并不需要经过思考就能带来积极情绪，让人觉得愉悦和轻松。比如感受美食、美景、美色、美文、美音。通常，感官上的愉悦感来得更轻松，见效也更快，但我们也要认识到，建立在感官上的愉悦感，往往又是很短暂的，一旦外在刺激消失，感觉就会很快跟着褪去。

幸福源泉 2：自己喜欢且擅长的事情。

积极心理学奠基人米哈里·契克森米哈曾提出"心流体验"概念。心流即一个人完全沉浸在某种活动当中、无视其他事物存在的状态，当人处在心流状态时最具幸福感。

举个例子，你是个网球爱好者，有一天遇到了一位旗鼓相当的球友，然后你需要在本场比赛中拼尽全力应对各种刁钻的球，此时你往往能够超水平发挥，打了一个小时可能感觉就像打了五分钟，这就是典型的心流体验。而每一次漂亮的击球还会让你有些成就感。

这种心流体验还会体现在很多钢琴演奏家身上，他们在弹琴时，或许会忘记身处何处，也不在意自己的手指到底是如何展现着彼时情境的，但毋庸置疑的一点是他们完全沉浸在音乐的旋律之中了。类似情况在每一个工作（环节）当中都可能存在，可能是一项比赛，也可能是一个工作。

我自己在做财富管理工作时，也经常会有这种心流体验。比如我在为委托人做资产配置方案时总会忘了时间，通常做完一看发现已经几个小时过去了。虽然完成后可能会感觉有点累，但整个过程是非常愉悦的。

所以这种心流体验，其实就出现在你做自己喜欢且擅长，并有一定挑战性的事情时，这是一个很重要的幸福源泉。这也给我们带来了一个思考——我们应该怎样运用财富，来帮助我们获得更多的心流体验？

一些（超）高净值人士，在企业已经做得很成功，拥有了相当数量的财富以后，依然会非常努力地工作，而且也不会铺张浪费，甚至还很节俭。当这些人被问及，"你都已经这么成功了，为什么还要这么辛勤工作？"其中大部分人的答案是："我喜欢做这件事情啊。"这就属于内在的愉悦。

试想，当你所拥有的财富能够支持你达到这种境界，那将是多么美好的一种状态。然而现实当中，也还有很多财富拥有者并不快乐，所做的事情也未必是自己喜欢的，更无从谈起"心流体验"。如果这件事能够带来大量的财富，那么到底是干还是不干？当你已经拥有足够财富，那就别再难为自己。所以这其实也折射出一点，即怎样去做财富管理是决定你的生命是不是更快乐的重要点位，我们后续会做分析。

幸福源泉 3：长期亲密的关系。

这里的亲密关系并不只是指夫妻间的亲密关系，更包括良好的人际关系。哈佛的幸福学调查报告就曾指出，人际关系是人类幸福的核心源泉。那些家庭关系紧密且良好、在各自社群相互扶持的人，明显会比较快乐。历史学博士尤瓦尔·赫拉利（Yuval Noah Harari）在《未来简史》（*Homo Deus：A Brief History of Tomorrow*）一书中也有过类似表述。

举个和家族传承相关的例子。我们常说教育根植于爱，试想你为什么花那么多的心血、资金去教育自己的孩子？如果纯粹从投资角度看，其实也没什么投资回报。而一个重要的原因是你爱他，希望他能够成长，并感受更多的幸福和快乐。回到财富管理的逻辑，如果你希望人生更加幸福，那么是不是应该让自己获得更多教育，让身边人、家中人世世代代能够获得更好的教育？而你的财富可以更好地帮助你实现这一点。

幸福源泉 4：帮助他人。

幸福感不在于你得到多少，而在于你付出多少，且你的付出对他人有所帮助。海外很多大型机构或者超级富豪，都喜欢做慈善、捐赠，省税或许是其中一个重要原因，但更本质的是当他们这样做的时候，会提升自身的幸福感。所以这件事情是有其内在核心动力的。

那么帮助他人这件事应该怎么做？分享一个切身感受，实打实做一件对他人有帮助的事，而不仅仅是出一笔钱。

2008 年，我和一群朋友去云南的一个贫困县，给当地中学做义工。我们一路换乘各类交通工具，折腾了近两天时间才到达目的地，然后大家一起认认真真做了 10 天义工。

整个项目的牵头人是一位大律师。这个项目最有意思的点在于起因，我们知道富人家庭的孩子一到暑期就会到全世界上夏校（Summer School，是美国及欧洲顶级大学在夏天提供的短期课程），但是很少有人想到那些贫穷家庭的孩子怎么办。所以大律师当时就想了一个方案，如果他们出不来就换我们进去：我们一群在全世界各地见过世面、在各自领域有一定能力的人，一起走进深山，把外面的广袤世界和我们的认知体验带给山里的孩子。

当看到那些纯真的孩子在我们的支持和帮助下，变得更加快乐并获得不一样知识的时候，我们内心也充满了愉悦感。我深深地感受到，这个帮助别人的过程更多的其实是在帮助自己收获快乐的过程。所以，当我们比一般人拥有更多财富、具备更大空间的时候，还可以更多地去做一些对他人有帮助的事。

幸福源泉 5：成就感。

相信（超）高净值人士在创造财富的过程中，都获得过各种成就感。但成就感不一定时刻伴随着幸福感，甚至往往充斥着痛苦和艰辛。面临的挑战一关一关闯过，一个又一个成就感不断产生、累积，最终形成幸福感。

有意思的是，当你拥有了一定规模的财富，并想要以此帮助自己和亲友创造更大的幸福感的时候，其实你同时也在经历一件更具挑战的事情。因为你可能是创造财富的能手，但未必同时拥有和谐的人际关系、健康的身体、充满爱的家庭氛围，或者未必能确保下一代未来能够获得好的教育、好的发展……所以你需要有所行动，比如通过建立财富管理机制去一一落实上述事情，并在落实的挑战中去找到成就感，最终获得幸福感。

所以，管理财富特别是管理家族财富，核心目标并不仅仅是让资产保值增值，而是要让人生更具幸福感。

关于需求：幸福人生心理账户和资产规划

如何规划幸福人生？根据上述幸福的五大源泉，我们可以总结出幸福人生主要包括幸福生活、生命意义、家族长青三个方面，而这就是我们的核心工作方向（见图2-2）。

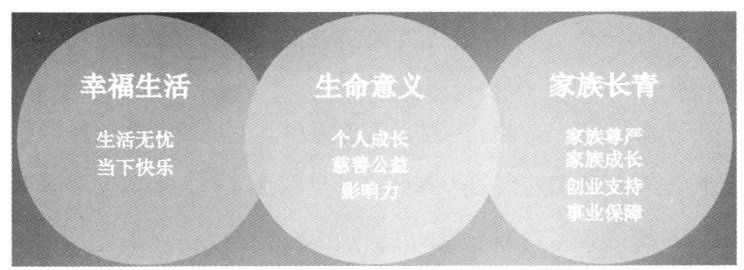

图2-2　幸福人生的三大构成

2017年，我花了很长时间研究幸福人生，之后根据多年实践，运用神经语言程序学（Neuro-Linguistic Programming，NLP）的理解层次模型，专门设计了"YS丰盛人生需求模型"（见图2-3）。这个模型以哈佛大学幸福学理论及马斯洛需求层次理论为指导，专门用于高净值及超高净值人士的财富管理需求挖掘、理解及确认。

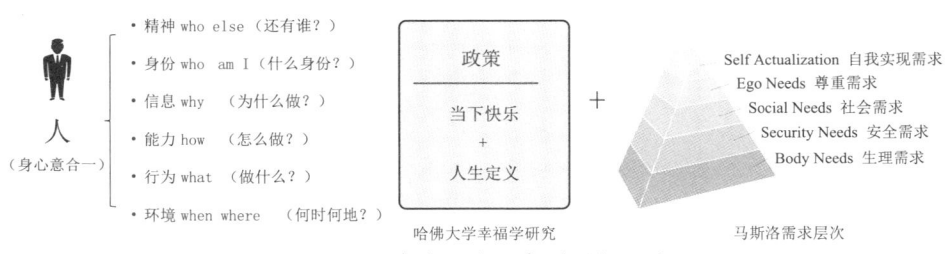

图2-3　"YS丰盛人生需求模型"设计原理

在本书中，我主要和大家分享其中的一个关键概念——心理账户。在财富管理过程中，了解心理账户是非常重要的。所谓心理账户，就是人们在心里无意识地把财富划归不同的账户进行管理。不同的心理账户有不同的记账方式和心理运算规则，经常以非预期的方式影响着决策。运用"心理账户"的概念，可以规划好我们人生中的重要事务，"专款专用"，从而更好地实现人生目标。

关于幸福人生的三大"心理账户"

如何把心理账户转变成实际的财富管理账户，这是我们在财富管理当中的首要工作。我们先来看幸福人生的心理账户（见图2-4），具体包含幸福生活、生命意义、家族长青三大账户和下设的12个子账号（背后所涉及的财富管理的分账户处理技术在此暂不作展开）。

		账户价值	内容需求
幸福生活	无忧生活-日常账户	衣食住行，品质生活的行为表现和开支需求	头等舱、美食、买东西基本不考虑价格
	无忧生活-人际友谊	迎来送往，与周围的人保持和谐的人际关系	节假日、生日、庆典礼物
	无忧生活-风险防范	不必担心身体的健康问题及意外事件的发生	购买保险，转移风险（去医院要特需服务标准等）
	当下快乐-兴趣爱好	个人和家族人员的个人兴趣、偏好行为	国际旅行、收藏现代字画
	当下快乐-助人为乐	通过帮助他人来获得精神层面的满足	身边朋友家人生病我可以立刻拿出几万块钱帮助他

		账户价值	内容需求
家族长青	家族尊严	保证家族每一位成员在未来都可以有尊严的生活，保持家族荣誉	提供家族成员体面生活的保障金（一般为3~5倍的社会平均工资水平，定期发放）
	家族成长	成立教育专项基金，给予每一位家族成员持续的教育支持	包含上学的学费、生活费等，只要家族成员有学习需求都可以从基金中支出，给予支持
	创业支持	给予家族成员创立自己事业的机会与资金支持	每个20岁以上的家族成员都有一次创业金获取机会，提供商业计划书换取
	实业保障	当家族旗下产业遭遇困难需要资金支持时，给予其一定的帮助	可以从基金中获取一次不超过基金10%权益的资金拯救危难中的企业

		账户价值	内容需求
生命意义	个人成长	学习、考察、与高手同行	保持对社会的认知和同步，个人修为的提升
	慈善公益	积极参与公益活动、慈善募捐，甚至建立家族慈善基金	承担社会责任，热心慈善公益
	影响力	成为行业标杆引领潮流，成为意见领袖，发表高深见解	获得社会地位，成为领袖级人物

图 2-4　幸福人生的心理账户

为各心理账户注入资金即资产规划

当我们把幸福人生三大账户、12 个子账户的具体内容与自己的实际生活一一对应，并记录下来，我们就能知道应该在每个账户里配置多少资产支持，从而建立起财富管理机制（见表 2–1）。

表 2–1　家族财富管理 – 丰盛人生需求分析

需求	分类	释义	内容	您的需求 / 行为	您的需求 / 行为（举例）	做这些所需要的资金（举例）	资金使用的时间点（举例）
幸福生活	生活无忧	基本的家族生活状态是怎样的	衣食住行，品质生活的行为表现和开支需求	请描述您及家族成员在衣食住行方面的生活标准状态	头等舱、美食、买东西基本不考虑价格	100 万元 / 年	每年，随时需要
			迎来送往，与周围的人保持和谐的人际关系	请描述您在日常迎来送往过程中的行为、频次、礼物标准	节假日、生日、庆典礼物	50 万元 / 年	随时需要
			不必担心身体的健康问题及意外事件的发生	请描述您面临不确定性事件发生时希望得到的支持或救护状态	购买保险，转移风险（去医院要特需服务标准等）	10 万元	现在
	当下快乐	哪些事让自己更快乐、更受人尊敬	个人和家族人员的个人兴趣、偏好行为	请描述您及家族成员的主要个人兴趣及您希望投入的状态	国际旅行、收藏现代字画	50 万元 / 年旅行，100 万元 / 年收藏	随时
			通过帮助他人来获得精神层面的满足	请描述您希望帮助他人时可以做的事情	身边朋友家人生病我可以立刻拿出几万元帮助他	50 万元 / 年	随时需要

续表

需求	分类	释义	内容	您的需求/行为	您的需求/行为（举例）	做这些所需要的资金（举例）	资金使用的时间点（举例）
家族长青	家族尊严	保证家族每一位成员在未来都可以有尊严的生活，保持家族荣誉	提供家族成员体面生活的保障金（一般为3~5倍的社会平均工资水平，定期发放）	请考虑哪些人应该纳入这个计划，给予的标准是多少	5位家族成员，年度尊严生活标准10万元	50万元/年	5年后开始提供
	家族成长	成立教育专项基金，给予每一位家族成员持续的教育支持	包含上学的学费、生活费等，只要家族成员有学习需求都可以从基金中支出，给予支持	请考虑哪些人应该纳入这个计划，给予的标准是多少	3位家族成员，每位100万元	300万元	一位3年后，一位5年后，一位10年后提供
	创业支持	给予家族成员创立自己事业的机会与资金支持	每个20岁以上的家族成员都有一次创业金获取机会，提供商业计划书换取	请考虑哪些人应该纳入这个计划，给予的标准是多少	3位家族成员，每位500万元	1500万元	一位7年后，一位9年后，一位14年后
	事业保障	当家族旗下产业遭遇困难需要资金支持时，给予其一定的帮助	可以从基金中获取一次不超过基金10%权益的资金拯救危难中的企业	请考虑哪家企业应该纳入这个计划，给予的标准是多少	2家企业，每次1000万元	2000万元	预计5年后

续表

需求	分类	释义	内容	您的需求／行为	您的需求／行为（举例）	做这些所需要的资金（举例）	资金使用的时间点（举例）
生命意义	个人成长	保持对社会的认知和同步，个人修为的提升	学习、考察、与高手同行	请描述您希望如何成长，提升自我	每年去进修一次，海外游学考察一次	50 万元／年	每年，随时需要
	慈善公益	承担社会责任，热心慈善公益	积极参与公益活动、慈善募捐，甚至建立家族慈善基金	请描述您希望如何为社会做出更多支持	对贫困家庭的好学生提供教育资金的支持	10 万元／年	从现在开始
	影响力	获得社会地位，成为领袖级人物	成为行业标杆引领潮流，成为意见领袖，发表高深见解	请描述您如何行动提升社会影响力	到处演讲，传播思想，启迪他人，每年 10 个城市	总计 10 次，10 万元／次	从现在开始

在设立账户的机制下，从投资管理角度来讲，我们永远都在做充分的资产分散的组合管理投资。我们是以资产的保值增值为核心目标做规划，而不是做高风险高回报的配置。在进行合理的梳理后，我们不仅找到了人生当中最重要的需求，还为它们设置了可持续发展的财富管理架构，且这个架构可以让我们的人生更加幸福快乐。所以把心理账户转变成实际的财富管理账户，并实现可持续发展，也是管理财富当中非常重要的一点。

当完成以上工作后，如果我们还有很多的资产没有配置，我们就可以把剩余资产投入下一个财富再创造的过程中，或者慈善、公益、影响力等事件上。

资产规划落地过程中，要注重流动性管理。

流动性是金融资产的三大特性之一，目前国内对流动性的认知不太足，我们很熟悉收益性和风险性，但很少考虑流动性。

为什么这三个特性中要以流动性为切入口？这要回到我们管理财富的目标上，即以家族的幸福人生为目标，要保证相应资金随时可以使用。而 10 年内用不到的资金就可以放弃流动性，因为放弃流动性可以让收益提升。具体而言，首先是以家族人生需求为核心去界定各个资产需要的流动性安排，有些需求需要强流动性资产支持，有些需求需要非流动性资产支持，根据流动性来确定相应的收益性和风险性的值，然后再选择对应资产，在相应的时间期限里就可以有效配置资产了（见图 2-5）。

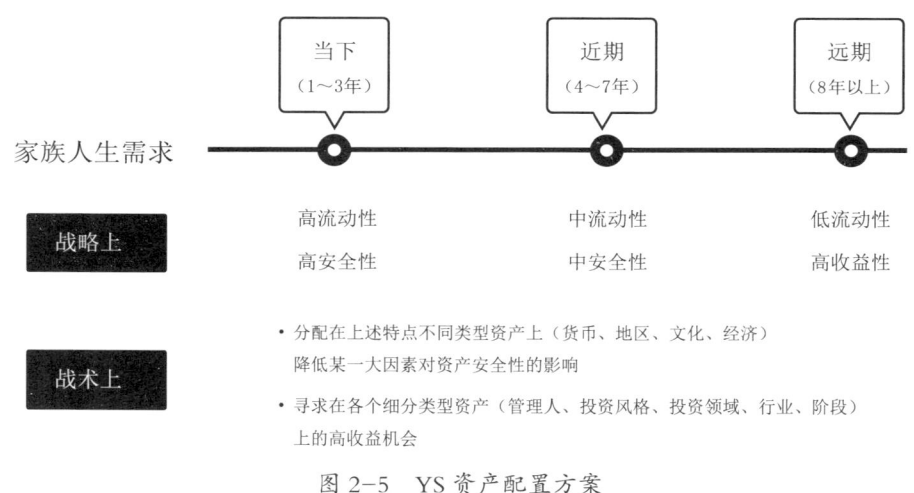

图 2-5　YS 资产配置方案

我们具体来看一个比较容易理解的账户：兴趣爱好。

兴趣爱好是我们人生中非常重要的内容。所以我们应该设一个兴趣爱好的账户，叫"当下快乐的兴趣爱好账户"。

先要去界定个人或者我们家庭成员的个人爱好行为偏好有哪些。比如有的人的爱好可能是收集什么物品，有的人的爱好可能是干什么事情，具体是什么不重要也没有绝对对错之分，我们要做的是把这些偏好记录下来。接下来，我们要计算一下，看看每年大约要为这个爱好投入多少资金。

这里讲一个发生在我和一位客户之间的真实故事，或更助于大家理解。

有一次我在广州开年会并做了一个公开演讲，这位客户在会后找我沟通，"应总，您给我一个建议好吗？我有一笔钱在做股票投资，目前已经跌去本金的40%。您觉得股票市场接下来会怎么走？我买的这只股票是可能回弹还是可能继续下跌……"

他问的这个问题其实很难回答。"我不是股票投资专家，对于您所持有的那只股票，我没有办法给你提供具体意见和建议。但是我想问您一个问题，您喜欢炒股票吗？对于目前的这个投资您的感受如何？"

他显然很纠结："其实我也不太喜欢，只是单纯觉得股票能赚钱，当时听朋友介绍后我就买入了。结果入手之后刚开始赚了点钱，不久之后就被套住了，然后我就考虑会不会涨回来，结果越套越牢，所以现在也不知道该怎么办了……"

"那您剩余资金大约有多少？"

"还有差不多 500 多万元，当时投了差不多将近 1000 万元。"

"所以炒股票这件事情，于您而言并不会让您感到兴奋和快乐。也就是说不论输赢，这件事情您本身并不太喜欢，是吗？"

"对，我不太喜欢。"

"那您喜欢什么？"

"我喜欢收集檀木。"

"那您收集檀木，这个爱好一年大约要花多少钱？"

"我一年其实也就在这方面花几十万元。"

"那么，如果您做一个财富管理，其产生的利润（收益）每年大概有几十万元供你去满足这种兴趣爱好，您觉得是不是很好？"

"如果能这样当然是最好了，我肯定乐之不及。您能帮我做一个方案吗？"

"如果从几十万元的角度来讲，您现在的 500 万元怎么样回到 1000 万元我也不知道。首先您对这个问题是怎么看的？"

"其实现在真的要卖掉我也可以接受，反正已经这样了……"

"如果是这样的话，我会建议您咨询一下证券公司的朋友，请相关专业人士给您关于这只股票的专业建议，以判定及时止损还是继续等待。等您退出之后可以找我，我再给您一个解决方案和预期收益。作为一个有特定需求的可持续投资，我建议您将这笔资金作为一个专户，做一个组合规划，目标就是每年差不多 10% 左右收益。500 万元预计每年会有 40 万~50 万元的收入，专门用于您的檀木收藏兴趣爱好……"

三四个月以后，这位客户到上海出差，专程找到我，"我的资金已经从股票里出来了……请您帮我做一个长期方案，这笔资金就按照上次我们讨论的方向来规划……"

可以看到，当我们有自己的兴趣爱好，而且还有一个资产管理计划能够长期可持续支持爱好的时候，那么这个爱好就可以长期地持续下去。你不会因为某只股票某时的大涨或者某时的大跌而影响自己的爱好，从而影响了自己生活当中的快乐源泉。

这只是一个案例。所有与幸福人生、家族常青、生命意义相关的账户，都应该有相应的长期可持续的资产管理计划来支持。

当然，要实现具有幸福感的人生目标，在管理财富的过程中还必须遵循一个非常人文的财富管理理念——以人为本。这个理念包含三个基本规则，我们在下文逐一解析。

让你的钱为你工作

目前市场上大部分的财富管理机构是渠道公司特性，以分销资产为本，其经营以交易为核心目标。财富拥有者要想管理好自身财富，需要意识到必须有与自己利益完全一致、可信赖的专业团队。管理财富成功的核心和制造业完全不同，不是靠一分一厘的成本控制；和投资也不同，不能靠一两个投资高手摆平一切。财富管理意见能够适合及有效，需要各种专业人才的通力合作，这样的团队虽然看起来成本不低但收获会远远大于成本。

身为（超）高净值人士，你与一般大众不同，需要意识到自己的优势是可以通过聘用、招募和建立专属专业团队来为你工作。因此，（超）高净值人士管理财富的第一个原则就是 let your money work for you，即如何让你的钱为你工作，帮助你和家人、身边人创造更大幸福感。

关于时间与精力的分配：赚多少才够？

我在海外的友人常常不理解拥有巨额财富的中国创富一代还在为了赚钱而忽视家人和生活品质的行为，在他们看来，赚钱是重要的，但参加孩子的歌唱比赛、与家人一起出行等也一样重要。事实上，在成熟的财富管理市场，如欧洲、北美，财富的拥有者（相对于没有财富的人而言）会更倾向于把时间和精力投入与自己的志向、爱好以及社会公益相关的事情中。

中国有句古话"心中无缺视为富，被人需要视为贵"，对于短缺时代走过来的创富一代，即使已经拥有十亿百亿元的资产，依然想赚更多而不及其余，除了个别人对工作的热爱，窃以为绝大多数人或许心中还是有物资匮乏时代的心理暗伤，想要更多提升自己的安全感和满足感，因此这些人士更应该静下心来问一下自己：how much is enough？（赚多少才是够呢？）

按照通行标准，财富自由是大多数人衡量财富是否足够的一个标尺，财富自由基本的定义是拥有不依赖任何个人、企业、政府，就能够获得想要的品质生活和自由行为所需的财富总额。因为很多人在正常情况下，需要从政府、企业或家长那里获得支持来保证养老、医疗和社会安全等需求时，他们就必须遵循相应组织的一些标准和规范。

所以拥有财富的人，首先要去审视一下自己生活中重要的人和事是什么，不同人在不同阶段的需求是不同的，把生命中当下阶段对你最重要的事情做个排序，再把那些必须你参与、花费时间和精力的事情做个排序，然后再从要做的事情中按个人能力度排个序，这样就出现了一个三维象限。在这个分析图里，大部分人会发现结果和自己想象的有较大不同。从我的实践经验来看，大部分人关于管理财富这一项的分析结果为：财富管理对其而言十分重要，但又不需要完全由自己参与，而且自己也难以做到独自完成财富管理。

我在过去的工作中，感受到国内的很多（超）高净值客户，他们通常会要求项目收益率高且风险又特别小，想用特殊的投资机会来彰显自己的价值。但在我看来，这些刚刚富裕起来的（超）高净值客户，首先应该去学习如何系统化地分析思考，从而了解自己的真正需求——自己希望把时间和精力用在什么地方，或者说在财富增值这件事情上，自己需要花多少时间和精力才能达到目标。把这个问题界定好的话，我们管理财富的方式方法也就自然有了。

比如我就很喜欢管理财富这件事情，我在这个行业工作了30年，也从工作中感受到了无穷快乐，每天花十几个小时甚至更多时间沉浸其中也不觉得烦。但是现在的我已经年过半百，必须考虑自己的身体健康。定义好这些，我也就知道应该在工作上花费多少时间了，有些工作虽然自己也可以完成，但理性告诉我需要外包给其他人了。

建立家族办公室，聘请专业团队，走大路而非自己摸索

当我们做完时间、精力、爱好等方面的评估，自然而然会想了解一下管理财富的策略和方法。

大部分（超）高净值客户管理财富主要有三种方法。第一种是通过私人银行。全球各大私人银行都为（超）高净值客户提供服务。第二种是建立自己的家族办公室，或者投资参股一个家族办公室，让专业的团队协助自己管理财富。第三种是本人或身边朋友也是这个行业的，所以他就自己管理自己的财富，这种情况占比相对较小，暂不赘述。

对于私人银行和家族办公室，我们要做一个区分。两者最主要的差别是，私人银行往往隶属于最主要的大型金融机构，是一个综合性的金融服务平台和金融产品交易平台。私人银行会向你提供各种各样的投资机会和投资产品。而家族办公室通常是一个小型专业机构。这种小型的专业机构不会拥有市场上那么多的交易伙伴，是一个买方定位的专业服务者角色，而不是一个产品提供平台。这就彰显出它们定位的差异：私人银行往往是一个卖方定位的机构，主要通过交易来获得收入；家族办公室是一个买方定位的机构，其收益模式是帮助顾客管理资产以及提供其他专业的咨询服务，通过收取咨询费和管理费获得收入。

从"外形"上看，私人银行往往设在全世界顶级城市的昂贵写字楼、豪华大厦里，工作人员往往是年轻的俊男靓女，拥有非常优秀的学历背景。家族办公室

通常专注在某个圈层，看上去更加神秘，他们服务的是更加高端的富豪。家族办公室的从业者差不多都是 40 岁以上、在行业里干了 20 年以上的专业人士。这些机构的人员精炼，与客户的关系也非常深厚，且不会用品牌做噱头。综合比较后，从全球范围来看，对绝大部分（超）高净值客户而言，大家更愿意选择家族办公室来提供服务，或建立自己的家族办公室，或者参股接受多元家族办公室的专业服务。私人银行更多成为家族办公室资源配置的一个平台。

从构建自由人生财富管理机构的方面来讲，国际通行的惯例就是建立自己的家族办公室，这是（超）高净值客户管理自己资产的最佳路径。为什么说是最佳路径？有三个原因——

第一个是可信赖程度高和专业经验丰富。客户在时间的自由安排和关键事务参与方面可以通过家族办公室有效落实。因为家族办公室都是资深专业人士在做，他们和客户彼此都有比较深入的了解。财富管理相关工作通常不需要客户亲自做，专业团队会做系统规划，客户就可以把自己的时间和精力安排在生活中更有价值的事情上面。而在私人银行，理财师流动性相对较大，客户往往难以享受到长期稳定的服务。客户通常需要花费更多的时间和精力跟私人银行的理财师重复做沟通和交流。所以，家族办公室更适合（超）高净值客户。

第二个是综合服务能力更强和私密性更好。服务能力不只包括所能提供的投资产品数量，更包括向客户提供个性化的综合家族资产管理方案，以及与家族事务相关的家族继承人培养、家族成员健康管理等服务，以及对客户信息的有效保护。在上述方面，家族办公室往往会有更加出色的表现。

第三个是利益一致性。在利益的一致性方面，家族办公室往往会比私人银行跟客户贴得更近。我们在做两者比较分析的时候已经谈到，家族办公室的收费往往来自客户，主要是收取咨询费和资产管理服务费，所以跟客户的利益完全保持一致。而私人银行的收入主要来自供应商的销售佣金，理财师为了完成 KPI（关键绩效指标）往往不能完全从客户利益角度出发来提供意见和建议。这是海外大型私人银行普遍存在的情况，国内私行亦大抵如此。

中国的家族办公室刚刚起步，方兴未艾。家族办公室营运人员的专业水平和从业经验也都处在成长发展的过程当中，和海外成熟服务还有一定距离。但反过来讲，因为财富管理也有一个循序渐进的过程，所以（超）高净值客户在财富管理的起步阶段，就开始考虑家族办公室的建设，于自身财富而言会有更大助益。

家族办公室的成长不在一时一刻。从这点上来讲，设立家族办公室作为你的财富管理机构，或者投资参股到一个家族办公室，让家族办公室成为你管理财富的专属机构，是非常重要的。这既能够保证你获得更好的专业服务，同时也能够让你更加自由地安排时间，享受更加贴心的专人服务。因此，设立家族办公室是构建以人为本家族财富治理体系的关键动作。

你的人生财富增长曲线

以人为本管理理念的第二个原则：稳健持续增长的财富曲线。

如果你拿到一个投资机会，预期 2 年内能赚 5 倍，或者有一个投资机会在很短的时间就给你带来很高的回报，比如说你自己选择了一只股票或者别人给你推荐了一只股票，买入之后大幅上涨，我相信大部分人会因此备感愉悦。但是在管理家族资产时候，大多数情况下这是一个陷阱。

这是因为，家族资产所追求的是一个在未来二三十年甚至更长时间里实现财富持续增长的过程，而不是短时间内的剧增，或是仅有部分资产增长。就资产配置而言，如果其中一个项目涨了 10 倍就高兴未免为时过早，因为你总资产的增长率未必就大；而且如果其中有一块大的资产出现了问题，可能你的整体收益就会出现一些障碍。

目前市场当中，大部分人一般面临以下三种财富增长曲线。

第一种是过山车式的财富增长曲线，充满诱惑但不可取。即你的财富可能在很短的时间内涨得很厉害，然后在某个时点可能跌去百分之三五十，接着在某个时候又可能出现上涨，就像坐过山车一样。人们喜欢过山车式的游戏，是因为它能够带来极速的感官刺激，大脑会相应地分泌一些快乐的物质比如多巴胺，从而让我们的兴奋感大幅增强。但是财富管理不可类比：在情绪上，我们的体验和做其他极限类运动一样，也是有兴奋、快乐、恐惧、新奇和强烈的生理体验，比如一个项目投资 3 年增值 50 倍，或者选中一个股票获得 10 个涨停板，这种兴奋和快乐比起坐过山车有过之而无不及，因为它还能彰显主人的智慧和能耐；但这毕竟不是安全的过山车，承载这些过山车式收益的项目没有"买保险"，没有科学的安全边际和保障，没有办法保证每次都能安全着陆、安然无恙，因此对身体不再那么健康、承受力不再那么强、生命阶段也无法承受一次"摔残了重新爬起来"的绝大多数（超）高净值人士而言，是不可以接受的。

财富管理是几十年甚至更长时间的事情，这期间如果我们追求短期高回报，就像急速攀升的飞车必须在安全的边际下运行，如果不是，一次的重大失误就可能让幸福的人生结束，遭遇生命中不可承受之重！过山车式项目不是家族资产管理选择的方向！

第二种是旋转滑梯式的财富增长曲线，这肯定也是不可取的。中文"命运"一词，是指某一特定对象随着时空转化而变化的过程。人或事物发展变化的趋向，简单说"命"是天生赋有的本性，"运"是变化，两者加在一起是本来固有因素和变化因素交融后的结果。有些人认为命运包含无法改变的过去和无法预知的未来，是被个人性格、人格、习惯以及外在因素（机遇、环境、他人等）影响后的人生经历。通过培养良好的习惯，正向、有效的思维方式，了解事物发展变化的规律，付诸行动，我们会拥有与自己意愿更相近的人生。

在中国过去 40 多年的经济发展过程中，有非常多的机会，有的人"命"好，不自觉地成为（超）高净值人士。与此同时，市场是在变化的，过去几年我们看到很多（超）高净值人士的财富损失巨大。以至于出现了一句戏谑的话"靠运气赚来的钱，再靠实力失去"，这种情况不在少数。这类人的财富曲线是一个暴富后逐渐损失的曲线，就像旋转滑梯一样。所以，好"命"或是因为上辈子积德，但想要长久守住还需努力建立自己的"运"，让实力增强，让财富永续。

第三种是自动扶梯式的财富增长曲线，这也是我们所推崇的家族财富增长方式，有着稳步上涨的过程。举个例子，近年来，机构及个人在谈及资本市场时，都不免会将目光投向量化投资及高频交易，前者依赖于复杂的模型，通过捕捉市场的非有效性来获取超额的收益，后者依赖于运行高效的代码，在极为短暂的市场变化中获取收益。两者无一例外，在资本市场书写着各自的传奇。比如量化投资之王詹姆斯·西蒙斯（James Simons），靠数理天赋"奇袭"华尔街，连续 27年用惊人的回报打败"金融巨鳄"乔治·索罗斯（George Soros）和"股神"沃伦·巴菲特（Warren E. Buffett）。与此同时，风险管理的缺位却屡见不鲜，造成了金融危机及股灾等极端的市场波动。2012 年 8 月 1 日，由于高频电子交易系统出现故障，骑士资本集团损失了 4.6 亿美元。几个月后，被迫被美国 Getco 有限责任公司收购。原来这个公司在更新系统的时候，漏更新了一个服务器的软件，且并未做好更新后的系统测试。第二天开市时，这个有问题的服务器送出了 400 多万张假单，所以整个事故影响到 3.79 多亿股。

这是一个值得深思的问题。因为不论何种投资工具或者投资策略，能够获利的背后一定对应着一个持续谨慎的过程，一定有着一个要接受纪律性监督、要按规则做事的过程，且在这个过程中，获利目标也是循序渐进一步一步实现的。比如很多媒体在报道詹姆斯·西蒙惊人业绩的同时，却很少披露数学家出身的他几十年如一日的严苛纪律。比如其大奖章基金的投资产品必须符合三个标准：公开交易品种、流动性足够高、适合用数学模型来交易。而要符合第三个条件，该交易品种必须有充足的可以进行分析的历史价格、交易量等数据，从而可以找出最适合的交易模型来进行量化投资。再比如西蒙斯对交易细节守口如瓶，除了公司200 多名员工（同时也是大奖章基金持有者），没有人能够得到他们操作的任何线索。

我们之前强调过，管理财富要的是大概率的小成功，而不是小概率的大成功。而自动扶梯式的财富增长曲线所追求的就是大概率的小成功——要有目标、有策略、有纪律，以及耐得住寂寞的专业化操作，才能够帮助我们实现财富稳健持续增长。这是家族资产管理的首选方式。

远离法律和道德风险

以人为本管理理念的第三个原则是远离法律和道德风险，即资产要配置在更受人尊重和更具有社会影响力的领域。简单来讲，即要知道什么样的钱不赚。

第一，对个人声誉有影响的钱不赚，可能引发道德指责的钱不赚。举个例子，我们过去接触过一个美国的高利贷基金项目，该基金专门借钱给高利贷，这在当地合法，而且也很赚钱，年收益率达到了 10%（这在美国市场是非常难得的）。我们也很奇怪为什么它能保持这么高的收益率，在本土的募集却表现不佳，后来发现美国主流基金及家族基金都不愿意投资，因为他们觉得把钱借给高利贷是不道义的，所以他们宁可赚少一点也不做这样的项目。从这点上讲，这值得我们中国的（超）高净值客户学习，即在投资的时候，这类项目就不要参与。

第二，可能引发法律风险的钱不赚。目前国内整个金融体系还不是很完善，所以不乏通过获得"内幕"信息来赚取财富的案例。对于已经实现财富自由的（超）高净值客户来说，更要注意远离这类项目，因为如果参与其中，或许短期内能够获得很好的回报，但也可能会让你卷入一系列非法事件中。2020 年 6 月，证监会一纸 36 亿元的内幕交易案天价罚单，让"牛散"汪氏父女一夜之间成为资本市场的"过街鼠"。当年被操纵的健康元股票在大涨之后，很快就开始断崖式下跌，两个月之内跌幅接近 70%，大量追高的散户被就此深埋。内幕交易和财务造假，是 A 股市场长期以来的两大毒瘤，而从证监会近年来的查处情况可以看出，国家正在加大整治力度。

第三，引发人性之恶的项目不要参与。从根本上讲，客户需求的满足程度会决定你的商业价值的高低，但并不是所有的客户需求都值得或者都应该去满足。我们知道，资产配置最终会体现在投资有商业价值的企业上，但是商业价值怎么界定？有些反面的、非法的领域，往往看起来商业价值巨大，对创业者和商业逐利者有着更大的吸引力。当然因为有法律的限制，过于突破社会底线的商业模式不能正常生存，也不是每个人都有胆量去以身试法，但那些游走在道德和法律边缘的角落却可能成为有利可图且相对安全的利益板块。我们所要抵御的就是这类项目，不应该让其成为家族客户的利益来源。例如在大航海时代，曾经出现过让欧洲人备感羞耻的项目。当时欧洲人组建了股份制的公司来贩卖黑奴，这些公司获利丰厚但其背后的家族受到了整个社会的指责，影响深远。

值得一提的是，展现人性至善的项目又是什么？与健康、教育、养老、技术进步、专业服务等相关的都是。投资于人性之美，配置于社会进步的行业及领域，以商业投资的方式为社会发展创造价值，才是我们应该追求的。所以，确定可以配置的资产领域，参与到让社会更美好的机会之中，增强社会影响力，远离不道德指责及法律风险，在此基础上制订让我们获得幸福人生的财富管理方案，是以人为本投资中非常重要的底线。

综上，以人为本是家族资产管理的基本理念，有三个执行原则：其一，要有效分配自己的时间和精力，聘请专业团队或建立自己的家族办公室，希望在保证我们自由人生的同时，通过专业可信赖的团队有效管理资产；其二，在管理财富的同时，建立稳健持续增长的财富曲线，而非追求过山车式的短期暴利的增长，避开各种陷阱的诱惑；其三，设定投资策略底线，设定不可投项目类型，不带入涉及法律和道德风险的资产配置，从而确保获得幸福人生。

深度思考：看似强大的对手也有自身的弱势

身处外企的这 10 年，除了学习这些国际性金融机构的先进金融理念、金融技术、市场经验和优质服务，我还在同步思考：为什么这些光环加身的机构并没有如他们所愿地占领中国市场？为什么以麦肯锡为代表的国际标准化经验却能很好地在中国落地？随着时间的推移，我试着找出了一些原因。

　　回顾这段历史，我发现在2001年到2010年间，外资金融公司的业务收入和总资产规模的增速虽然较快，但在市场份额的表现上却走出了凸字形曲线。惊人的保费增速和开放的环境，并没有延续大量外资蜂拥而入的现象，也就是"狼没有来"。

　　以保险行业为例，2001年中国加入世界贸易组织，根据承诺，中国保险业全面向外资保险业开放，包括取消所有地域限制，养老险、团险、健康险和企业年金等全部业务向外资洞开大门，这些开放政策似乎让外资保险公司看到了前所未有的发展良机，掀起了来华的高潮。据《中国统计年鉴》，外资保险机构的数量从2000年的21家公司增加到2010年的53家(不包含外资保险中介机构)，如图2-6所示。外资保险机构数量增长还是比较平稳的，特别是从2004年开始，整体增长趋势极为平缓。

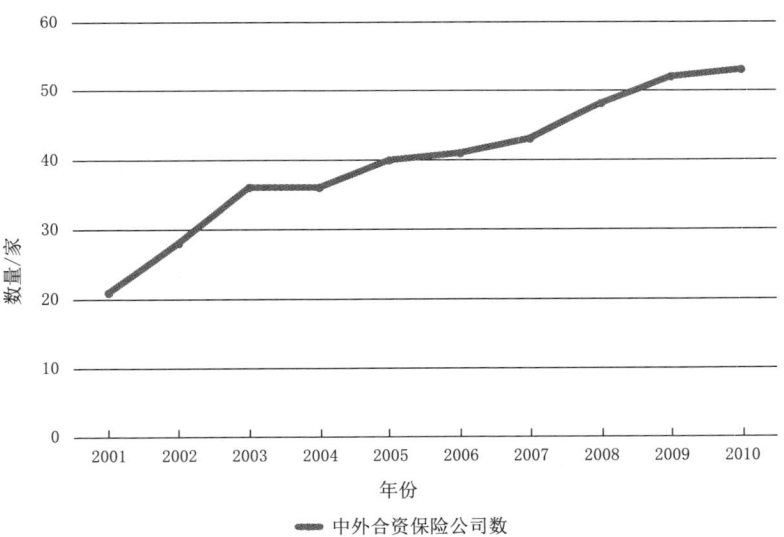

图2-6　中外合资（彼时外资保险机构主要形式）保险公司数

首先，制约外资金融公司在中国市场份额表现的因素之一或与中国彼时相关的监管措施有关。彼时外资进入中国内地寿险市场主要有两种途径：一是设立合资公司，持股上限50%，这要求外资股东必须符合"5、3、2"这一硬指标，即资产50亿美元、30年经营历史、在内地设立代表处2年以上；二是成为战略投资者，持股上限为20%，这要求最近3个会计年度连续盈利，净资产不低于2亿元人民币，信誉良好并在本行业内处于领先地位。

除了客观的政治因素，我还有一个切身感受，最大的问题其实出在了人和机制上。一个基本常识，外资想要真正进入中国，就要解决本土化的问题。因为成熟市场和新兴市场相比实际上还是有很大区别的，比如人们对产品的需求、对服务的要求等。而解决本土化问题最常用的方式就是，派驻熟悉当地市场的负责人。

当时，这些机构派驻了很多来自新加坡、中国香港和中国台湾的人才（高管）。这批人很有特色，是千禧年代特有的"香蕉型"职业经理人：从外表看，是黄皮肤、黑头发的黄种人，而其言行举止、行为准则、思想意识、思维方式完全是西方化的。就像一根成熟的香蕉：表皮是黄色的，内瓤却是白色的。这些人中的相当一部分并不懂中国内地的政策和市场，往往自认为拥有了西方先进的经验和方法就是"万金油"，很少能听进内地高管的建议。

其次，职业经理人思维有时也有弊端。一些职业经理人看上去非常职业，但是实际上很本位主义和自我保护，比如会提出一些看似符合全球总部要求但在中国并不合理的目标，并不对最终结果负责，缺少进取精神。很多方法、流程、制度本身是挺好的，但在当时的中国有很多不适应的地方。和我一样身处外企的中国高管在当时花了很多精力进行修正，但在外方看来或许没有太大价值。当然我所工作过的三家机构，还是相对可以接受不同意见的，比如在Skandia成功为诺亚争取到了合作的机会，这与彼时中国区总裁是中国本土人士有很大关系。

对比麦肯锡的做法，其特点之一就是极具柔性，能够在全世界的先进经验和做法的基础上，结合中国和被咨询企业的实际情况给出意见和方案，并在落地过程中不断检视和调整。同一时期的诸多外企高管们其实做不到这一点，而这背后也有当时其所处跨国公司的机制问题，比如必须按照整个公司的架构和体系来，不容有制度和结构性冲突。

马明哲先生曾提出，与主要对手竞争，平安靠的是国际化标准与本土化优势的结合。彼时 1992 年，友邦保险控股有限公司进入中国，并将主要市场放在上海。1994 年，平安开始在上海跟外资竞争，最后我们占到上海的半壁江山，而友邦的份额不到 20%。

进一步思考，在中国做高端财富管理，如家族办公室，我们遵循国际上家族资产管理的核心理念和做事原则，同时结合团队在中国本土市场多年实践的经验，再团结那些与客户已经建立强信赖关系的并致力于为客户提供专业服务的本土人士一起努力，相信中国的家族办公室会比那些海外机构更有发展机会！

本章观点

财富拥有者在管理财富时首先要搞清自己的角色定位、工作目标及做事原则，而不是关注收益多少、是否保本、费用高低等现实问题。

● 把自己定位为"上帝"角色的财富人士，在财富管理的需求方向、目标要求、选择标准、作业心态、决策方式、工作过程和成果检测各方面，都很容易做出错误的选择。因此要记得永远把自己放在一个委托人的角色定位上去管理财富。

● 助力家族和每个成员的幸福才是管理财富的终极目标。要牢记初心，才能不忘使命。

● 财富人士需要做好关于幸福人生、家族长青、自我超越三大心理账户以及相应的资产规划工作，做到专款专用，从而有条不紊地推进人生中最为重要的事务，实现幸福人生。

● 在管理财富的过程中必须建立以人为本的财富理念，并坚守三个执行原则：其一，要通过多种方式更好地分配自己的时间和精力，不要成为财富管理的奴隶；其二，建立稳健且持续的财富增长曲线，不要去追求过山车式的短期暴利，避开各种陷阱的诱惑；其三，设定不可涉足的领域，规避法律风险和道德风险，从而确保获得幸福人生。

03 不做随机漫步的傻瓜：认知风险才有机会保护资产

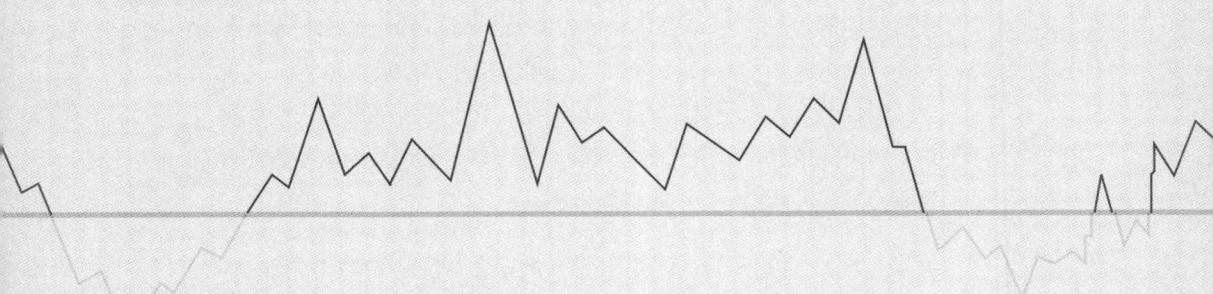

人，生是赤条条来，死是赤条条去。这种生不带来、死不带去的人生对于我们拥有巨大财富的人意味着什么？巴菲特曾说他是为上帝管理财富的人，那么你又是在为谁奋斗？为谁承担？

40 年前，中国民间几乎没有财富积累；15 年前，中国人没有理财观念；5 年前，中国没有财富管理。15 年间，中国财富管理市场从非市场化逐步走向市场化，再到迎接专业化加市场化的新阶段，其中的参与者们，不论是供给方还是需求方，都起着至关重要的作用。

那么，中国财富管理市场发展的关键是什么？不妨借用"为上帝管理财富"的巴菲特的观点："多年来，一些非常聪明的投资人的痛苦经历已经让他们懂得：一长串让人动心的数额乘上一个零，结果只能是零。我永远不想亲身体验这个等式的影响力有多大，我也永远不想因为将其作为惩罚加之于他人。"他在选择接班人的信中，更是明确表示："我们需要一位天生能够程序化地识别并避免各种严重风险的人士。"安皮里卡资本公司创办人纳西姆·尼古拉斯·塔勒布（Nassim Nicholas Taleb）也曾在《随机漫步的傻瓜》一书中表达过类似观点——要非常小心黑天鹅，即使是能够赚大钱，也绝不能冒一失败就是倾家荡产的风险。再通俗一点说，投资最重要的事就是规避大风险，惹不起，躲得起。

认知风险才有机会保护资产。作为一名深度参与财富管理多年的从业者，我会着重结合自己在中国第一家上市财富管理公司工作期间所看到的、所经历的、所思考的，带领大家一起尝试着找到关于"风险管理是财富管理核心"的底层逻辑，并学会规避无处不在的风险。

财富管理行业的财富创造者——诺亚

2006 年，我有幸参与同一家非常早期的公司的业务合作。最初，我是做它的产品供应商；到了 2009 年，我正式加入这家创业公司，协助创始人一起把公司做上市，成为财富管理行业的财富创造者。在这过程中，许多服务于（超）高净值人士的年轻理财师自己也成为（超）高净值人士。

这家公司就是诺亚。回头看我和诺亚之间的牵手，如果放在全球财富管理行业发展的大背景下分析，会发现这是一个自然而然、水到渠成的故事。

2007 年，中国财富管理市场出现了一个关键词，叫"理财"。彼时一本《你不理财财不理你》悄然出版，书名所传递的理念仿佛往人们平静的心湖里扔了一块石头，激起阵阵涟漪。这句话虽然如今耳熟能详，但是在 13 年前却不是如此，当时"理财"刚成为一个年度词，市场也才开始普及与理财相关的知识。在中国，财富管理市场还是非常新的领域。

在 2007 年之前，有个很特别的现象，国内没有一家纯市场化的金融服务公司，几乎所有的服务机构都是大型的持牌机构。在金融行业工作的人士可以说是整个市场上非常优秀的群体，但是大家在这个行业工作久了会有一个感受：这个行业虽然门槛很高、薪酬很高、办公环境很好，但是有一件事做不了——创业，让自己成为财富创造者。当时，金融业人士要做一个金融服务公司服务客户基本上是不可能的，一不小心就会变成非法集资或违规操作，所以在 2007 年之前，中国财富管理市场是非市场化的阶段。

2007 年前，金融服务主要是大型持牌机构的地盘，从理财师的角度来讲，这时候的金融服务主要存在于银行、证券公司，"理财师"更多的是指客户服务人员，本身的专业度要求也不是很高，对客户也不存在开拓的问题，客户来了便提供服务，仅此而已。基金公司、信托公司甚至都没有直接服务客户的队伍。

金融产品也都是以各家机构发行的产品为主。保险公司是保险产品，银行除了自身的产品，开始卖一些保险产品和公募基金，但是基本上还处在初级阶段，所以理财师的生存完全依靠大的品牌机构。这个阶段，理财师跟客户的关系是服务和被服务的关系。

2007 年时有一个资本市场的小事件，财富管理行业的大事件——红杉以 500 万美元入股诺亚财富，这个过程是中国金融服务市场化的开端，也是金融服务业创业发展的开始，我比较有幸地经历了整个过程。

我们当时的主要产品是投资连结保险，顾名思义就是保险与投资挂钩的保险，其中投资部分是 FOF 形式（基金中的基金，是一种专门投资于其他投资基金的基金）的各种风险等级的投资账户，该投资连结保险产品合作的分销路径主要是银行证券公司的财富管理中心。当时诺亚还是一家十几人的小公司，汪总和我分享她的愿景时提到，她考察欧洲时发现在西班牙有个叫梅尔卡多纳的超市，这个超市里各品类产品虽不多，但每一类产品都是由产品经理亲自筛选的，能够尽可能确保所售产品质量的安全，比如所售牛肉只卖一种，该牛肉的来源是哪里、屠宰地在哪里，客户都可以知道。这种追本溯源的方式让客户放心。她表示希望把

03 不做随机漫步的傻瓜：认知风险才有机会保护资产

诺亚也做成这样的精品金融超市，客户可以通过诺亚寻找到自己需要的高品质产品，这一模式和我当时的理念想法非常一致。经过努力，瑞泰人寿保险有限公司（Skandia 在中国的合资公司）和诺亚迅速实现合作。2006—2007 年，瑞泰一直是诺亚重要的产品供应商，并向诺亚提供产品培训等一系列支持，我也在此过程中见证了一家很小的机构是如何在资本的支持下迅速成长发展的。

到了 2008 年，诺亚已经在全国发展了七八家分公司，但不期而至的金融危机令其面临巨大压力。彼时汪总找到我，邀请我和她一起把诺亚做起来，我也觉得这是一个好机会，于是带着创业的心态加入了诺亚财富。我负责公司全国运营、分支机构建设、理财师队伍建设，参与产品风控、客户关系管理等各方面的工作。大家一起把公司做上市了，真正经历和体验了财富创造的过程。

我经历了平安—麦肯锡的改革创新过程与外企的先进理念碰撞的学习、融合之路，然后再做创业型公司（诺亚）的时候，这些经验有了用武之地，就好像过去所有的努力都是为了这一天，咨询规划、海外经验、中国经验都派上了用途，与创始人共同去勾画、践行、推动并实现市场化私人银行的蓝图，其间历任集团首席运营官（COO）、南方区总裁和首席客户经营官，快速完成了全国营销网络建设、理财师队伍培养和客户生命周期管理。

2009—2012 年，在中国财富管理市场，信托、股权投资还都是新鲜事，绝大多数金融从业者也不懂这些，私人银行业务刚刚起步，且每一家私人银行都在市场上抢人，锁定的是研究生毕业且有一定工作经验和资源背景的优质人才，给出的待遇一家比一家丰厚。诺亚在这个阶段也开始了在全国全面的分公司网络建设，但公司在各地没有品牌影响力、牌照和推广费用，作为一家创新创业型公司更是给不出有竞争力的待遇。如何建设分公司？如何开展招聘工作？如何吸引适合的人才并让公司顺利成长？

除了招募当地行业的优秀人才，当时诺亚还走了一条和平安早年类似的路，找了一批素质不错的大学毕业生，自建培训体系，培养"白板"。现在回想起来，我依然很欣赏这种在人才培养和文化建设方面投入巨大精力的长期主义精神，包括备受争议的"三阶段训练"。三阶段训练强调人要有自我突破意识，面对困难要勇于挑战。也正是基于不断自我突破、自我挑战的精神，一批当年的"草根"人士通过持续努力成为如今这个行业里的佼佼者。

后来也有很多人问我，2009 年开始，诺亚的分公司数量、客户数量、资产规模、理财师人数都处于高速增长的状态，经营上是否有什么特别之处。我认为公司管理上有直面挑战的精神——每开一家分公司两年内要做到单店盈利，每年开设的分公司整体要不亏损，作业必须紧跟业务进程等。这些策略的有效执行，在保障公司高速发展的同时使得财务绩效也有效成长。当时创始人和管理团队有两点做得很好，也值得创业公司借鉴：一个是前面提到的文化和梦想培养，让大家意识到正在做一件改变行业的有意义的事，不断激发大家的热情；另一个就是产品策略，公司选择大品牌投资管理人，所谓"傍大款走正道"，运用合作伙伴的品牌影响力和个人感召力提升客户认同度和业务推动力，从而吸引更高品质的客户。这些亮点对当时公司的成长都带来了非常积极的效应。

在诺亚的 5 年时间，于我的人生而言是一次历练，火箭式的成长让我们完成了原本需要 10 年时间才能完成的事。我跟随创始团队一起推动公司的高速发展，承受着巨大压力，走过艰难阶段，完成"从地下发射到天上"的过程，让一家小而美的机构成为行业的领先者，这是一个自我挑战的过程，更是一个成长的过程。

财富管理市场的一哄而上和风险漠视

2010 年，我们自纽约"敲钟"之后回来开庆功会。当时我们邀请了很多信托公司和产品供应商的伙伴，诺亚团队自然也很兴奋，但与会的嘉宾神色多样：想想过去靠自己支持提供产品的一个卖信托、保险产品的机构突然之间变成一家十几亿美元市值的公司，其团队成员似乎也都获得了巨大的财富和荣耀，而各位身为金融高管的嘉宾一年封顶上百万，个中滋味是完全可以体会的。但诺亚上市就像一面旗帜，这之后大量的三方机构开始创设发展。

2010 年前后，大量金融行业的从业者开始离开大型金融机构，自己创业做财富管理公司。到 2017 年的这近 10 年时间，是中国财富管理市场化发展蓬勃的时段。其间，无数掘金人才进入市场化的财富服务领域，开始向客户提供金融产品销售。按投资界的说法，这个时候是财富管理行业的早期阶段，不用跳都可以摘到一些低垂的果实，能赚到很多快钱。

采摘这些低垂的果实就是一个搬砖的活，因此绝大部分财富管理公司也都在做这样的事。从供应商这儿拿来一个产品，他给我打包价 12 个点，我给客户 9 个点，自己拿 3 个点，再分给理财师分 1.5 个点；或者拿项目 18 个点，卖出去 10 个点，赚 8 个点。至于风险在哪里，很多掘金者压根就不会去理会。全市场的财富公司都开始扩大人数，一个理财师可以做一个亿，一千个理财师就应该能做一千个亿，很简单的逻辑，大量的机构在这个过程中迅速扩张，也进一步带动金融行业的人及非金融行业更多的人进入这个市场。

2014 年以后，资管和互联网金融进一步放开，所有做资管的人，包括很多房地产商都开始进入这个市场，原来找不到渠道融资，现在自己也可以做资管。成立一个资管公司把自己的房地产项目做成资管产品，再成立一个财富公司就可以把募资合法地做起来。市场竞争异常激烈。在金融行业有风控认知的人很快会发现自己的价值观和理念频频受到挑战，而在 2007 年之前并非如此。因为金融行业的从业者们从一入行就被教育并深信不疑的使命就是——站在客户的视角为客户做好风险管理和资产配置，不会不顾风险乱做产品。

在 2007—2017 年的财富管理市场大发展中，风险管理这件事被大大地淡化了，谁的交易量大谁就牛，在一个机构里谁是销售冠军谁就牛。诱人的利益让很多财富机构在激励销售的时候并没有考虑风险，或者说选择性遗忘了。

这个时期是中国财富管理市场化大发展的阶段，从行业的角度来看是大大地往前走了一步：三方机构从业人员大幅增长，客户参与投资理财的行为大幅增加，资产管理的产品类别大幅增多；在中国经济高速发展的阶段，客户尝试买信托，得到的收益很不错；后来发现房地产基金、股权投资也不错，以及到后来不关心底层资产是什么，只要有人承诺收益好就行。经常有客户问我这个项目收益可以到 15% 能不能投，我只能反复强调收益是不是 15% 不重要，重要的是对方投了什么，把你的钱拿去做了什么。

2018 年市场开始降温，国家开始宏观调控，政策上开始降杠杆。一系列经济环境的变化，也给财富管理市场带来了巨大的影响。除了 GDP 增速的下跌以外，还有各种理财产品暴雷，客户的各种亏损和维权，各种财富公司的倒闭，不少高管被抓，等等。

简单来看，2007 年以前是非市场化时代，2007 年以后是市场化却没有专业化时代——能做就行，能交易就行。行业里甚至有一句名言"成交就是专业"，这对于财富管理而言可谓荼毒，漠视风险、漠视是否符合客户需求的成交害人又伤己。

今天财富管理市场进入转折期，很多理财师和金融行业从业者又开始埋怨

"市场太乱了，我还是回大型持牌机构吧"，但如果真的这样想，那么只是看到了事情的表面现象，而没有看清本质。市场还在继续往前走，只是对所有的从业者提出了更高的要求，这个要求就是专业化，没有专业化支持的人和机构是没有明天的。

专业化怎么体现？对一个理财师来讲不再是一个简单的卖方机构代表，而是一个能够提供专业意见的买方代表。你的客户愿不愿意请你在身边帮助控制风险、更好地配置资产？你的客户信不信任你提供的意见和建议？这些就是专业化的具体市场表现！

而客户在这个过程中也会发生变化。过去客户主要靠财富创造财富，现在拥有了财富需要管理，但进入市场时却仍以创造财富时的思维做财富管理，结果是大量客户在过去 10 年里赚了不少钱又亏了更多钱，辛辛苦苦赚的钱一个投资不慎就损失了。大家开始意识到投资不是一件容易的事情，需要加强风险管理，需要有专业的人或团队协助自己，再像过去一样不注重专业认知、一味追求高回报是不会有好结果的，客户开始愿意为专业服务埋单。

（超）高净值人士开始意识到财富创造是做喜欢、擅长或者热爱做的事情，投入全部时间精力，然后努力奋斗外加一些幸运，最终获得成功；但财富管理首先要做的是分散投资、控制风险。这完全是两回事。

财富管理的市场会有更精彩的未来，而其中很重要的一点，就是我们的财富拥有者和专业服务人员都能充分认识到风险管理是财富管理的核心，是实现财富长期保值的核心动因，不再当市场中随机漫步的傻瓜。那么风险到底来自哪里，又该怎样去管理风险？接下来我们会聚焦在风险管理这件事情上，以人性内在视角为主要切口，深度分析风险管理的方方面面。

人性内在风险 1：幸存者偏差

财富管理中的风险来自两个方面：一是人性的内在风险，主要包括幸存者偏差、冒险家天性和时间尺度认知；二是财富管理的外部风险，主要包括财富拥有者的外部风险、管理过程中的风险、财富本身风险和财富使用风险。

这里分享一个古老的寓言故事。

这个故事在创作于公元前 9 世纪《荷马史诗》的第二部《奥德赛》中已有记载。《奥德赛》中描述，海上女妖居住在位于喀耳刻海岛和斯库拉住地之间的海岛上，这个海岛被称为"死亡岛"。特洛伊战争的希腊英雄之一奥德修斯在战争结束后与同伴回国途中要经过死亡岛，奥德修斯听从喀耳刻巫师的建议，采取了谨慎的防备措施。

船只还没驶到能听见歌声的地方，奥德修斯就令人把他拴在桅杆上，并吩咐手下用蜡把他们的耳朵塞住，还告诫他们在通过死亡岛时不要理会他的命令和手势。

不久死亡岛临近，奥德修斯就听见了迷人的歌声，他绝望地挣扎着要解除束缚，叫喊着要把船驶向正在繁茂草地上唱歌的海妖姐妹，但没人理睬他。海员们驾驶船只一直向前，直到最后再也听不到歌声，这时他们才给奥德修斯松绑，取出他们耳朵中的蜡。

在财富管理的世界里，也有三种美妙的、类似海妖的歌声，会引诱人们不自觉地放下戒备使得财富被埋葬海底。这三种海妖歌声就是人性中的弱点，让聪明、有能力创造财富的人，在管理财富过程中，却屡屡表现得像傻瓜一般，这三个人性弱点分别是：幸存者偏差、冒险家天性和时间尺度认知。

先来看看什么是幸存者偏差。

幸存者偏差是指，当取得资讯的渠道仅来自幸存者时（因为死人不会说话），此资讯的准确度可能会存在与实际情况不同的偏差。此规律也适用于金融和商业领域。存活下来的企业往往被视为"传奇"，它们的做法被争相效仿。但其实有些企业也许只是偶然原因幸存下来了而已。

在日常生活中，最明显的例子就是"我亲戚吃这个药好了"或者"我的一个朋友去找了这个医生"等。不管你的亲戚、朋友和你的关系如何好，他们又如何值得信任和尊重，在客观规律面前他们都是等同的。疾病和医药不会因为你的喜好而照顾或者偏袒你的亲朋。所谓"兼听则明"也是这个道理，抛掉对个案的迷信，尽可能全面系统地了解事情的全貌才能克服这个偏差。

二战期间，为了加强对战机的防护，英美军方调查了作战后幸存飞机上弹痕的分布，以判断如何加固战机，决定哪里弹痕多就加强哪里。然而统计学家亚伯拉罕·瓦尔德（Abraham Wald）力排众议，指出更应该注意弹痕少的部位，因为这些部位受到重创的战机，很难有机会返航。事实证明，瓦尔德是正确的。

在投资市场也是一样，假设市场上有 10000 名基金经理，用抛硬币的方式决定输赢，抛出正面的话基金经理那一年会赚 1 万元，抛出反面会赔 1 万元。第一年结束，预计会有 5000 名基金经理赚钱，接着第二年再继续，同样预期有 2500 名基金经理赚钱，再过一年是 1250 名，到第四年是 625 名，第五年是 315 名，现在我们有了 315 名连续 5 年获利的基金经理，但你就能信任他们吗？（或者说，有一名基金经理连续 5 年其管理的基金业绩收益是 100%，你想把资金交给他管理吗？）其实，在第 6 年里，这名基金经理赚钱或赔钱的概率同样是一半一半。

再看一个投资领域的骗子把戏——神秘信件的故事。

《随机漫步的傻瓜》一书中有这样一个故事：某年的 1 月 2 日你接到一封信件，是一个不认识的投资机构来信说这个月股市会上涨，结果股市果然上涨了，但你不以为然，因为你并不认识他，而且说不定是元旦效应^①应验了。到了 2 月 1 日，这个机构又给你一封信，说股市将下跌。这次又说中了。3 月 1 日你再次接到一封信，情形一样。7 月，你对这家机构的先见之明很感兴趣，对方邀请你投资某个其推荐的基金，于是你就去做了……2 个月后，你发现那些钱肉包子打狗，一去不返。你伏在邻居肩上伤心，他告诉你他也收到过两封这种神秘信件，但第二封的判断方向并不正确。这就是资本市场骗子常玩的把戏，他们找来 1 万个联系地址，寄出看涨的信给一半人，看跌的信给另一半人，4 个月后名单上剩余 500 人，其中 200 人会上当，骗子花费几千元邮费，获得几百万元的收益。

所以，若想避免幸存者偏差带来的决策风险，一定要尽可能全面系统地了解投资机会，而不是聚焦于个案。

人性内在风险 2：冒险家天性

冒险是生物学遗产

美国加利福尼亚大学生物学家杰伊·弗兰（Jay Fran）提出了一个理论：人类

---

① 即月份效应，实证研究发现，在大多数的证券市场中存在某个或某些特定月份的平均收益率年复一年显著地异于其他各月平均收益率的现象。其在美国的股票市场表现为"1 月效应"，又称元旦效应，即 1 月份的平均收益率显著高于其他月份的平均收益。

是在利益驱动下冒险的；越是肯冒险，就越有可能变强大。他认为，人类这种追求冒险的习性源于史前时期。当时，地球上生活着两大类原始人：一类筑巢定居，另一类则敢于向外开拓新天地。定居者多半待在自己的窝里，以吃周围的植物和小动物为生，始终小心翼翼。开拓者则到处漫游，他们认识到，大胆行为会增加死于非命的可能性，但同时能让其寻得更美味的水果和更多猎物。

在出外游荡、与外界危险环境做抗争的过程中，这些人积累了丰富的生存经验，因此，他们能够更好地承受大自然的严酷考验。与第一类人相比，他们更能适应环境，能更好地生存下去。此外，他们还积累了丰富的求生经验，能更好地经受大自然的严酷考验。这些本领更大的实干者往往活得比较长，能养育众多子女，从而成功地把基因遗传给下一代，直到他们这类人最终得以在人类中占据主导地位。

生理学家的研究表明，冒险让机体分泌更多的多巴胺，使大脑产生快感。科学家通过 10 年来对大脑化学物质和基因的研究，得出了这样的结论：人体内的多巴胺是人们敢于冒险和追逐刺激的真正"元凶"。

多巴胺是一种神经介质，会在神经元之间传递信息。当外在的刺激作用于人脑时，多巴胺就会把这些刺激在神经之间传递，这些刺激就会直接作用到人的大脑中，人们寻求冒险的欲望就会"蠢蠢欲动"。所以，当人们处于高空跳伞所带来的"如痴如狂"状态时，其实正是大脑内有大量的多巴胺在神经元之间飞快"流动"。

冒险者的大脑有何不同？

科学家发现，大脑内有一个特定的奖励区域能让人们富有冒险精神，这一研究成果也许有助于解释，为什么人们在购物时常常对"新"产品一见倾心。英国科学家对受试者的脑部进行了扫描，并测量血液循环后发现，当人们在受控测试中选择了与众不同的物品时，一个被称作腹侧纹状体的脑部区域就会变得更加活跃。腹侧纹状体通过释放多巴胺等神经介质参与脑部的奖赏机制。科学家们认为，脑部的这种奖励机制在尝试新鲜事物方面具有一种进化优势。寻找新的、不熟悉的新体验是人类和动物的一种基本行为倾向。

研究人员还发现，在冒险者的脑海中，储藏多巴胺的"接收器"比一般人少。也就是说，冒险爱好者的大脑中多巴胺"接收器"储存了较少的多巴胺，因此每次追求新的刺激时都会品尝到比平均水准更多的快感。这种瞬间的强刺激促使他们不断重复同样的冒险行为或追求新的刺激，就像吸毒者寻求新的快感一样。科学家认为，这一发现有助于更好地了解人类追求刺激的行为，帮助研究人员找到更有效的医治吸毒行为的途径。如果未来的研究能够进一步证实，吸毒者是因为大脑中的多巴胺"接收器"比正常人少，那么就可以设计出一种有多巴胺"接收器"作用的药物，从而把这些病人的多巴胺水平降至正常范围。

快感会增强人们冒险的动力，但理性地看，如果失败的代价过于沉重，难以承受，那么这件事情成功的概率有多高根本无关紧要。比如，在美国，在自家游泳池溺死的概率远远大于在恐怖袭击中死亡的概率，但民众对于政府反恐政策的关注却远远高于游泳池，就是由于恐怖袭击的可能性虽然小，但出现恐怖袭击的后果却是民众所不能承受的。

不要参与"俄罗斯轮盘赌"

俄罗斯轮盘赌（Russian roulette）是一种冒险且残忍的赌博游戏。与其他使用扑克、色子等赌具的赌博不同的是，俄罗斯轮盘赌的赌具是左轮手枪和人的性命。俄罗斯轮盘赌的规则很简单：在左轮手枪的六个弹槽中放入一颗或多颗子弹，任意旋转转轮之后，关上转轮。游戏的参加者轮流把手枪对着自己的头，扣动扳机；中枪的当然是自动退出，怯场的也会输，坚持到最后的就是胜者。旁观的赌博者，则对参加者的性命押赌注。

赢了赚大钱，输了血本无归，这样的冒险且残忍的投资项目要远离。要避免冒险参与轮盘赌这样的残忍游戏，就要借助专业机构，建立一个让自己无法参与这种游戏的机制。

人性内在风险 3：时间尺度认知

内行看门道，外行看热闹。古希腊作家、诡辩家菲洛斯特拉托斯（Philostratus）有句格言说："神看到未来的事情，平凡人看到眼前的事情，聪明人看到即将发生的事情。"

希腊诗人卡瓦菲斯（C.P. Cavafy）于 1915 年根据这句格言写道："他们全神专注于冥想中，事物隐藏的声音传到他们耳里，他们听得十分虔诚，而外面街道上的人，什么也没听到。"这就是我想说明的，噪声和信号是不同的，并且说明为什么在判断历史事件时，时间尺度（time scale）很重要。让我们从塔勒布的《随机漫步的傻瓜》中找几个例子来说明。

快乐牙医的故事

假设有个快乐的退休牙医，住在阳光普照的宜人小镇。我们预先知道，他很擅长投资，获得的投资收益率有望比国库券高 15%，本年误差率（error rate，即波动性）是 10%。这表示 100 个样本路径中，有约 68 个样本（68% 的可能）落在 15% 投资收益率 ±10% 的范围内，也就是收益率在 5%~25%（以技术性术语来说：钟形正态分布，有 68% 的观察值落在 −1 和 +1 的标准差内）。这也表示有 95 个样本（95% 的可能）投资收益会落在 −5%~35% 之间。

这位牙医的处境显然非常乐观，于是他在阁楼布置了舒适的操作台，这样就可以每天一边轻啜无咖啡因的卡布其诺，一边盯着市场波动。他很喜欢冒险，发现这种生活比在公园大道给人看牙齿要有趣得多。

他申请了一种网络服务，该服务会源源不断地把报价供应给他，这种服务的价格比咖啡还便宜许多。他把持有的证券放在电子表格上，这样他就能随时掌握投机性投资组合的价值。我们正活在所谓的网络时代。

以下数据大家可能不知道：年化收益率为 15%，波动性（或者不确定性）为每年 10% 的理财产品，换算之后，任何年份赚钱的概率为 93%。但是从比较窄的时间尺度来看，任何一秒赚到钱的概率都只有 50.02%，如表 3-1 所示。在非常窄的时间尺度内，赚 / 赔概率几乎相抵。

但是这位牙医不这么想。在情绪煎熬下，一有损失，屏幕跳出红字，他便心痛不已。赚钱的时候，他觉得身心愉快，但是快乐的程度比不上赔钱时痛苦的程度。这是因为人性中有个很重要的特性叫作损失厌恶。

表 3-1　不同时间尺度下赚钱的概率

时间尺度	概率（%）
1 年	93
1 个季度	77
1 个月	67
1 天	54

时间尺度	概率（%）
1 个小时	51.3
1 分钟	50.17
1 秒钟	50.02

每一天结束时，这位牙医总是筋疲力尽。假设他每天有 8 小时在观察市场变动，每天就会有 241 分钟心情愉快，239 分钟不愉快；1 年分别是 60686 分钟愉快和 60274 分钟不愉快（按美股 1 年有 252 个交易日计算）。如果再考虑不愉快的程度大于愉快的程度，那么这位牙医以很高的频率检视投资组合的表现，反而给自己制造了很大的情绪赤字。

接着我们假设这位牙医只在经纪公司寄来月报表时才去看投资组合的表现。由于有 67% 的月份赚钱，所以他 1 年只心痛 4 次，快乐的次数则有 8 次。同一位牙医，使用相同的策略，却有不同的结果。

如果牙医每年只看投资组合的表现一次，那么在余生 20 年的时间内他将体验到 19 次惊喜，只有 1 次不愉快！

噪声的干扰

随机性的时间尺度特质通常为人所误解，连专业人士也不例外。我曾见过博士级学者为一小段时间尺度内的表现争得面红耳赤，而依任何标准来看，这种短时间内的表现都不具意义。

我们换个角度，拿噪声相对于非噪声的比率来分析。经过试验和统计分析，一年的时间内，我们每观察到一次非噪声，就会有 0.7 次噪声；一个月的时间内，每观察一次非噪声，会有约 2.32 次噪声；而在一个小时内，每一次非噪声，就有

30 次的噪声；在一秒钟内，每一次非噪声，就有 1796 次噪声。

由此我们得出一些结论：在很短的时间尺度内，我们观察到的是投资组合的变异性（variability），而不是报酬率。换句话说，我们看到的是变异，几无其他。

我们的情绪没办法了解这一点。牙医看月报表，比起每天或每小时看投资组合的表现，日子会过得更愉快。如果一年只看一次报表，或许会更快乐。

看到投资人利用手机或掌上型 App 接收实时报价、监视投资组合的表现时，我就基本知道他们的结果会是如何，当然，我必须承认，我也有这种情绪上的缺陷。我们看到巴菲特也面临同样的问题，他的应对办法是断绝获得信息的渠道，让自己远离华尔街，在奥马哈这个中部城市悠闲生活与管理财富。

最后，这可以解释为什么太密切注意随机性的人体验到的痛苦没有办法被感受到的愉悦抵消，从而造成情绪上的赤字。经济学家估计，有些行为负面影响的强度是正面影响强度的 2.5 倍。

一些所谓的聪明人和理性人经常怪我没有每天给出可能非常宝贵的信息，而且他们不肯把噪声包含的细节斥为"短期事件"。这也是管理财富的挑战，特别是在管理长期资产时。

许多资产放在长周期里都是很好的投资标的，比如指数基金、对冲基金又或是股权投资母基金，但是大多数投资者却不太热衷于这些类型的资产，究其原因可能有两个方面：对损失的厌恶与市场大量噪声的干扰。人是感性的动物，投资却是一件十分理性的事情，人们经常因为情绪的波动而影响投资的决策。

来看一个美国股市的例子

没有人喜欢亏损，这是一定的，但是市场是波动的，即使美股之前的那波大牛市也是有起伏的（见图 3-2）。我们站在今天回望之前 10 年的情况，自然是觉得这是一个不错的投资市场，但是如果站在 2008 年，恐怕就不一定会这么认为了。因为不识庐山真面目，只缘身在此山中。

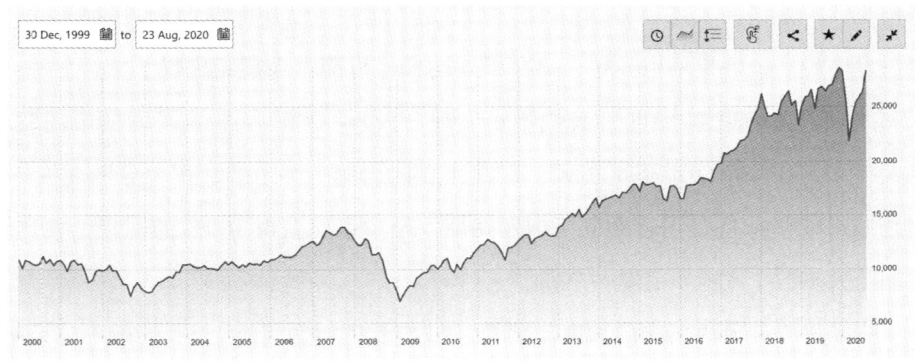

（数据来源：英国《金融时报》）

图 3-2 美国股市过去 10 年波动情况

二级市场中波动与回撤是再正常不过的事情，如果我们只着眼于短期的市场表现，往往会被大量的市场消息和不同的分析报告形成的噪声干扰，而出于对损失的厌恶失去理智的判断。

如果我们把道琼斯指数过去 10 年的牛市切分得更细，一些秘密就会浮出水面。

我们以 10 年为单位来看，道指波澜壮阔，涨幅 330%。

我们以 5 年为单位来看，道指被切分为两段，每段涨幅都在 2 倍左右，很不错。

我们以 1 年为单位看，10 年中仅有 2 年下跌，8 年上涨，胜率 80%，很高。

我们以 1 个月为单位看，就会发现，胜率接近 60%，会让人不安起来。

我们如果以 1 天为单位来看，道指在 2009—2019 年的 10 年时间里，一共有 2768 个交易日，上涨天数为 1507，按比例来算仅有 54% 的日子是在涨。这个数字看着还是挺高的，至少胜率过半了，但是我们必须清楚的是，过去 10 年是美国的大牛市。

如果我们每天都打开行情查看涨跌情况，即使在牛市之中依然会有 1200 多个日夜是让人焦虑不安的，任何一天的情绪波动都可能促使你做出错误的举动，情绪一旦失控后，后果不堪设想，高买低卖的操作可能就会频频出现了。

如果再往前追溯 10 年，我们不难发现，1999—2009 年这段时间的市场波动要大得多，市场的噪声干扰更大，涨跌比要远远低于牛市的数据（见图 3-3）。但是如果能坚持持有到金融危机爆发初期，至少也能获得 100% 的回报，而这段时期里大多数个人投资者是亏钱的。

所以想要分辨市场中的噪声与信号，采取"长的时间尺度"是我们的不二策略。

综上，无论你是想每天关注行情变化，或者存在幸存者偏差，还是有冒险冲动，这些都是人类的本性，是无法回避的。我们要做好财富的保值增值工作，就必须克服这些人性内在的弱点（风险）。而克服的策略和方法就是理性应对，这是一项系统工作，我们会在后续章节中做详细解析。

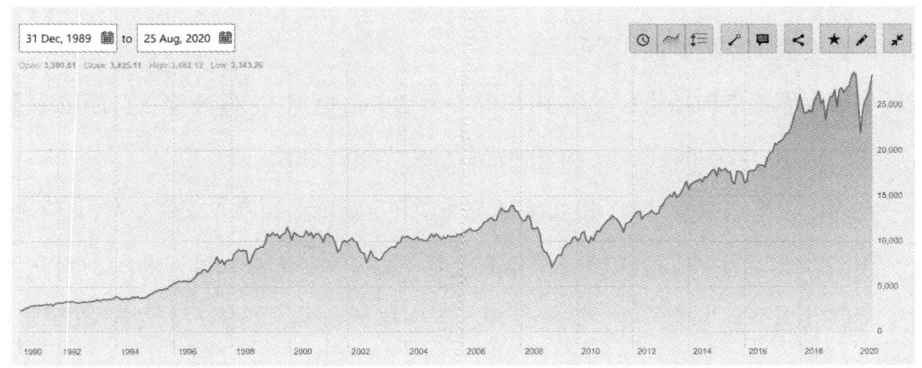

（数据来源：英国《金融时报》）

图 3-3　美国股市过去近 20 年波动情况

关于财富管理的四类外部风险

要剔除感性影响，就需要从理性角度思考。理性思考的核心点就是对风险的管理而非以收益为先，即要弄清楚财富管理过程中都有哪些风险，这些风险又来自哪里。

如果从外部看，风险主要来自四个方面：一是来自财富拥有者本身的风险，二是在财富管理过程中的风险，三是来自配置后财富本身在市场中的风险，四是与财富拥有者使用目的和使用方法相关的风险。

一是财富拥有者自身的风险。

财富拥有者包括财富的拥有者和财富的受益人。

首先人类是有生命周期的，所以财富拥有者本身会有健康风险，也会有死亡风险。

其次是法律风险，中国的企业家面临着比较大的法律风险，尤其是刑事法律风险。有的是系统性风险，有的是企业管理者个人引起的，有的可以通过法治的不断完善来解决，有的则必须通过企业内部的合规化建设来避免。无论哪一种风险，一旦出现，拥有者就可能会被剥夺所有的财产。

再者是税务风险，除了个人所得税等，目前很多（超）高净值人士都有境外身份，如加拿大、澳大利亚、英国等。这些国家都是全球征税的国家，并且拥有成熟的税收征管体系，不仅税率很高，逃税还会有非常严重的后果。

最后是身份风险，即与个人及家人行为能力和状态相关的风险。比如婚姻，婚姻风险不仅仅来自财富拥有者本人，还包括其继承人、下一代，如果婚姻经营不善可能会导致家族资产被分割。

二是财富管理过程中的风险。

财富管理过程中的风险敞口非常大。

第一是道德风险。财富拥有者在社会中往往都是受人羡慕和追捧的，而财富有的时候也会是别人恶念的渊源，所以此时可能会面临很多道德风险。比如有人可能向你提供假信息，或者真假混合的信息，或者刻意提供选择性的信息，这些信息都可能会导致你把资产配置在不恰当的地方。这可能是跟你接触的人故意而为之，表现得似乎站在你的角度，帮你考虑问题，但起初很难分辨。

第二是信息不对称风险，即你对一个意向投资项目只知道部分信息或只听到一面之词，不知道全面性信息，更不知道深入性信息，对历史性信息和即时性信息的了解不多……这都可能会给最终的投资决策带来巨大隐患。

第三个是认知不对称风险。投资这件事情是有相当门槛的，比如生物医药、数字新媒体产业、军工、消费等是完全不同的领域，我们在做资产配置时需要将钱配置在不同领域。作为一名（超）高净值人士，我们有自己熟悉的行业和事业，但是不可能熟悉这么多的领域和专业。更遑论二级市场，各种投资策略、金融工具，还有品类繁多的海外资产配置产品。这些都会导致认知上出现偏差，而认知偏差往往容易导致决策偏差。

三是财富本身的风险。

即财富配置的合理性风险，比如你的资产配置在什么领域，有没有被有效地分散在不同的篮子里，是不是布局在未来都具成长性的行业里面。再比如资产的流动性安排是否得当，投资项目的选择是否有风险，已配置项目是否存在风险变化，等等。除了财富本身配置方面的风险，我们还会面临政治环境、经济环境、政策环境、行业环境、技术环境的不断变化而导致的风险，这也是需要去认真分析和关注的。

举个社会发展相伴风险的例子。人类社会在不断快速发展，特别是在工业革命之后，人类社会 GDP 以指数速度增长。在英国工业革命时期想拥有百万英镑可能要积累好几辈子，在 20 世纪 20 年代的美国想拥有百万美元也可能需要一辈子时间，而在当今中国想成为百万美元富豪可能 3 年就行。对比过去人类的历史，全球化和科技的发展在给人类带来方便的同时也大大增加了不确定因素，任何事物都在快速变化着，没有哪种财富会永远稳健保值增值。无论过去赚了多少钱，在未来都有可能发生变化，而变化会给财富的保值带来巨大挑战。我们要关注财富的不断变化，而风险就是不可预测的变化，所以风险管理变得越来越重要。

四是财富使用的风险。

财富使用的风险即与财富使用目的和使用方法相关的风险。首先从财富使用的目的来看，我们的财富可以用在任何地方，比如家庭幸福、家族的昌盛、下一代发展等有价值的地方，或是可能给我们的人生带来负面影响的事情上。所以这方面风险也需要得到有效控制和管理。再者，财富的使用方法是否得当，比如管理的便利性、操作手法的合规性，也都是我们需要关注的。

综上，在管理财富时，我们是在面对未来世界的不确定性。我们需要承认自己容易被随机性愚弄，并且接受自己会被情绪影响的事实：当人有情绪反应时，很难接受合乎理性的观念、启发人心的好建议和具有说服力的劝诫。

只有当我们意识到世界的不确定性是常态，认清人性的弱点都有哪些时，才有可能通过适合的工作，采取有效的措施，去防范和化解风险，达到财富（投资）安全的客观状态，实现财富长期保值增值的美好愿望。所以，无论是多有成就的企业家，还是多少财富的拥有者，都应该回归理性的方式，明确纪律性制度和专业风险管理才是有效管理财富的真谛。

财富保值：无处不在的风险如何管理

既然我们知道财富管理要以风险管理为核心，那么什么是风险管理？在教科书中，风险管理是指在降低风险的收益与成本之间进行权衡并决定采取何种措施的过程。读起来有点拗口，那就让我们聚焦实际，看看应该采用哪些具体的策略和方法。

首先，必须识别风险。识别风险是确定何种风险可能会对你或你的企业产生影响，最重要的是量化不确定性的程度和风险可能造成损失的程度，具体包括人性的三个主要风险点，以及外部的各种风险来源，从而判断哪些风险是重大风险，哪些风险可以暂缓处理。所以，你如果想做好财富管理，就一定要有一个专业团队，可以跟你一起就相关风险和具体情况做深入沟通，进行分析识别。

其次，要着眼于风险控制。控制风险的最有效方法就是制订切实可行的管理方案，最大限度地针对财富管理所面临的风险做好充分的准备。当风险发生后，按照预先的方案实施，可将损失控制在最低限度——

一是风险回避。

风险回避，是指财富拥有者有意识地放弃风险行为，完全避免特定的损失风险。作为财富拥有者，通过制度建立投资纪律和流程，使得不符合家族资产长期保值增值及家族幸福感的投资他们就无法参与，比如对于可能带来法律风险的投资不参与，可能带来声誉风险的投资不参与，可能带来巨大损失的投资不参与。

二是风险转移。

风险转移，是指通过契约将让渡人的风险转移给受让人承担的行为。当面对一些无法规避的风险时，通过风险转移，有时可大大降低财富的风险程度。风险转移的主要形式是合同和保险。在财富管理中，保险是使用最为广泛的风险转移方法，可以帮助家族应对可知的，且无法回避的风险，如死亡、伤病、税务等，对出现的风险进行财务补偿，实现风险转移。

三是风险隔离。

风险隔离，应对的是法律、税务、人身及其个人行为等财富拥有者可能带有的风险蔓延导致其财富损失的风险，具体的金融工具主要有信托、保险（传承类）等。通俗来讲，如果所面临的风险既回避不了也转移不了，就需要跟风险之间建立一个防火墙，以防风险出现时殃及"池鱼"（其他人或者其他事业），将损失降到最低。

那么，信托为什么能够产生风险隔离的效果？这要从信托本质来理解，即当你的财产被转移到家族信托里时，财产的所有者就变成了信托而不再是你这个委托人，当个人产生法律或者其他风险时，比如名下企业发生债务追偿，需要罚没相关资产，是不会"殃及"已放入信托的资产的，因为该部分资产已经归属在信托名下而不再是个人资产。保险这个金融工具也具有类似的特性。所以信托、保险是风险隔离的有效工具。

四是风险降低。

风险降低，主要用于应对人性本身的风险（弱点），比如前文提到的冒险家天性、幸存者偏差和时间尺度认知等，以及道德风险、信息不对称风险、认知不对称风险、项目选择风险、项目变化的风险等。而解决方案就是建立家族办公室，或者聘请专业团队，用专业流程作业，制定目标策略，并严格执行。以前文的奥德修斯防范海妖为例，当建立了一个专业、科学、严格的管理机制后，即使内心深处非常想去那个海岛（投那个项目），既定机制也会确保你远离诱惑（在理性情况下肯定不会选择的项目）。

五是风险分散。

风险分散，主要用于应对可知的，但无法判断何时发生且一旦发生无法规避或转嫁的巨大风险，如战争、瘟疫、通胀等。以通胀为例，2020 年俄罗斯货币的价值约等于 33 年前的十二万分之一，如果某人 1987 年是位俄罗斯百万富翁，那么现在他则是个一文不名的穷光蛋（见图 3-4）。

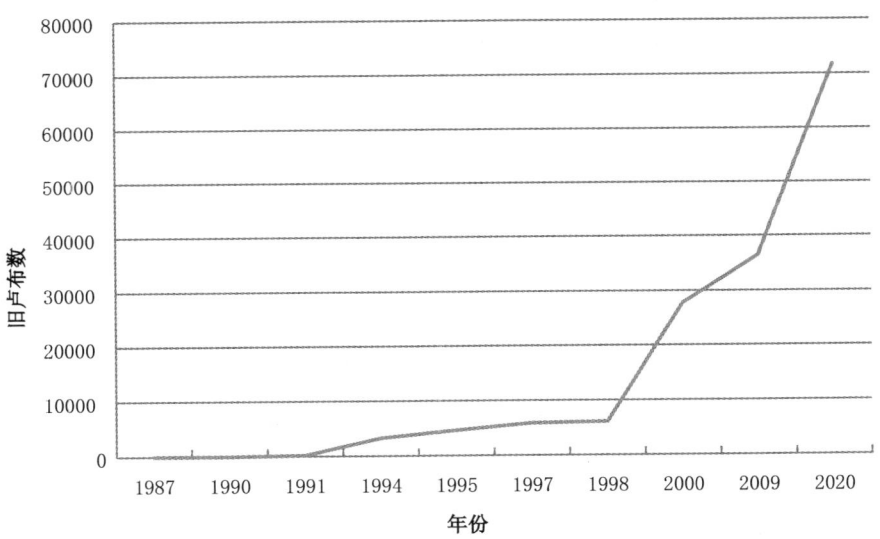

注：以上数据为各年份代表性数据，其中，1987 年按 1 美元 ≈ 0.6 旧卢布，2020 年按 1 美元 ≈ 70000+ 旧卢布，1 新卢布按强制兑换 1000 旧卢布，计算所得。

图 3-4　1987—2020 年 1 美元兑换旧卢布折算

所以无论你拥有多少财富，在这样的通货膨胀率下，要想实现资产保值，基本是不可能的事。对此，我们应该提前使用财富规划、全球资产配置、组合管理方案及纪律化投资等工具，做好风险分散。而且对于这类配置需要设定一些条款以防轻易动用相关资产，坚持做一个长线投资者，那么时间最终会站在你这一边，让你的财富在巨大变故面前依然能够安然无恙。

综上所述，财富管理的核心（特别是财富保值的关键）其实就是风险管理，主要解决两方面问题：第一，解决我们每个人天性弱点所带来的挑战；第二，解决整个财富管理过程当中，面临各种风险所使用的策略和方法。无论是风险回避、风险转移，还是风险隔离、风险降低、风险分散，都是一系列综合性的专业工作，而家族办公室或者专业财富机构在这两方面是给你提供解决方案的最佳选择。

以二战为例：财富的保值之道

据圣经《启示录》，瘟疫、战争、饥荒、死亡"四骑士"每个世纪都会重演，造成巨大的财富灾难。而纵观整个 20 世纪，使世界惊恐不安的"骑士"正是第二次世界大战，空前的杀戮、占领、饥荒和瘟疫，对财富的毁灭程度可以说是颠覆性的。

华尔街知名基金经理巴顿·比格斯（Barton Biggs）曾在《财富、战争与智慧》一书中这样描述："1941 年年初，德国加强对伦敦的轰炸，并把轰炸范围扩展到英国全境。这些轰炸导致英国损失惨重，重创了英国的经济、备战计划和民间社会。由于德军主要锁定工厂轰炸，许多家族企业受创严重，不是全毁就是被迫停业。长期来看，企业损失最终由政府赔偿，但那些补偿通常不够让企业恢复到原先的生产水准。企业主抱怨德国人对他们的冲击，远比经济大萧条还大。基本上，财富都消失了……"①

　　那么战争造成的经济变化有多大？财富拥有者们采取了什么措施来保护财富，以避免或减少财富受到战争"黑天鹅"的重大冲击？战争期间财富保值的最佳方式是什么？对于我们今天如何保护财富又有着什么借鉴和启示？我们就此一一梳理。

不动产保值普遍适用 vs 意想不到的结果

　　1940—1950年，在法国，最好的财富保值方式是不动产。1940年的豪门世家到了1950年依旧富有，因为他们拥有农场、地产，他们的实业在名义值上也大幅升值，这些不动产实际上从1940年到1950年增值了约20%。换言之，不动产是对抗通胀的绝佳方法之一，但是财富增值的效果普通。

　　无独有偶，意大利也有类似情况，约20个意大利的富豪世家也是靠持有不动产，在墨索里尼统治期、德国占领期，以及盟军入侵意大利时期，保住了财富。同样，黑市经营者在此期间趁机发了大财，并把那些黑钱断断续续地转入合法的事业（比如购买不动产），在20世纪50年代体验了财富的飙涨。在意大利，黑市生意相当危险，形同玩命，但获利极其丰厚。20世纪后半叶，欧洲一些大企业是靠这些黑市资金的资助而发展的。

　　1914—1950年，德国在占领国和被占领国之间反复切换，综合来看是一个几乎无法让财富保值和增值的地方：输掉两次世界大战、巨额赔款、恶性通胀、独裁专政，遭遇占领、轰炸。如果你是一名非犹太裔德国人，应该怎么办？这是数

---

① Barton B. Wealth, War and Wisdom. New York:John Wiley & Sons，Inc. 2008.

千年来有钱人都面临的问题，包括作为长期幸运的战胜国——美国。以南北内战为例，在小说《飘》里，当联邦军逼近，南方乡间处处陷入火海时，斯嘉丽的父亲临终时交代，一定要想尽办法保住塔拉庄园的地产，"只有土地才是真真切切重要的"。二战历史大致佐证了他的观点，房产下面的土地永远都在，即便遭到轰炸，地契被毁，当地人也知道那块地是谁的。当然如果原来的地主讨人厌，当地人就会顺势忘掉所属权。总体而言，土地可以保值，无论是农地、林地或建设用地。德国在 1947 年开始重建和复苏时，地价开始上扬。

德国和日本的战后境遇其实还算不错，盟军的占领相对比较温和文明，人民的财产权获得了尊重，民主德国除外。而在柏林墙倒塌后，民主德国的地产价值也恢复了。在遭到轰炸的城市，被毁的住宅或地产都得不到赔偿，但所有权得到保留。

1940 年如果你在日本的财产都是土地，那么就保住了财富。尤其是在东京和大阪的工商、住宅用地。即便土地上的建筑物经历二战被完全炸毁，但战后繁荣期一来，地价开始狂飙，你就成了大富翁。战后日本的商业、住宅用地是很好的投资标的。1950—1990 年，日本的名义 GDP 收入翻了 50 倍，土地价格翻了 330 倍。1990 年泡沫破灭后，地价大幅下滑，但近年又再度攀升。长期而言，日本的股票和土地都是不错的财富保值和升值工具。

当你持有的财富以土地为主时，也可能发生意想不到的奇怪结果。二次大战期间，在多数被占领的欧洲国家，实体的不动产通常不适合保存，容易遭到窃取、轰炸、摧毁和征收。

比如 1939 年，某贵族家庭在如今的捷克领土上拥有世袭的财富，主要包括房产、农地等。德国入侵后，把该家族的豪宅征收为德军的指挥部。在粮食短缺的情况下，德军也逼迫奴工耕种他们的农地。4 年后，苏联入驻，把农地分给了政党的支持者。1940 年，该家族逃到美国定居，因为长期持有美国公债，算是生存下来了，但家境远不如以前富裕。家族的大家长当初带着家产明细、地契、账本一起到美国，但当他拿这些东西去银行当抵押品申请贷款时，却被告知位于苏联附庸国的地产无法作为担保抵押品。20世纪90年代初期，苏联解体，捷克建国，家族大长子回到故土，在律师的协助下，经过艰难争取，终于被裁定有权取回房产及宅基地，但附近的农地已被"自愿放弃，让出所有权"。与此同时，豪宅和庄园已破烂不堪，需要花费大笔资金整修房屋、支付财产税和律师费。所以现在的结果是，他们拥有了很多不动产，但更缺钱了。

黄金成为"保命财"，艺术品成为"替代方案"或带来更大风险？

二战期间，黄金或许是最好藏匿、保值及维持部分流通性的资产。

有钱的法国家族世世代代都囤积黄金。瑞士的私人银行家指出，1939年法国多数富豪的财产中，约有20%是金条，那些金条都放在瑞士，或是埋在自家别墅的后花园中。他们几乎没有投资英美股市或者债市。黄金兑换美元的价格是固定的，所以当通胀剧烈、法郎兑换美元一路狂贬时，以法郎计价的金价跟着飙涨。黄金的实质价格，肯定比房产和实业的飙涨还快，当时具体来说高出多少，现在很难知道。

在那段可怕的岁月里，以黄金避险也面临3个问题。第一，为变卖金条，必须先找到买家和黑市兑换者。两者一样危险，因为在那个充满告密者与背叛者的时代里，什么事情都有可能发生，比如突然被盖世太保关进牢狱中。第二，即使找到买家或黑市兑换者，金价也会大打折扣，但是在非公开市场上，那也是无法改变的事实。第三，如果你住在被占领的法国，必须自己藏黄金。1940年秋季，每家法国银行都必须向德国政府申报，银行的保险箱里藏了什么东西。占领政府会根据那些资讯来发行本票，跟你"借"黄金。接着那些黄金就会被运回德国。战后，那些本票都跳票了，因为德国政府的档案在柏林战役中已被完全摧毁。当盟军逼近巴黎时，德国官员知道大难临头，直接没收法国人的黄金作为自己逃难的盘缠。不过，在战争的最后几年，变卖后花园的黄金不像出售其他替代品（物产或实业）那么危险或代价高昂。

可能有人会问，艺术品价值颇高，可以藏匿同时又不似黄金那么赤裸裸露财，能够成为战争年代财富保值的替代方案吗？

艺术品虽然可以藏匿，但需要苛刻的存储环境，在战火纷飞的条件下，人心惶惶、不可终日，遇到到处劫掠的军人更是危险。最重要的是，战争伴随着毁灭和饥荒，很难保证这些艺术品能变现以换取食物。特别是在被占领的国家，艺术品的保存难上加难，所以也不是保存财富的最好方式。

当时，希特勒和他的空军元帅戈林都"钟爱"艺术品。从 1940 年到 1944 年的夏天，巴黎、布鲁塞尔、阿姆斯特丹等地数百件珍品都被运到德国，交给了希特勒和戈林，战后费尽千辛万苦才物归原主。另外，占领军也偷走数千件知名度相对低一些的艺术品，其中很多就此一去不返。如《消失的博物馆》一书中就讲述了这样的故事：巴黎的伯汉兄弟，在巴黎经营一家高级艺廊。德军一来，他们马上把收藏的莫奈、雷诺瓦、毕加索、塞尚等画作一分为二：其中一人运到了摩纳哥保存，逃过一劫；另一人却误判了占领区的局势，藏在自己的豪宅中，结果被德军搜查发现，全部没收拿走；最痛惜的是两兄弟把最好的名画藏匿于法国偏远崎岖的城堡中，彼时属于自由区，他们认为德军永远不会到那里，结果因为城堡仿白宫的造型激怒了德军，被纵火焚烧，藏匿其中的无价名画全数毁于大火。再如彼时波兰有三大家族，曾选择将珍宝埋在地下，不幸的是都遭到告密者出卖，全部被德军没收。

据《战争、财富与智慧》一书统计，二战结束时，仅华沙地区就有1.35万件艺术品申报遗失。当然也有一些艺术品逃过纳粹的魔掌，如巴黎罗斯柴尔德家族的豪宅在战时被德国征用为空军指挥部，想必戈林去搜刮过，但他没想到在书架的背后还有一间密室，里面是罗斯柴尔德珍藏的最佳画作。

这里还有一个插曲，著名经济学家约翰·梅纳德·凯恩斯（John Maynard Keynes）在1940年到巴黎出差，当地人因为德国坦克逼近，纷纷变卖收藏品，艺廊堆满了一流画作。于是凯恩斯在隆隆炮火中，买了两幅塞尚、两幅德拉克洛瓦的画作；若他还健在，40年后那些画作价值至少翻40倍。这从侧面说明了，某些特殊情况下艺术品收藏家也有下手的大好时机。

股票是实现财富长期保值的方式之一

研究财富保值的最好方式是纵观世界各国股市的长期走势。研究发现，20世纪幸运国家的股市长期回报率最好（见表3-2）。所谓幸运，是指没有战败、未遭占领、整体稳定、未受恶性通胀和内战破坏的国家。研究显示，这些国家在1900—2000年的实质报酬率（经通胀调整后），以本国货币计算是6.5%，以美元计价是6.2%，这个数据包含了再投资收益的总回报率。

表3-2　1900—2000年"幸运国家"年化实质报酬率

单位：%

	股票	债券	票据	通胀	股票标准差
澳洲	7.6	1	0.4	4	17.7
加拿大	6.4	1.8	1.7	3.1	16.9
爱尔兰	5.5	1.6	1.3	4.5	24.3
瑞士	5	2.8	1.1	2.2	20.4

续表

	股票	债券	票据	通胀	股票标准差
瑞典	8.2	2.3	2	3.7	23.4
英国	5.9	1.3	1	4.1	20
美国	6.9	1.5	1.1	3.2	20.4
平均	6.5	1.8	1.2	3.5	20.4

资料来源：《千禧报告第二卷》；荷兰银行。
注：瑞士从 1911 年开始。

在这 100 年里，美国股市的实际报酬率是 6.9%。经济学家罗伯特·希勒（Robert J. Shiller）以标普 500 指数和 CPI 指数计算，得出 21 世纪的实际报酬率是 7%，几乎一样。长期保持 7% 的实际报酬率其实相当优异，这表示投资股市的资金每 10 年 6 个月的购买力就上涨 2 倍，每 20 年就上涨 4 倍，相当惊人！

幸运国比不幸国每年的股市回报率高 230 基点，而且波动性更小（前者波动性为 20.4%，后者为 24.6%）。一年多出 230 基点，再以复利计算 100 年，那是相当惊人的数字。不幸国的政府公债很多是负报酬，其通胀率几乎是幸运国的两倍（见表 3-3）。战败国及遭到占领的国家付出了惨痛的代价，它们的低股票报酬率就是证明。有趣的是，日本和德国在国难之后，出现了惊人的成长。它们在战后都不反抗占领，而是专心重建经济，所以重新创造了财富。伊拉克等大部分国家则是相反。

表 3-3　1900—2000 年"不幸运国家"年化实质报酬率

单位：%

	股票	债券	票据	通胀	股票标准差
比利时	2.7	−0.5	−0.4	5.6	17.7
丹麦	5.1	2.8	2.9	4.0	21.4
法国	4.0	−1.1	−3.4	8.0	23.2
德国	3.7	−2.3	−0.6	5.2	32.2

续表

	股票	债券	票据	通胀	股票标准差
意大利	2.7	−2.3	−4.1	9.2	29.4
日本	5.0	−1.6	−2.1	7.7	30.3
荷兰	5.9	1.1	0.7	3.0	21.0
西班牙	4.7	1.2	0.4	6.2	21.7
平均	4.2	−0.3	−0.8	6.1	24.6

资料来源：《千禧报告第二卷》；荷兰银行。

历史资料清晰显示，战胜国的金融资产都有很好的报酬，股票的长期表现最好。英美股市都有惊人的预测性，在长期的战争中，这些后来的战胜国都精准察觉到局势的转折点。

今天，这些幸运国依然是比较强大、成熟的经济体，但它们普遍面临着老龄化的挑战。未来高成长的经济体将会是发展中国家或新兴市场，这两个市场能够持续为生产创造出新的劳动力，各行各业的生产力也在不断提升，这些都是实现股市良性发展的条件。但是这些国家的经济增长不可能永远保持高速而稳定的发展，其实质收益和购买力也很难一直保持高增长。

股市的确是实现财富长期保值的方式之一，但不可忽略的一个事实是，没有什么是永恒的。为什么要强调这一点？我们来看一个真实事件。

1940 年年初，英国投资者的自尊也受到额外的冲击。当时英国大举从美国政府和企业购买战争物资，所以央行的手头很紧，急需资金。当时还没有《租借法案》，一切交易都是一手交钱、一手交货。为了满足资金急需，英国的财政大臣决定，拥有美国证券的英国公民都必须向英国央行申报，接着银行把那些证券汇集起来，偷偷透过摩根士丹利卖出，用出售证券的所得来购买军火，原始的证券拥有者则获得英镑借条，作为出售证券的收入。

这是相当敏感的交易，因为只要消息泄露出去，就会引起美国股市大跌。这种偷卖股票的做法侵犯了英国投资者的权利。不过，当时只要有人抱怨，就会被当成不爱国。由此可见，即使是资本主义最主要的民主国家，当一国陷入危难、面临存亡时，资本的自由也会陷入危急。1940 年，当德军离英吉利海峡不到 20 英里（约 32 千米）时，如果你是富有的英国人，肯定很想把部分金钱转到美国安放。

所以历史同时也给了我们另一个启示：即使是在战胜国，把财富投资在股票，也应该时刻注意分散投资以分散风险。

永保忧患意识的犹太人

犹太民族是个多灾多难的民族。20 世纪，它经历了两次战争、恶性通胀、种族大屠杀和经济大萧条。这个民族有根深蒂固的难民思维，永远保有忧患意识。

20 世纪 20 年代纳粹崛起之前，犹太人早就是德国社会与经济的重要组成部分，许多犹太人的祖先早在中世纪末期就在法兰克福生活，他们在日耳曼帝国里受到尊重。20 世纪 30 年代初期，德国上流社会的犹太人觉得自己就是德国人，身家相当安全。他们知道社会里的反犹情结，但他们自认为在德国的地位已经非常稳固并完全融入德国社会。

由于当时社会偏见与日俱增，身为中产阶级的犹太人开始感受到压力，走在街上无辜被抓，经营的店铺突然被砸。很多身居德国的犹太人远走他乡时，不得不选择变卖家产，当他们卖掉公司和房产时发现，彼时是买方市场，他们只能得到真实价格的二分之一。不过，他们还是逃出了德国，成为难民，但依旧保有唯一的无价之宝：商业头脑。

到 1935 年年底，已有 10 万名犹太人离开德国，还有 45 万名犹太人仍在观望。其中包括众多犹太精英，他们面临痛苦的选择：丢下家产移民逃难，还是选择坚守，期盼否极泰来。然而时间拖得越久，犹太人移民的成本越高。德国顶尖犹太投资银行家麦克斯·华宝在 1938 年年底不得不出售银行事业，其 1160 万马克的资产账面值，扣除 70% 折扣、54% 所得税、90% 外汇税之后，只剩 15.5 万马克，所谓财富征收，莫过如此。

法国知名犹太富豪乔治·列文被捕时，德国秘密警察知道他在瑞士银行存了很多钱。在向纳粹转账 400 万元加一笔好处费后，他被特殊保送到西班牙马德里——可以轻易转往伦敦或纽约。总之，列文在瑞士存一大笔钱是正确的。

值得一提的是，至少他们安然逃离了。而更多后知后觉的犹太人不仅被剥夺了财富，还被送进了集中营。这部分犹太人优秀、见多识广、博学涵养，但可能流于盲目自信。他们在德国太安逸、养尊处优，自以为结识所谓的重要人脉，根本不相信会出现集体迫害、危及自身性命的事件。类似事件，在亚美尼亚人、海外华人等身上都已发生数次。

以上故事告诉我们，尤其是拥有大量财富的少数族裔，要随时保有忧患意识，不要炫富，无论你觉得当下有多安全、多融入当地社群，一定要给自己留一条后路，在海外存一些资产。由于所在国资产收益丰厚，资产转移到海外确实代价高昂。我们不难理解为何印尼、菲律宾的富有华人，总是在新加坡和中国香港置产；新西兰的地产成为美国金融大佬的投资首选；俄罗斯富豪斥巨资购买伦敦、纽约和法国南部的房产。他们的主要目的是建立保险机制，实现资产配置的多元化。

所以实现财富保值的真正核心是分散风险。

综上，可以看到只有让财富有效分散，不被任何一个单一风险因素影响，才有可能让财富有效保值。拥有财富的人应该永远牢记一件事：《启示录》里的"天启四骑士"，总是会再次现身的。从远古以来，财富拥有者就一直面临着各种威胁。多元化的分散投资，将资金分散在股票、债券、土地、黄金、珠宝、房产、艺术品等，以及能够创造现金流的事业上是有必要的。

无论是在和平时期或动荡时期，一种资产类别或投资工具要想成为家庭或机构安放资本的地方，必须要有长期保值增值的效果。要是无法保值，累积的财富价值就会消失。**当你变得愈来愈富有时，要保护财富不受冲击及追求财富的保值，这和追求财富增值一样重要。**

比如考虑到流动性，股票投资或是保存财富的方法之一，但股票应该作为主要投资，而绝不是唯一的投资。正如耶鲁大学基金掌舵者大卫·斯文森（David F. Swensen）所强调的，在这个容易出现通胀的世界里，你应该成为股权的拥有者，而不是放款人；你的多数投资应该放在全球性的股市里，别想抓住股市短期波动的时机，应该注重股市长期的实质复利购买力。

再比如，在容易出现战争和混乱的地方，土地和房产或许是安全的财富保障。不起眼的农场，而非豪宅，可能是最好的选择。实体建筑可能会被炸毁，但土地永远都在，无法被掠夺到其他地方。而且要因地因时制宜思考，如在法国和意大利，拥有及经营葡萄园或是很好的财富保值方式；而在 20 世纪 40 年代的日本，最好的财富保值方式是拥有创业思维、工业用地和日后可能壮大的事业。

总之，没有什么是永恒的。从古至今，拥有房产、实业和金融资产的有钱人就一直面临各种威胁，包括仇富者、革命、军队、天灾、瘟疫、饥荒、大萧条和恶性通胀，等等。关于最好的财富保值方式，并没有简单的解决方案。不确定性意味着你必须分散风险，提早行动对资产进行多元化配置。这一方式确实对财富的保值很有帮助，也是财富拥有者必须考虑的问题。如果风险无法分散，财富无法保值，那么你竭尽所能累积财富就没有意义了，更遑论在充满不确定的世界里把财富传承给后代子孙。

深度思考：财富管理专业化发展的必由之路

我们知道，2018 年对于各行各业而言都是一个分水岭。

2018 年是去杠杆的关键一年。在这一年里，中国外部经济环境发生了巨大变化。全球化经过 40 年的发展也开始面临各种各样的挑战。

西方发达国家资本家们在全球化过程中赚足了钱，但是当地的普通民众并没有在全球化过程中获得应有财富，甚至失业，不排除因能力无法适应社会新发展而成为失落的一代。在这种背景下，全球民粹主义开始兴起。

以邻为壑的情况开始出现，国际争端时有发生。中国作为全球化过程中最大的受益者之一，也面临着多方面的挑战。

中国的发展走了一条与西方国家不同政治体系下的不同发展道路，双方价值观和理念思维方式不同，再加上东西方文化差异，使得西方现有发达国家对中国的偏见以及由此造成的不平等事件时有发生。

这种环境下中国未来也将进入一个新的发展阶段，所以在 2018 年，国家开始强调要供给侧改革，即去杠杆，着力发展中国本土消费市场。具体到金融市场，特别是财富管理行业，会有什么新的挑战和新的趋势？

从目前内外形势来看，外需愈发不足，需要着力发展内需。这更加需要让人们懂得怎样去花钱，怎样去管理财富。很多国人担心 GDP 增长率未来可能会逐渐下降。但这并非问题的关键。一些发达国家的 GDP 增长率可能只维持在 2%~3%。前文我们也已经分析过，财富管理首先聚焦的是资产的有效保值，而不是一定要拼命去多赚一个亿还是两个亿。

值得一提的是，中国财富管理市场今天所面临的状态在世界上并不是没有先例，事实上欧洲以及包括日本在内的东南亚很多国家，也都走过我们的历程。

优脉股东 Azimut 集团，20 世纪 80 年代在欧洲意大利起步。其在投资优脉时提及："今天的优脉跟当年我们创业时的理念和模式非常接近，更重要的是今天中国的财富管理市场跟当年欧洲和意大利的市场也非常相近。我们非常看好中国财富市场，希望能够在中国有所发展。"Azimut 集团董事长跟我分享了一个很有意思的点，其实从 20 世纪 80 年代开始，欧洲的财富管理包括家族财富管理才真正起步。

可能很多国人会想当然地认为欧洲社会拥有的都是"老钱"，其财富管理拥有上百年甚至几百年历史，社会上的富人也都来自像罗斯柴尔德家族这样的欧洲贵族。但事实上，在经历第二次世界大战后，整个欧洲一片废墟，几乎所有财富消失殆尽，随后重新恢复经济建设，经过 40 年的努力与奋斗，欧洲重新拥有了巨大财富。也正因为如此，才有了上述论断：欧洲的财富管理其实是从 20 世纪 80 年代才真正开始的。在日本及欧洲、东南亚等地区也是类似的情况，这和经济发展背后的逻辑和规则有关。

前文我也已经提到，在诺亚任职时期，我感受到了中国财富管理行业的快速发展，但与海外发达国家相比还处于初级阶段。整个市场都处在一个销售推动的状态，无论是银证保基信还是三方，基本上都在卖产品，这种号称为客户着想实则"卖方"定位的现状让客户的权益很难得到真正的保障。

所以当供需端相关经济环境变化时，客户需求变化叠加，再结合欧美走过的历程，我们也就可以总结出一些财富管理市场在未来可见的、规律性的成长与变化。

我认为一个大的趋势是未来 20 年，中国财富管理市场和金融服务市场将是纵向发展市场，越来越强调专业化。

什么叫纵向发展？相较于中国现状，欧美的金融服务更加专业，在纵向切割方面会更加深耕到位。比如有专门做系统服务的机构，有专门做订单处理的机构，有专门做行政服务的机构，有专门做精产品平台的机构，有专门做产品筛选的机构，有专门做客户需求管理的机构，有专门做客户数据库的机构，甚至还有专门做某一种类型机构评估的机构……一个组织体系里的各项职能愈发专业化，大型金融机构不再什么事情都靠自己做，而是逐渐选择专业服务机构的外包服务。长此以往，专业化和纵向切割的情况就会变得更加明显，以图 3-5 澳大利亚财富管理行业发展为例，整个行业愈加细分。

目前中国市场已经开始出现这种纵向发展的趋势。专门做尽调、评估、数据库的机构，比如私募排排网、朝阳永续等，开始崭露头角甚至已上市。所以我们可以看到，这不仅是目前全球的现状，也是中国的未来，金融服务和财富管理领域，正在朝着纵向发展大踏步迈进。

所以如果你要接受一个专业机构的服务，你可能不再会首选一家银行或券商的泛综合服务，而是选择一个家族办公室为你进行定向专业服务。家族办公室可能只有三五个工作人员，但其背后还有非常多的专业机构在提供各种各样的专业支持，使得客户能够获得真正高品质的金融和财富管理服务。

另一个大的趋势叫客户化。什么叫客户化？金融服务机构越来越根据客户的需求而分化，更多细分市场和相关服务机构出现。

以财富管理领域为例，有服务百亿以上资产超高净值客户的家族办公室，有服务 5000 万 ~100 亿资产高净值客户和超高净值客户的多元家族办公室，也有服务 1000 万 ~10 亿资产高净值客户的独立财富办公室、私人银行，还有服务大众富裕群体的银行、保险公司，等等。

我们说财富管理不单单是一门生意，也不仅仅是一项业务，更是以客户利益为出发点的专业服务。但在专业服务能力方面，不同的团队间自然存在着差异化和各自的竞争优势。

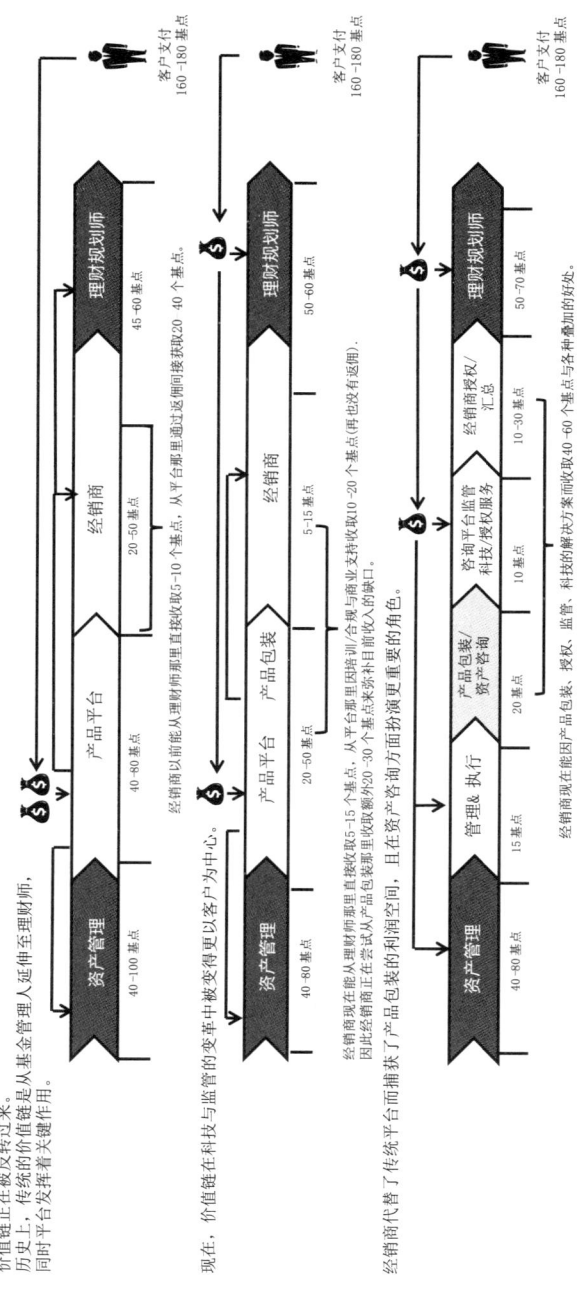

图 3-5 澳大利亚财富管理行业发展趋势

价值链正在被反转过来。
历史上，传统的价值链是从基金管理人延伸至理财师，同时平台发挥着关键作用。

现在，价值链在科技变革中变得更以客户为中心。

经销商代替了传统平台而捕获了统一平台空间，且在资产咨询方面扮演更重要的角色。

经销商以前能从理财师那里直接收取5~10个基点，从平台那里通过返佣间接获取20~40个基点。

经销商现在能从理财师那里直接收取5~15个基点，从平台那里因培训/合规与服务等收取10~20个基点(再也没有运用)。因此经销商正在营这从产品包装那里来弥补目前收入的缺口。

经销商现在能因产品包装而捕获有机会去叠加供应链的好处/捕获规模效应。经销商/咨询师/经销商的风险容忍程度和变迁中的社会期望是这个模型是这个模型走势的主要驱动力。

在这个模式下，平台可以提供执行，管理和税务服务(PaaS)，经销商正在营这从产品包装那里来弥补目前收入的缺口。增加监管审查(成本)，降低监管审查(成本)，降低监管。授权、监管、科技的解决方案那里获取40~60个基点与各种叠加的好处。

在这个模式下，平台可以提供执行，管理和税务服务(PaaS)。经销商正在营这从产品包装那里来弥补目前收入的缺口。增加监管审查(成本)。增加监管与建模被外包到Lutrine。加加监管审查(成本)，降低监管。授权、监管、科技的解决方案那里获取40~60个基点与各种叠加的好处。

现在，有越来越多的资深财富管理专业人士转化为买方代表，站在客户的立场提供专业服务。客户也更愿意付费给与自己利益一致的专业服务团队，让他们对各种金融产品进行分析筛选，帮助自己做好财富整体规划、资产配置和资产管理……这类拥有专业服务团队、更加客户化的机构在市场当中会占据优势。

从成功要素来看，如在海外市场，客户关系早已取代产品成为成功要素，财富管理市场的服务者不可能跟上百个客户保持良好深入的关系，但可以跟四五十个人建立深入稳定的信赖关系。当专业人士不再费时费力地四处寻找交易客户而是专注服务特定客户群体时，才有机会与客户培养出深厚的信赖关系和腾出更多时间精力让自身的专业能力不断提升，从而在市场中更有竞争力。

从 2015 年开始，中国的家族办公室经历了从无到有、从有到精的发展过程。我认为，要区分那些给自己带个"家族办公室"帽子实则"小三方"的办公室和愿意完全站在客户视角且尽心尽力为客户提供专业服务的办公室。与此同时，我也很欣慰地看到，后者当中的一些家族办公室即使在今天还不甚成熟，但只要持续努力，就会是成功的明日之星，我们就是要找到并帮助那些具有真正家族办公室基因的"雏鸟"。

综上，随着经济格局发生新的变化，经济发展换挡，在金融行业，每一个业态竞争都变得更加激烈，行业发展从横向成长转变为纵向成长，不断涌现出各种专业化金融服务机构，切割行业利润；而在客户方，他们以保护胜利成果为核心，由激进的赚钱转向保值增值及传承。基于此，中国财富管理行业正在市场化的基础上，以专业化、客户化及多样化业态发展。我相信未来市场的赢家，必定是在专业服务能力的提升与客户关系的维护这两个方面能够做好的机构。

本章观点

财富保值是财富管理的基础，也是家族财富管理的第一个重要目标。而系统性地认知风险、有效识别风险和管理风险是实现财富保值的关键所在。

● 财富管理的风险来自两个方面：一是我们人类自身所固有的风险，如情绪化、贪婪与恐惧、幸存者偏差、冒险家天性和时间尺度认知等，这些风险不随人的认知转移；二是外部风险，主要包括财富拥有者的外部风险，管理、使用财富以及财富本身存在的风险等。

● 识别风险，即确定何种风险可能对你（或者你的企业）产生影响。而识别风险最重要的是量化不确定性的程度和风险可能造成损失的程度，从而判断哪些风险是重大风险，需要立即处理，哪些风险则相对影响较小，可以暂缓处理。

● 无论是风险回避、风险转移，还是风险隔离、风险降低、风险分散，都是一系列综合性、纪律性的专业工作，是对财富管理的时间、精力、能力、学识、资源、视野的综合诉求，因此很难自己操作，往往需要寻求专业机构的帮助。

04 察于未萌，重仓中国：
把握时代趋势就是把握财富增值的命脉

"只要耕耘，定有收获，耕耘需努力，收获为人民。"——这是我祖父手书的一幅字，也是他一生的真实写照。一代人有一代人所处的时代，一代人有一代人坚守的理念，一代人有一代人面临的选择，最终形成了各自不同的人生走向和家族走向。家族资产管理不同于一般的财富管理，是一个长期的过程，那么它背后的逻辑和共性是什么？我们能做的是什么？把握趋势！从上海开埠到千千万万和我祖父一样的上海宁波人①所亲历的故事，都说明了这一点，人是历史中的人，不脱历史之根、信念之根，那么历史的回眸、时代的前瞻就能达成共振。

在本书成书期间，我们所投资的主打政企安全业务的项目——企安信，于2020年7月在科创板正式上市。虽然在过去几十年的金融从业经历中，成功退出的项目无数，目前的收益也是预期内的，但这个项目却让我再次体会到趋势的力量。

回看当时的投资决策，我们并没有预料到科创板的加速推进和蓬勃发展，也没有预料到全球范围内的央行货币超发，更没能力预见疫情下的世界格局巨变，但我们预判到网络安全的重要、细分龙头企业的价值、创始人和优秀管理人的特质。我们认为中国一定需要有自己的安全网络，特别是在企业政府安全网络方面，这会是一个很大的趋势。无论世界如何变化，相信常识，尊重基本的逻辑，保持乐观，敢于下注，就会有好的收获！投资获得回报是一件自然而然的事情，我们也很高兴把投资人的资金引导到这样的企业，助力中国企业和中国网络安全做得更好。

投资于趋势，投资于对社会有价值的事情，让人们拥有更多成就感，同时也获得很好的回报——这一直是我做财富管理时的朴实信念。投资就是要遵从信念，把握"国运"，勇于下注（实践）。

回顾历史，20世纪初的几十年，是世界格局动荡、灾祸不断的年代，发生了第一次世界大战，上千万人死亡，国内军阀混战，民不聊生，国际上最大的金融危机导致全球大衰退，最后引发第二次世界大战。在这样的全球政治经济环境下，上海正在大发展，被称为冒险家的乐园，最早来这里的除了洋人，还有善于把握趋势、勇于开拓的宁波人。

① 即来到上海打拼的宁波人。

把握趋势的上海宁波人

通商互市甬江东，航海达吴淞。

货殖竞豪雄，最难神圣合劳工。

四明二百八十峰，潮汐蛟门涌。

地灵人杰众梓桑，恭敬乡情重。

云水逢迎交谊通，霸图继文种。

大隐仰黄公，我思先正有高风。

第一次读到这首宁波旅沪同乡会会歌，我不由在心里默念了好几遍。宁波与上海"一苇可航"，交通便捷，一贯来往密切。善于经商的宁波人到上海从商者众多，不同于"走西口"的凄哀、"闯关东"的悲怆，一代又一代的宁波人顺应趋势，虽往异乡，但步履是放达的。

宁波自古以来就是中国最重要的渔港和贸易港，有着成熟的航运技术和贸易人才，自1843年上海开埠以来，越来越多的宁波人北上谋生、从商。特别是19世纪80年代，随着上海商业贸易重心地位进一步确定和近代工业崛起，"挈子携妻，游申者更难悉数"。到了 20 世纪二三十年代旅沪宁波人势力盛极，据《上海的宁波人》统计，20 世纪 30 年代上海工商界名人 1836 人中，宁波籍人就有 453 人，占 1/4，届时宁波人在上海的"王位"由此可见一斑。与此同时，以贸易为先导，金融为依托，航运为纽带，工业为基础的商人集团——"宁波帮"发展成熟，这就是善于把握趋势、变被动为主动的宁波人风范！宁波帮涌现出一批"大王"，书写了中国工商业史上的百年辉煌，下文举例几位：

邵逸夫，生于上海，祖籍浙江宁波镇海，香港电视广播有限公司（TVB）荣誉主席，邵氏电影创办人，娱乐大亨。邵逸夫早年到上海并在"上海青年会英文中学"念书时，就已经加入其长兄邵仁杰主导成立的上海天一影片公司，并助兄长开拓外埠发行。1925 年，邵氏兄弟在上海成立"天一影片公司"，这也是邵氏兄弟电影公司的前身。

虞洽卿，浙江慈溪人，民族资本家，航运业巨子。他从 1892 年起历任德商鲁麟洋行、华俄道胜银行、荷兰银行买办，1908 年开办四明银行，并在辛亥革命中支持上海光复。1920 年，在上海合伙成立上海证券物品交易所，后任中央银行董事。抗战时期成立中意轮船公司转运物资，支持抗日。他素有"赤脚财神"称号，没有显赫家庭背景，15 岁惜别母亲北上，靠着勇于开拓、敢于冒险的创业精神从一文不名到名震沪上。他于 1915 年创办三北航运集团，并在强敌环伺的激烈竞争中于 1937 年发展成为上海乃至全国规模最大的民营轮运企业。

严信厚，浙江慈溪人，中国近代企业的开拓者。1885 年受李鸿章委派任长芦盐务督销。在上海创办源丰润票号，该号遍布天津、北京、江南等地。1887 年在宁波创办通久源轧花厂，这是近代中国第一家机器轧花厂。1889 年创办慈溪火柴厂。1897 年在上海发起创建中国第一家民族资本银行"中国通商银行"，并自任总经理、总董。参与创办四明银行和中国第一家保险公司"华兴保险公司"，并长期担任上海四明公所董事。

值得一提的是，宁波帮作为中国十大传统商帮之一，在此期间发展成为中国近代最大的商帮，为推动中国近代民族工商业的发展做出了巨大贡献，对近代上海，以及天津、武汉和二战后香港的繁荣发展做出了贡献。从开办第一艘商业轮船开始，创造了第一家商业银行、第一家证券交易所、第一家味精厂、第一家日化工厂、第一家保险公司、第一家信托公司等100个左右的全国第一，宁波商人足迹遍布天下，确实是"无宁不成市"。

纵观这一段历史，有两个值得思考的现象。一是"甬消沪长"。从某种意义上说，上海迅速崛起的同时宁波是相对衰落的，由于上海开埠后的发展，宁波从根本上丧失了供销商品的"腹地"，逐渐成为专门从事上海转口贸易的"内贸港口"。二是宁波帮称王。称雄于明清时期的晋商和徽商是传统时代的"商界领袖"，而甬商和粤商则领"近代商界"之首，尤其是宁波商人，不仅在风云际会的近代上海令人瞩目，于今仍能腾飞于世界，蜚声海内外。当然不论是"甬消沪长"的现象，还是宁波帮领衔各商帮的事实，都不具有悲剧色彩。相反，这恰恰是上海开埠的时代大趋势之下宁波人把握趋势和魄力的显现。

不论如何恢宏壮丽的历史画卷，落定在人生戏剧舞台上便是具体的人和事。对于时代大势的把握和时代中每一个人的命运，以及此间梦想的实现、财富（不论精神还是物质）的累积，都是极有意思的话题。很庆幸我的祖辈当年也成为千千万万从"从上海开埠走来的上海宁波人"中的一员，让我与这段历史有了更多的羁绊并对此有了更多的思考。

1904年9月17日（清光绪三十八年农历五月初八），在上海牛庄路一座石库门房子内降生了一个男婴。婴儿的父亲叫应其北，是宁波旅沪同乡会的干事。按应家家谱，这孩子属"云"字辈，父亲给他取名叫应云卫，这孩子也就是我的祖父。

从上海宁波人走来的中国"剧影春秋"

时隔近一个世纪，由宁波出版社出版的《艺坛人生——宁波籍文化名人风采录》是这样评价应云卫的：

在20世纪的中国文化史上，应云卫是新文化运动的先锋之一。他自五四运动起，就投身于中国反帝反封建的新文艺运动，在党的培育下成为中国现代话剧运动的开拓者、电影事业的先行者、戏剧改革的支持者。他把自己的一生，毫无保留地奉献给了中国共产党领导下的进步剧影事业，用生命谱写了中国的"剧影春秋"。

为什么评价的落脚点会在"剧影春秋"四字？在祖父四十华诞时，电影艺术家夏衍、著名剧作家于伶和著名剧作家宋之的曾写过一部以他为原型的《戏剧春秋》。夏衍先生在《新民报》上写的一文还曾说道："假如要以一个人的经历来传记中国新兴戏剧运动的历史，那么云卫正是一个最适当的人选。"

祖父在开启人生的戏剧春秋前，还有一个有意思的事业插曲。在20世纪20年代，祖父开始搞话剧运动时，正在上海有名的宁波籍资本家虞洽卿的一个轮船公司里任副经理。当时可以继续优渥的生活，但他偏偏迷上了话剧，不仅是爱上而且是迷上，此后为话剧运动奋斗了一生。他从话剧导演开始，后来兼做电影导演，最后更成为"戏剧电影导演"的先行者。他在近30多年艺术生活中所导演的话剧、故事影片、戏剧影片总数超过80部。

著名戏剧家刘厚生先生曾为祖父的百年诞辰文集作序，在序中他提到一段关于祖父成立中华剧艺社的往事，我读来仿佛也回到了当年那个特殊时代，感受到在特殊时代干成一件事是多么不容易。

中华剧艺社（下文简称"中艺"）是"皖南事变"后，根据周恩来的指示于1941 年成立的。目的是在抗战国统区的大后方的中心重庆建立一个强力的民间剧团，以突破国民党的管制，宣扬抗战、团结、进步。祖父是被阳翰笙等朋友们从电影厂拉出来担任理事长的。那时的重庆和后来转移去的成都都是极为复杂的地方，他首先要自己导演出优秀作品才能使剧社凝聚住一批优秀演员，其次要和他的老伙伴孟君谋①、同甘共苦的祖母程梦莲一起团结其他剧团的著名编导为中艺提供剧本并排戏，还要培养青年剧作家写戏。此外，还需要特别注意同重庆其他剧团建立良好的合作关系。因为剧团多，背景不同，有正有邪，有高有低，又要团结，又要斗争，是非常麻烦的事。祖父在其中可以说是一位中心人物，他既要为中艺说话，又要顾全大局，公正地安排各方利益。比如，当时重庆剧团多剧场少，剧团领导人经常要为争剧场吵得面红耳赤。刘厚生先生还记录了一件他亲身经历的事："1943 年年初的一天，重庆各剧团负责人在中苏文化协会茶座开会，讨论剧场分配，我当时正在陶行知先生的育才学校戏剧组任教，导演了一部儿童剧也需剧场，就也去参加会，但我是青年后辈，导的又是孩子们的儿童剧，人微言轻，无人理睬。只有应先生仗义执言说'陶先生的学校，孩子们的戏，剧场再紧张也要安排'，他的坚持解决了我们的困难，我当时极为感动，回去向陶先生汇报，老夫子也很感谢。这件在应先生看来是很小的事使我对他有了进一步的认识，真是永志不忘。"

不仅是话剧界内部的问题，更使祖父伤透脑筋、疲于奔命的是外部的干扰。站在他的上面、旁边、背后和对面的有国民党戏剧审查官、剧场老板、国民党军

---

① 他同祖父从少年时就一起干戏，做了无数幕后工作，是中国剧影界绝不应忘怀的有功之臣。

警宪特、大小袍哥流氓、放高利贷者，后来到了成都和川西，还有大小军阀、地方绅粮等，无一不是既要看你的戏，又要压制、剥削、侮辱你。祖父和他的战友们在这种环境中要坚持演出，坚持演好戏，真是如电影艺术家夏衍先生所形容的"在荆棘中潜行，在泥泞中作战"。

夏公也曾和我父亲讲过祖父当年任中华剧艺社社长时"借钱"的故事。有一次，祖父去找夏公，说是要借钱，让夏公介绍某某人，这个人是位银行家。夏公看着祖父手上戴着个金刚钻戒指，就对他说："你把它卖了不就行了？"结果祖父说："不能卖，我现在就靠这个钻石戒指，假如我这个戒指没有了，别人就会说，老应不行了，连金刚石戒指都卖掉了。所以，非戴着这个东西才能借到钱。"祖父后来还对夏公说："我不择手段，不择手段做坏事不行，做好事也不容易。"祖父就是用这种办法来搞戏剧运动的，这在今天看来或许难以想象，但这就是祖父，乍一看以为"爱讲排场"，背后却是忍辱负重，这是在特殊年代能够干成一件事的"特殊法则"。

正如夏公在《怀念应云卫》一文中提及的："乐观主义是应云卫所特有的。云卫这个人总是笑口常开，好像从来没有什么困难似的，实际上他将所有的困难都咽在肚子里，从不对人讲，因此也有人对他产生很多误解，但他也往往一笑了之，从不争辩。在重庆演戏，常有特务找麻烦，有时还有生命危险，但云卫都能对付。为什么对付这些？求情、借债、磕头作揖，为什么？就是为了话剧运动。他确有这么一种劲头，为话剧运动献出毕生的精力和生命。"

回望祖父应云卫的一生，与祖国和民族的命运、进步剧影事业融合在一起，谱写了中国的"剧影春秋"。他的一生都在实践着自己的一句话——"只要耕耘，定有收获；耕耘要努力，收获为人民。"祖父还曾将这句话作为题词赠予上海戏剧专科学校（见图4-1）。

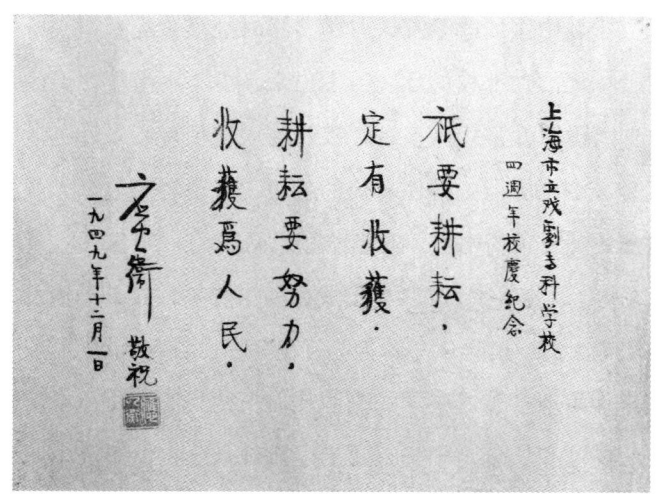

图 4-1 应云卫为上海戏剧专科校庆题词

从祖父的《怒吼的中国》看时代与个人

因为职业关系，我曾与父亲做过一个讨论：假设祖父当年选择继续留在航运业，继续做他的企业高管，那么祖父的一生又将怎样？我们应氏家族的走向又将有何不同？毕竟祖父弃商从文前的三北航运是当时中国最大的民营轮运，而宁波人在上海起家的左右手就是航运和金融，而且三北航运能够成功的主要原因之一就是享受了上海开埠以来开放的红利。虽然他也许不会拥有像今天这样的知名度和社会影响力，但家族的生活可能会变得更好些吧！

历史可回溯但不可回流。不论是留在商界或乘航运崛起之风在声势浩大的实业救国中有所作为，还是投身中国戏剧通过舞台唤醒更多爱国之心，毋庸置疑的一点的是，不同于新中国的改革开放时期，当时国家命运窘迫，所处的又是一个被迫开放的时代，要能在那样的环境下走出来，少不了生于忧患的危难意识、冒险创新精神、对所做事业的乐观精神，以及利用各种有利条件、抓住各种机遇，奋发进取的精神，如此方能把握住时代的趋势，实现时代与个人的同频共振。这一点，祖父导演的《怒吼的中国》就是最好的见证。

1936年，在祖父成为左翼剧联秘密成员的第6年，在其导演的《怒吼吧！中国》让国际歌震惊上海滩的第3年，他公开发表了一篇名为《我的乐观》的文章，抒发了对中国电影事业和苦难中国的满腔热血："我们坚决地自信：电影事业是可为也应该有为的。我们都市中千百万的电影观众，在电影院中所看到的多数是香艳肉感、荒乱淫靡的美国影片。他们不能够在银幕下赏鉴到更亲切、更接近他们生活的东西，然而他们是需要的。一切中国人的'民族的情感'使他们爱看国产影片。同时这也保证了中国电影事业的灿烂的前途。我对中国的电影事业有着一种简单单纯的乐观——只要制作者不离开观众，欺骗观众！虽然我和电影的关系不能算很浅，但相关的经验却实在少得可怜。现在我却担负了不轻的责任。这一点，我的确有点担心，不过并不畏怯。因为电影事业是可以乐观的。"

时隔13年，1949年，祖父于当年5月在上海迎接解放后，随即赴京参加了首届全国文代会，两路文艺大军（国统区和解放区）在北京会师。祖父非常高兴，来信让祖母带着父亲（曾是中艺的小演员）北上参加相关活动。他感叹中国经历了翻天覆地的变化，感到一个新的时代到来了。据说，周恩来总理赞赏祖父的交际才能，想请他留在北京负责对外交流工作。但祖父不想当官，他更愿意回上海干老本行。对艺术的痴迷决定了他的人生轨迹。

1949年9月，在中华人民共和国诞生的前夕，为了庆祝解放全上海，影剧工作者在逸园（原法租界跑狗场）公演大型广场话剧《怒吼的中国》，祖父作为执行导演在演出特刊上发表了《从〈怒吼吧！中国〉到〈怒吼的中国〉——从向往到实现》一文。文章说："同一出剧先后两个剧名，用'的'换掉'吧'，一个字的更改反映了中国翻天覆地的变化，人们的心情也迥然不同：16 年之前，怒在心头，'吼'也仅是一个沉重的愿望和强烈的要求。当时大英帝国的军舰仍然停泊在黄浦滩，仍然行驶在内河上，我们甚至必须躲在前法租界才能演出，而现在呢，我们中国怒吼了！从前，在帝国主义的军舰大炮下，我们只有受剥削、被屠杀的份儿，而现在，我们中国人民自己也有了大炮，我们怒吼了！我们翻身了！20 年，在共产党的正确领导之下，经过人民大众不断的英勇斗争，愿望实现了，这次我是拿翻了身的心情来从事工作的。从前支配我的心情是'怒'，这次则是'吼'，从前主要的是让观众怒、警惕，这次则主要是激发观众对革命的信心和勇气。"

正如祖父所期望的，演出最后获得了巨大的成功。当时参与其中的中国电影美术师韩尚义说："当时我见应先生英姿勃勃地对着话筒指挥，他那兴奋激动的样子，至今还历历在目。并且由他提出把原为'怒吼吧！中国'的剧名，根据全国解放后的形势和人民奋起的情绪而改为'怒吼的中国'。演出盛况空前，这是应先生留给我最深的印象。"

祖父身处上海这样一个快速成长的城市，热爱并投身于他所热爱的戏剧。他凭借着自身开拓、创新、进取的精神，运用当时全球最先进的影视技术，成为中国第一部有声片《桃李劫》的导演，且一生努力创作了众多优秀的作品。也正是其自身的努力与不可或缺的时代发展大环境，才得以造就这累累硕果。

除了时代的机遇，我想再来谈谈他作为千千万万上海宁波人之一所拥有的优秀品质——"开拓、创新、进取"，和其背后所承载的时代意义。

投资界一直流传着一句话，悲观的人永远正确，而乐观的人往往成功。因为悲观的人看到的是问题，乐观的人看到的是趋势和机会。

乐观的人虽然可能会遇到很多"坑"，但是会不断找寻方法，一步一步往前走，直到终于找到一条成功的路。所以当你真正想要做一件事情的时候，你要听从自己内心的声音，你要看到整个趋势，然后潜心耕耘，找到出口。

这样的认知在财富管理过程中也是非常重要的。因为如果没有乐观的精神气质，财富增值也无从谈起，为什么这样说？让我们学习一下人类发展的历史，就会发现，乐观是得以把握趋势、实现财富增值的基础！历史学家、牛津大学博士尤瓦尔·赫拉利的研究成果为我们了解人类社会财富的发展历史和驱动因素提供帮助的同时，也提供了有力佐证。

人类财富增值的秘密与狩猎时代的基因

尤瓦尔·赫拉利教授的研究表明，虽然人类在这个世界上已经存在 250 万年了，但是只有近 7 万年来，人类文明经历了三次革命：第一次认知革命让人类站到了食物链顶端；第二次农业革命让人类融合为一个整体；直到第三次，即最近 500 年的科学革命，人类才学会了如何创造财富（见图 4-2）。依靠投资科学研究提升人类的能力，在这个过程中，科学和资本之间的回馈循环成为推动财富成长的主要引擎，而愿意投资科学研究正是因为人们对未来的乐观态度！

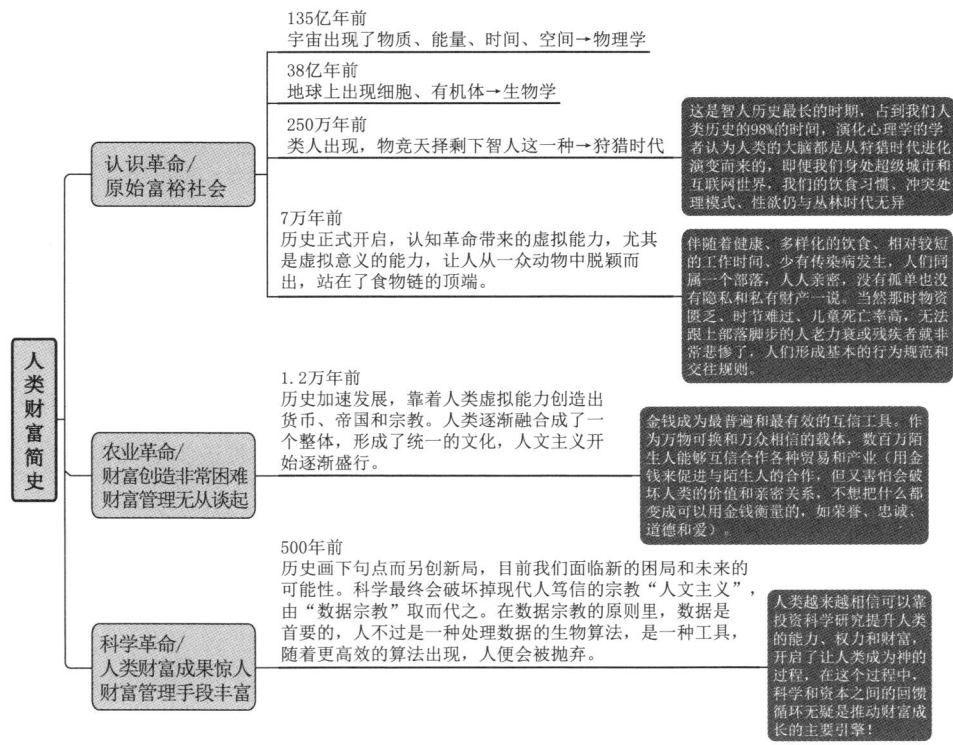

图 4-2　人类财富简史

关于科学，现代科学让人类发现并愿意承认自己的无知，这是人类最大的进步，具体有以下三个方面：

第一，现代科学有别于先前的知识体系，其独到之处是公开承认整个人类原有的知识体系所不知的重要知识。从这个立场看，我们承认了自己并非无所不知，更重要的是我们愿意在知识研究有所进展之后，承认过去我们相信的可能是错的，于是再没有什么概念、想法或理论是神圣不可挑战的，这就比之前的所有知识体系更具活力、弹性和求知欲。

第二，以观察和数学为中心，在承认无知之后，通过收集各种实证观察（可以用感官感受到的），再用数学工具整理连接形成全面的理论，这比早期以故事构成的知识体系更加可以信赖，如牛顿的三大运动定律。

第三，运用这些理论来取得新的能力，发展出新的科技。如统计学的发展让人类寿险和慈善基金得以精准管理，现在这些概率模型已经成了经济学、社会学、心理学、政治学及其他社会科学和自然科学的基础。这和农业革命时代发展起来的伟大的无所不知的神或全能的智者的知识体系（基督教、佛教、儒教等）完全不同。在过去，如果说《圣经》居然漏掉了某些重大知识，而这个知识居然被某个血肉之躯给发现了，这简直是不可思议和大逆不道的。这种进步论的思想在科学革命前是难以想象的，在此之前多数人类文化都不相信人类还会进步，他们觉得黄金时代属于过去，如果连耶稣、佛陀、孔子这些全知者都没有办法解决饥荒、疾病、贫穷、战争，那么我们这些平凡人又怎么能做得到。许多信仰相信总有一位救世主出现来解决问题，但如果说人类可以发明新方法、新工具来解决这些问题，那就不只是可笑更是狂妄自大了。而现代科学可以给我们新的力量，可以解决过去认为是命运的问题。

关于资本，市场经济体系在资源汇聚方面开始增强财富创造能力，具体有以下几个方面：

其一，基于"信用"的金钱概念兴起，并开始帮助人类完成财富的奇妙增值。直到现代，基于对未来的信任，我们人类发展出一套以信用为基础的新系统。而信用实际上是指依附在人之间、单位之间和商品交易之间形成的一种相互信任的生产关系与社会关系，是不存在实体的。但信用却让我们能够支持未来，打造现在。而这背后有个基本假设，就是未来的资源肯定远远超过目前的资源，只要我们使用未来的收入投资当下，就会带来许多全新而美好的商机。

之所以到现代才有"信用"的系统，是因为人类对未来的观点——如果全球经济这块蛋糕只有固定大小，信贷贷款将无利可图，除非你相信向你借钱的人会从对手那里抢来更大的一块蛋糕，否则借给他钱的风险就太大了，这就是在进入现代之前，想要贷款难如登天的原因。科学革命的出现让人看到了"进步"，相信"进步"的人就会相信各种地理发现、科技发明和组织发展能够提升财富的总量。比如发现大西洋的新航线能赚大钱，但不需要牺牲过去在印度洋的旧航线，推出新的产品也不一定就代表要减少旧产品的产量，开一家新的快餐厅不代表过去的餐馆必然关门，等等，即"我变大不等于你要变小"。这种关于进步的概念在过去500年里说服了全球人民，将越来越多的信任交付给未来，这种信任创造了信贷，信贷带来了实实在在的经济增长和财富增值。

其二，当财富和道德不再对立，"购买"动作开始升级为"投资"。《国富论》的作者亚当·斯密推翻了传统上认为财富与道德彼此对立的概念，人们变得富有不是因为剥削，不是一个零和游戏，而是因为让整块"饼"变大了，随着大饼的变大，人人都能受益。当然，他也强调其理论基础是，富人们用这些利润来新建工厂，雇佣新的员工，而不是将利润浪费在与生产力无关的活动上，"生产的利润，必须再投资于提高产能"就成了资本主义教条里的第一条。

这在人类历史上是没有过的新概念，之前的人认为生产这件事情并不会带来太大的变化。中世纪贵族为人慷慨、奢华消费，把收入用来举办各种比赛和宴会、发动战争和兴建宫殿、教堂，却很少会将利润投资于提升庄园产量、寻找更好的小麦物种等生产方面。但现代企业家、金融家、实业家对于消费的兴趣远远低于过去，且几乎没有什么享乐的时间，成为典型的风险投资家。他们乐此不疲地出现在一个接一个的商务会议上。换句话说，有钱人的最高指导原则是"投资"，而一般人的最高原则成了"购买"。

此外，近代西欧地区逐渐建立起可以在短期筹措大笔资金的复杂金融系统。比如，荷兰坚持准时全额还款的信用行为，及其可以更有效保护私人财产权的、不受王权干预的独立司法体系，这些均赢得了资本的信赖，使得阿姆斯特丹很快成为欧洲的金融圣地。

在这个过程中，狩猎时代的基因一直与我们如影相随，使得人类财富成果一直面临零和博弈。

演化心理学的学者认为人类的大脑都是从狩猎时代进化演变而来的，即便我们身处超级城市和互联网世界，我们的饮食习惯、冲突处理模式、性欲仍与丛林时代无异。

举个例子，我们都知道，高热量食物对身体不好，但为什么老戒不掉？现代富裕国家的人民都有肥胖问题，真的是因为难以抵抗？这是因为在我们当下的基因里，仍然记载着我们祖先住在草原上或森林里高热量的甜食非常罕见、永远供不应求的认知。

试想，一个狩猎时代的采集者外出碰到一棵长满甜美果实的水果树，最明智的做法就是立刻吃到吃不下为止，否则等到附近的动物比如狒狒也发现这棵树，可就一颗也吃不到了。于是，想大口大口吃下高热量食物的直觉本能就深植在我们的基因里。即使今天我们的冰箱里塞满了美食，可我们的基因还记得那些狩猎日子，也正因如此，我们才会不知不觉就吃完一整桶冰激凌或炸鸡翅，最好还要配着一大杯可乐，才满足。

有科学研究表明，决定我们人类行为的基因是在丛林时代建立的，应对的是丛林时代的问题和挑战，人类的主要行为方式同老虎狮子没有特别的差异，都是基于本能的反应（饿了要吃，遇到风险要逃跑或者战斗），而非理性应对。

从前面图4-2的人类财富简史图中，我们还可以看到：人类的发展历史相对于我们存在的宇宙、星系和地球历史实在是太短了。大约在135亿年前宇宙发生了大爆炸。在这个时期里，宇宙体系不断地膨胀，使物质密度从密到稀地演化，到处是最简单的正负粒子，宇宙时空开启；在这之后的30万年里，这些粒子开始形成复杂的结构，成为"原子"，再进一步成为"分子"，彼此相互吸引，形成星系星球；大约38亿年前，在这个叫作"地球"的行星上，有些分子结合起来，形成一种特别庞大而又精细的结构，被称为"有机体"；250万年前，人类开始出现在地球上。

人类在250万年的历史中，经历了三次大革命。在此之前人类还是一种和其他动物相比没什么特别的动物物种，主要靠采集和狩猎为生，并不会特别干涉动植物的生长，这是智人历史最长的时期，占到我们人类历史98%的时间。演化心理学的学者认为即使到现在人类的大脑和心灵都是在智人阶段进化演变而形成的。有文化发展的人类历史分为三个大的阶段：

第一阶段，7万年前的"认知革命"让人类文化正式启动，这个阶段是原始的富裕社会（健康、多样化的饮食，相对较短的工作时间，少有传染病发生），人们同属一个部落，人人亲密，没有孤单，也没有隐私和私有财产一说。当然由于物资匮乏、时节难过、儿童死亡率高，年迈病弱的老人或残疾者在部落的生存情况往往并不乐观。在此阶段，人们形成了基本的行为规范和交往规则。

第二阶段，大约1.2万年前的"农业革命"。智人开始投入全部的心力操纵着几种动植物的生命，从日升到日落。智人忙着播种、浇水、除草、牧羊以获得更多的水果、谷物和肉类。智人抛开与自然紧紧相连的共生关系，走向唯我独尊的状态。随着时间的流逝，智人进化为现代人类，人类人口也从公元前1万年的500万~800万发展到公元1世纪的2.5亿人和公元15世纪的5亿人。但是绝大部分人还住在永久部落里。只有少部分人的活动范围大幅缩小，从狩猎采集者的上百平方公里缩小到一小片田地或果园。人类逐渐学会刻意砍伐森林、挖出沟渠、翻土整地、建造房屋等技能。在农业时代，"未来"的重要性被提到史上新高，农民不仅时刻想着未来季节性生产的需要，而且还要为未来旱灾、洪涝、病虫等灾害做好安排。虽然人对自然的改造活动大幅增长，但对整体地球表面 5.1 亿平方千米、陆地 1.49 亿平方千米来说，在公元 14 世纪把绝大多数农民、农作物和家禽家畜全加起来也只占到全球面积的 2%。人类社会的规模在这个阶段变得更大，且体系更复杂。用以维系社会秩序所虚构出来的神话故事也变得更为细致、完整。这些虚构的故事在一定程度上让人们以特定的方式思考，以特定的标准行事。这就是人造的"文化"。而在社会结构方面，家庭和社区的力量强大，且关系紧密，而个人、国家和市场的力量比较弱小。金钱成为最普遍和最有效的互信工具。作为万物可换和万众相信的载体，它让数百万陌生人能够互信合作各种贸易和产业（我们用金钱来促进与陌生人的合作，但又害怕这会破坏人类的价值和亲密关系，不想把什么都变成可以用金钱衡量的，如荣誉、忠诚、道德和爱）。在这个阶段里，财富创造非常困难，财富管理无从谈起。

第三阶段，大约 500 年前的"科学革命"。公元 15 世纪全球人类还不相信自己能够在医疗、军事和经济方面会有什么突破，政府和有钱人虽然也会将资金投入教育，但主要是为了维持现有的能力而不是取得新的能力，典型的统治者会赞助牧师、哲学家和诗人，目的是请他们让其统治更加合法化，并维护社会秩序。直到过去 500 年，人类才学会了我们前文提到的如何创造财富。

综上，我们人类只有最近的 500 年才开始发现自己对于世界有太多的不懂，开始相信只要不断地探索就能够获得我们想要的生活和更多的财富，我们应该更相信未来：

- **相信未来更好，愿意投资未来；**
- **承认自己会有很多方面不懂、不了解，需要去学习；**

· 基于实证观察和数学工具的成果远远好于有哲理的先人故事和思想；

· 运用这些理论来取得新的能力，发展出新的科技，集合资本力量将科技应用到现实中创造出新的财富；

· 这些特点在过去 40 多年的中国经济中得到了特别好的体现，这也是中国财富大幅增长的秘密。

很遗憾的是，在现代中国已经快速从一个农业国家转变为工业科技强国的今天，依然有很多人的工作方式依赖于丛林狩猎时代遗传下的生物性基因（条件反射、快决策）。

诺贝尔基金会的得失与财富管理"马拉松"

我们再从一个实际案例入手，找到长期资产管理中资产增值的核心动因。

诺贝尔基金会可以算世界上最长寿、最成功的基金之一——奖金发了 118 年，资产增长了 100 倍。诺贝尔基金会最初启动时的资金为 3100 万瑞典克朗，2018 年管理资产膨胀到 33.83 亿瑞典克朗，到了 2019 年，每位诺贝尔奖得主可获得高达 900 万瑞典克朗的奖金（相当于 650 万元人民币）。其间，基金会经历了两次世界大战，战后秩序重塑，两极格局打破，数次金融危机……

高额奖金背后，是拥有 120 年历史的诺贝尔基金会的常年成功投资。这背后折射的也正是家族资产管理的真谛，要跑赢的是一场"马拉松"而非"百米冲刺"，需练就的是耐力而不是爆发力。过去 40 多年中，中国的很多家族企业、（超）

高净值客户，积累了相当数量的财富，但这些财富怎样管理才能够在未来几十年、上百年甚至更长时间内有效保值增值？

诺贝尔奖和奖金贬值困境

诺贝尔奖是根据瑞典化学家阿尔弗雷德·贝恩哈德·诺贝尔（Alfred Bernhard Nobel）的遗嘱所设立的奖项，于 1901 年 12 月 10 日首次颁发。

诺贝尔是近代炸药的发明者，因此也获得了巨大的财富。尽管阿尔弗雷德认识到炸药的破坏力，但他同时相信这是和平的预兆。他告诉世界和平倡导者贝尔塔·冯·苏特纳男爵夫人（Bertha Von Suttner）："我的工厂可能比你们的国会更早让战争结束。（有了炸药）将出现一秒钟内歼灭对方的那一天，希望所有文明国家都能从战争中退却，并遣散他们的军队。"

但现实是诺贝尔的发明被用于战争。于是他在 1895 年 11 月 27 日于法国巴黎的瑞典—挪威人俱乐部立下遗嘱，用其遗产成立一个基金会，将基金所产生的利息每年奖给在前一年中为人类做出杰出贡献的人，以表彰其在物理学、化学、医学、经济学、文学以及世界和平等领域对社会做出的卓越贡献。1900 年，诺贝尔基金正式成立。

按照诺贝尔当初的设想，较为理想的诺贝尔奖金额应能保证一位教授 20 年不拿薪水仍能继续他的研究。1901 年的诺贝尔奖奖金数额为 15 万瑞典克朗，即相当于当时一位教授 20 年的工资。

然而此后，奖金数额不断缩水，到了 20 世纪 30 年代，诺贝尔奖奖金已只相当于 1901 年的 1/3。诺贝尔基金数额虽逐年扩大，但因瑞典克朗的数次贬值，直至 1991 年才首次超过 1901 年时的实际价值。

起底背后的"神秘基金会"和投资策略

幸运的是，这只"百年老店"基金没有墨守成规，而是通过一系列行之有效的管理手段，最终使得诺贝尔基金资产规模增长到了目前的 40 亿瑞典克朗（相当于 7 亿美元）。

换言之，如果没有诺贝尔基金会的打理，那么今天或许已经没有诺贝尔奖奖金的存在了。前文我们已经提到，诺贝尔基金会的启动资金为 3100 万瑞朗（相当于 980 万美元），而目前每年发布奖项必须支付的奖金已高达 500 万美元。

据研究，诺贝尔基金会的管理规模增长，主要来自三方面：一、基金每年投资净收益的 1/10，作为公积金继续投资；二、未分配的奖金利息；三、未分配的奖金的全部或部分。

投资净收益的剩余 90% 交给诺贝尔奖颁奖机构，其中 25% 归属于颁奖机构，留作与颁发奖金有关事宜的费用，其余 75% 成为诺贝尔奖奖金。

根据 2018 年诺贝尔基金会年报，基金会设定的投资收益预期为：通胀基础上取得每年额外 3.5% 的收益回报。

一味保守，资产曾缩水了三分之二

由于该基金会成立的目的是用于支付奖金，管理上不允许出现任何的差错。基金会成立初期，其章程中明白地确定了基金的投资范围，即限制在安全且固定收益的项目上，如银行存款、公债。

这种保本重于报酬率、安全至上的投资原则，的确是稳重的做法。但牺牲报酬率的结果是：随着每年奖金的发放与基金运作的开销，50 多年后，到 1953 年，该基金会的资产只剩下 300 多万美元，比成立之时缩水近 2/3。

主动进攻，权益类投资成为配置重点

眼见基金的资产将消耗殆尽，诺贝尔基金会的理事们意识到投资报酬率对财富积累的重要性，于是在 1953 年做出突破性的改变，更改基金管理章程，将原来只准许存放银行与买公债的策略，调整为以投资股票、房地产为主的理财观。

资产管理观念的改变扭转了基金的命运。诺贝尔基金会获得瑞典政府批准，投资范围扩大至房地产、股票市场、抵押贷款等。这是基金会投资规则的一个里程碑式的改变。

20 世纪六七十年代，如以瑞典克朗计，诺贝尔奖奖金数额的确增加了许多，但因瑞典克朗数次贬值，奖金的实际价值并未增多，诺贝尔基金的数额也是如此。

诺贝尔基金会再次升级投资多元化，将基金的股票配置份额由原来的 55% 下降到 30%，房地产投资增加到 36%，固定收入和现金占 34%。

数据显示，多元化投资策略收益显著，诺贝尔奖奖金发放额度大幅提升，在 10 年后的 1981 年实现翻倍，由 1972 年的 48 万克朗增长至 100 万克朗。从 1972 年到 1999 年，每份诺贝尔奖奖金增加了 5 倍。

巧妙解决赋税影响，进攻性进一步提升

到了 20 世纪 80 年代，股市增长迅速，基金会的资产不断增值，不动产也在不断升值。但在 1985 年，瑞典又提高了不动产税，使得基金会的收益大打折扣。

2 年后，基金会做出一项重要决定：将基金会持有的所有不动产转到一家新

成立的上市公司名下，这家公司有个有趣的名字叫"招募人"。基金会将持有的"招募人"公司股票全部出售，这正好赶在 1990 年年初瑞典金融危机爆发之前，恰好借此增加了投资收益。

2000 年 1 月 1 日，基金会的投资规则有了新的改进，允许将资产投资所得用于颁奖，而不像过去那样，用来发奖金的钱只能来自直接收入，即利息和红利。它也意味着基金会可将更高比例的资产用来投资股票，以获得更高的回报和更高的奖金数额。

综合来看，诺贝尔基金会资产管理和家族资产管理有很大相似之处，即都需要长期的、安全的、可持续的保值增值：如果为了追求安全而在管理长期资产时采用太保守的方式，那么持续性就难以保持；要想战胜通货膨胀、战争、瘟疫等恶性财富毁灭事件，权益类投资必须成为配置的重点，必须与资本市场紧密结合。

复利的价值，时间的玫瑰与财富后花园

如果我们想抓住中国未来财富增值的机会和趋势，还需要明白资产实现长期增值的基本逻辑。在现代社会，企业是创造财富的最重要载体，我们不妨从企业切入。

是否拥有正向现金流？

我们经常把企业运营比作古代行军打仗，那么行军打仗需要什么呢？古语有云："三军未动，粮草先行。"而现金流就相当于公司的粮草。

现金流管理是企业财务管理中很重要的环节，很多企业破产倒闭，并不是因为盈利能力出问题，而是因为资金链出问题了。

所以，我们评估一个企业是否有价值，首先要看这个企业能否创造长期稳定的正向现金流，特别是经营性现金流，比如工资、房租、各项税费、项目运营、商业贸易等，也可以是投资性现金流，比如炒房价差、利息、股息、其他投资回报等。

市场中有一些很有意思的投资项目，短期看其成长性似乎很好，但是现金流却非常糟糕，基本依靠消耗资本金去实现企业业务数据的发展。

此时我们需要一分为二地看。企业在成长过程中，刚开始需要资本输入的过程，所以出现负向现金流是正常的；具体到相关业务单元，如何能够从负向现金流变成正向现金流，相应的商业逻辑是否成立就变得非常关键。不可否认的是，市场中不乏比较会玩资本游戏的企业，靠讲故事可能就能够赢得资本的认可，但是这对于企业资产增值而言，风险敞口其实很大。

信用的放大速度是否匹配总资产的放大速度？

第二点，我们在评估一个企业的价值时，会考量其信用度。我们经常提到一个观点，总资产的放大速度取决于信用的放大速度。那么，高信用度有哪些体现——

是说到做到的诚信，是我们过去履行承诺的正面记录；

是在银行或别人眼里的支付能力；

是宝贵的无形资产；

是能够兑换成现金（现金能够购买有形资产并增加自己的信用）。

具体该怎么理解？这个信用度对于这个银行而言，就是愿不愿意借钱给企业。

不仅仅是说以抵押贷款的形式，而是说企业的支付能力到底怎么样，如果企业的支付能力好，银行就愿意借更多的钱给企业。此时，如果企业主本身做这个生意是能够赚钱的，再加上资金杠杆，那么最终收益可能会变得很理想。

说到底，高信用度就是说到做到，这种诚信是企业过去履行承诺的正面记录，除了银行视角，还包括供应商视角和客户视角。

所以说信用是宝贵的无形资产，会在企业资产增值中起到重要作用，投资人要选择那些信用持续向上的公司，让信用的放大速度匹配企业总资产的放大速度。

灵活使用杠杆的能力是否足够强？

第三点，企业资产的增长还与企业灵活运用杠杆的能力相关：让小资金能撬动大资金，比如少量利息能够撬动到大量资金。同时注意把握好杠杆长度，因为过长的杠杆易导致风险失控。

我们都知道银行是很赚钱的机构，为什么？除了拥有前面提到的良好正向现金流和高信用度，还有一点很关键，即银行使用信用杠杆的能力很高，1 块钱的资本金往往能做 8 块钱的生意。杠杆能放大信用，信用能兑换成现金，银行的利润自然就很好。

当然，这种杠杆不仅体现在信用杠杆方面，杠杆的种类也是很多的——专业杠杆（金融业各种中介，如证券、银行、担保公司等）、职业杠杆（品牌形象、团队协作、人际关系、社团组织等）、债务杠杆（负债融资）、融通杠杆（现金流，供应方、提供方和承接方的赊销）、有形资产杠杆（保险、基金、房产、黄金等）、无形资产杠杆（知识产权、资质等）、中介杠杆（银行中介、担保中介、房产中介）、通路杠杆（各种结算系统如支付宝、交易交换、钱换物、银企协会等）。

所以，如果企业的生意在业务逻辑上是正向的，同时能够持续产生现金流、拥有很好的信用度，能够让各界相信并愿意提供所需杠杆，那么此时运用各种杠杆的能力就会很强，企业资产的价值也能因此不断放大。

是否抓得住时间复利，即长期价值积累？

第四点，企业价值成长的关键点是时间，即复利的长期价值的积累。通常，你的正向现金流 = 本金 × （1+ 年回报率）^{n}（n 为投资年限）。

举个例子：

本金 = 存款融资 =5 万元

回报率 = 年回报率 30%

时间 = 资产累积期限 =30 年

$50000 × （1+30\%）^{30}$=1.3 亿元

正向现金流 = 回报 =1.3 亿元

5 万元本金在年回报率 30% 的渠道里 30 年后能够得到 1.3 亿元的回报。可以说，时间本质上是资本价值增长的核心动力。

企业作为一个社会的组织单元，其价值增长关键点已经非常清晰，分别是可持续的正向现金流、被人认可有信用、放大现金流的多种杠杆、能够被时间持续积累。如果我们能够理解一个企业创造财富的持续价值增长的关键点，那我们做资产配置，特别是选择资产的时候就能够更加精准。

同样的道理，在家族资产管理中要有效把握资产长期保值增值的关键点。即我们要保持的是长期资产的收益率、保值效率，以及传承的持续实现，所以这是一个长周期的计划。那么长周期的计划和短周期的有什么不同？这点可以以一个企业来举例，比如说如果我想去做一个企业，假定能够持续 30 年，希望这个企业 30 年以后可以价值 10 亿元。那我应该怎么安排工作？在第一个 10 年，我们会把企业的商业模式和品牌影响力打造好；第二个 10 年，可能是公司的高速成长期，有一个在市场当中不断崭露头角的过程；第三个 10 年，预期步入稳健发展期……如果我没有这样一个 30 年规划，那么我做企业或许能赚到一些钱，但肯定做不大。

大家经常会听到一个词叫时间的玫瑰。当我们方向正确、道路正确的时候，一切会持续积累。一如巴菲特说的，我们需要做的就是找到长且潮湿的雪坡持续滚雪球，这也道出了家族资产管理的真谛。所以富人们通常的状态是，坐在自家的后花园看着财富的小草慢慢地成长。

财富要实现长期增值靠的是时间的积累。所谓财不入急门，财富增值的动因包括体能、资源、机会、能力、知识、方法、经验、视野、直觉等中的一项或者多项因子。举个例子，在国内，很多人因为购买房产赚了大钱。在房产过去 15 年的价值增长的过程中，有些价值是无法提前预知的，比如说 2009 年的"四万亿"带来了房产的一波涨势。再比如你早年买了上海郊区的房子，彼时周边很可能是一片荒地，但是今天或已是繁华的都市圈。这类增长不是一两天实现的，而是靠时间去积累的，收益来源于长期的持有（需求增长、价值的增值、金融放水带来的增值、估值的增值）。金融的核心就是复利，我们想要让自己的资产实现长期增值，就要相信时间的力量，即通过资本的长期积累，然后加成得到一个不错的结果。

把握趋势：未来是中国时间与中国机会

家族与国家的关系

人是社会动物，需要组织、机构和适合的集体。家族组织自然而然地出现了。家族扩大到叔、姑、舅、姨、堂兄弟姐妹和表兄弟姐妹等，在人类历史的大部分时间内是最重要的组织结构。也正是家族满足了我们大部分的欲望和需求，从住所到食物、衣服、娱乐、伴侣，等等。家族控制着生产工具，生产活动在家族内部进行，只有求偶活动通常是在家族之外进行的。

《旧约全书》（*The Old Testament*）叙述的大部分是家族的故事。即使今天，爱尔兰议会第一大政党爱尔兰统一党（英语：Fine Gael，直译为"家庭"）也被称作"盖尔人的家族"。

随着社会福利民族国家的兴起，家族的重要性有所减弱。现代政府的承诺是要照顾公民，即无论你来自什么样的家族，你都能和其他公民平等。你能够平等地使用公共交通，享受公共教育，获得工作机会，最终实现幸福生活。

国家与财富的故事

国家与科学、资本的结合，助推经济的快速发展。举个例子，比如关于地球距离太阳有多远这个问题，早年许多天文学家想方设法寻求答案，却苦于差异极大无法达成共识，直到英国皇家学会出资派出由科学家、航海家等组成的团队在塔西提观察到金星凌日等才有了定论。国家的支持让很多科学发展得以快速推进，当代韩国的三星电子和中国的一些巨大发展都是在国家支持下集中资源办大事的成果。

这里需要特别说一点，古代中国和波斯也不缺乏技术和科学，但近代经济发展却不快，其主要原因是缺乏西方国家在科学发展的过程中形成的价值观、司法系统和社会政治结构。

这些结构使得西方科技的发展，能够更好地借助社会的资源和力量，让持有资本的人相信未来，基于有效的体系进行高效能的资本整合，从而让科学得到更好发展。

如今，中国也已经能够很好地运用资本市场的资源汇聚能力，比如开篇提到的科创板。重视科技研发，提升能力，通过建立良性的资本市场汇聚资源，加之以国家力量扶持基础性产业发展，再加上全球最有潜力的巨大市场，中国机会呼之欲出。

绕不开的中美关系

20世纪是美国的时代。二战结束时，美国的GDP已经占全球的50%，随着苏联的解体，美国已经成为不折不扣的全球霸主。但到了全球经济一体化40年后的今天，正如美国战略家布热津斯基所言，美国面临诸多问题和挑战：

第一，美国日益庞大且最终不可持续的国债，目前约为其GDP的60%多，历史上盛极一时的罗马帝国和大不列颠王国就是因为财政危机而衰败的。

第二，不健全的金融制度是美国面临的一个严重问题，比如平均每10年就可能发生一次大危机。美国金融的高风险和不顾后果的扩张及其造成的道德风险，其实会加剧美国的社会困局。

第三，美国的阶层固化、收入差距扩大长期威胁着社会共识和民主稳定性，而这两条是支持美国有效外交的基本条件。举个例子，根据美国联邦储备局公布的数据，从家庭的年收入来看， 1980 年最底层的 40% 的家庭拥有 14.4% 的全国总收入，最富有的 5% 家庭拥有 16.5% 的全国总收入。20 多年过去，2007 年，最底层的 50% 家庭拥有 2.5% 的社会财富，最富有的 1% 的家庭拥有 33.8% 的社会财富。同期，任教北京师范大学的李实教授在 2009 年的一项调查指出，中国 10% 的家庭掌握了 41.4% 的财富，最贫穷的 50% 拥有 14.4%，财富集中度相对低于美国。

第四，美国日益老化的国家基础设施，2009 年美国土木工程师协会将美国的基础设施整体状况评为最低的 D，飞机 D，铁路公路 D-，能源 D+。可靠的基础设施在对经济效率提高和经济增长具有重要意义的同时，也代表着一个国家的总体活力。对比中国，不仅有高铁、高速公路、机场，还有网络、支付、信息高速公路等，均处于领先优势。

第五，美国公众缺乏对世界的认知和了解，2006 年一份针对美国青年人的调查发现，63% 的人在中东地图上找不到伊拉克，75% 的人找不到伊朗，88% 的人找不到阿富汗，而这些地区美国正在以高昂的代价进行军事参与。美国除了五大主流媒体外，地方性媒体和电视台的国际时事报道很少，长此以往，这种普遍的无知可能很容易导致公众面对煽动时产生不必要的担心，公众的无知也会导致在美国把问题简单化的极端主义观点会更受欢迎而不是对多样化的理解。

第六，美国内部对立日趋严重，党派性越来越强的政治制度，传媒中越来越多针锋相对的政治辩论，让不明真相的人们更容易受到煽动，严重依赖竞选资金的政治制度越来越容易被资金充足的利益集团影响。这些问题如果不能被有效改善，都会让美国走向衰落。

21 世纪是中国的世纪。中国是未来的潮流，这并不是一个梦想或虚妄，如果不出现大的意外，中国会在全球经济、军事和政治等方面成为美国的主要竞争对手，因为中国以打破平均主义和追求物质财富为动力的现代化进程，对很多国家来说已经成为一种具有吸引力的模式。但我们也要看到，美国的总体经济实力、创新潜力、人口活力、民众响应力、民主吸引力和地理基础的优势依然非常强劲，更要认识到以美国国内的治理结构为基础构建的全球军事、政治、经济和科技的管理框架依然是美国意识的具体体现。

简言之，中美无论是要竞争还是竞合，都不可能一方消灭另一方。在国际上美国最头疼的是中东文化、利益、民族冲突的复杂格局，视中国为其全球战略伙伴的利益远远大于视为竞争对手的价值。

认识到这些，就无须对中美博弈过于担心，论战、摩擦、挤兑、泼脏水等西方常用的政治手段一样都不会少，归根结底是争取利益，聪明的美国知道什么是他们的最大利益。作为投资人，好好规划财富，投资于未来中国经济发展，把握核心趋势，实现现有资产增值，才是更有意义的布局！

未来是中国时间，我们如何投资？

先看一个案例。西半球古老的穆里耶兹家族的成功告诉我们：家门口的市场（Home market）是他们的根。虽然他们拥有欧洲最大的平价购物中心，在法国拥有巨大家业，但他们的成功模型和"石油大王"约翰·戴维森·洛克菲勒（John Davison Rockefeller）一样——早上班，晚下班，专注于本地事业。世界上 90% 的经验和教训证明，离开了祖国的根，转移资产于异国他乡，财富和事业将是无本之木。今天，我们都知道世界 500 强，但可能还不熟悉许多像穆里耶兹这样很少在公众视线中出现的大公司、好企业。所以，对中国（超）高净值人士和富裕家族而言，中国市场，我们的根，需要好好珍惜。一方面，中国市场本身有巨大的成长性，相比全球是最大的增值市场；另一方面，中国（超）高净值人士和富裕家族相比市场上其他投资人有文化优势，熟悉制度和行事规则，是中国社会的主流群体，可以获得更多的机会和认可，也更容易看懂风险和机会。

但是最近几年和很多（超）高净值人士沟通，听到的大多是悲观的判断，比如企业成本不断提升、市场竞争压力大、外部订单越来越难、人工工资高、房租高、资金成本高、行业前景不佳，以及在投资这条道路上经历了各种跑路、各种暴雷……

我也和诸多的资产管理人、投资管理人、创业者沟通，听到的则是庞大的市场机会、勤奋有素质的创业者、充裕的资本、各种整合并购发展的空间，以及海外优秀模式的中国版本、每年高速的成长，等等。

正如这次疫情，一些企业减员、减薪、破产、倒闭，哀号一片，一些企业则是订单接不过来、人员加班不止、公司股价创新高——这就是中国企业的现状，一半是海水，一半是火焰。

所以，关键是我们的（超）高净值人士的财富布局在哪个领域，是否真的做了合理配置。

下面是一些预判，来自知名的资产管理人和我们的研究团队，供大家参考：

家族资产管理是一场"马拉松"而非"百米冲刺"，比的是耐力而不是爆发力。获得长期持续的财富增值的成功要点，是把握历史性的趋势机会和关键要素，即市场大需求、科技领先、资本加持、国家支持、社会治理稳定、行业发展阶段、企业成功要素齐备等。具体来说也就是**选择中国市场是财富增值核心，坚定地相信中国的未来与发展，投资于中国高成长行业和能够支持中国成为世界强国的领**

域，建立或聘用专业的大类资产配置与管理团队，配置于不同行业适合的投资阶段。比如：

· 大消费行业的龙头和垄断寡头；

· 新科技（信息科技、生物医药、硬科技）等新型行业的组合配置；

· 互联网、5G、人工智能、云、电动智能汽车等领域及其价值链都发展空间巨大；

· 生物医药行业的医疗服务、医疗器械同样在快速成长与发展；

· 行业兼并重组，效率整合，专业提升，toB 业务或迎来更多新机会；

· 房地产行业精细化管理是趋势，把握新基建的阶段性机会和存量时代整体机会。

深度思考：如何重仓中国？

在本章中我们紧接前文，一起来看看趋势这个话题。反思历史、思考未来是一件很重要的事情，因为如果我们只看事物的表象，只关注当下的信息，有可能收到的大多是噪声。

在中国市场，每一年，你都可以找出许多的市场负面因素，总是可以找到拒绝投资的理由。但在每一个时点，也总是有人选择了乐观和进取。如果今天是1989 年下半年，你会做出怎样的判断？如果今天是 2008 年，你会做出怎样的决定？站在 2020 年，国内移动互联网时代大潮似乎已近尾声，硬科技、人工智能、智能汽车、产业互联网、5G、创新药等，一浪又一浪，该如何选择？这让我想起了当年在平安—麦肯锡项目结束后的一个内部创业项目。

20年前，我有幸成为中国第一批一站式互联网综合金融服务的实践者。2000年10月18日，《人民日报》华南新闻版块的一则新闻在今天看来，极具开创意义。

有关统计表明，非专业理财的家庭90％以上存在财务不合理问题。随着我国经济的快速发展，专业化的个人投资和理财已成趋势。PA18（平安2000年启用的一站式综合理财网站）改变了传统个人理财与金融相互分割的局面，其开放式结构涵盖证券、保险、银行交易等业务，改变了以往金融系统中不同行业提供单一网上服务的做法，使人们免去奔波于银行、证券、保险公司等各种不同金融机构和理财投资顾问之间的辛苦，安坐家中就能完成从炒股到查询保单、从银行转账到个人投资理财的各个环节。专家指出，这一网站的出现，在国内是一个很大胆而又被看好的尝试，甚至可能成为一种新的社会风尚。

平安电子商务总裁张子欣指出，现在网上证券交易得到政策的支持及广大网民的接受；而且，传统保险营销和服务方式存在许多明显缺陷，用电子商务这种现代化手段可对此加以弥补，还可为传统经营、服务、宣传方式增添更多的途径。他认为，紧密结合平安产、寿、证、信四大主业和在线服务的1500万客户正是PA18的意义所在。[1]

PA18是中国平安互联网金融科技的第一次重型努力，其核心理念：为客户提供一个集银行、证券、保险、信托、理财顾问和诸多增值服务为一体的综合性金融服务平台，将"新理财"体验带给需要金融服务的千家万户。

2000年，为期3年的平安—麦肯锡项目完美收官。彼时互联网热潮和泡沫"交相辉映"，但在每一个时点总有人选择乐观和进取。参与项目的多位麦肯锡项目

---

[1] 梁红：《平安集团推出一站式金融服务网》，《人民日报》，2000年10月18日第三版。

方成员选择加盟平安，于是，工作组成员和离开麦肯锡的人一同创建了上述新闻稿中的 PA18（平安于 2000 年启用的一站式综合理财网站），而我再次成为其中的重要一员。这是一件令人兴奋的事情，特别前卫又顺理成章。

在 2000 年做互联网金融，放眼当时整个中国金融市场，这都是非常前沿的，因为完全没有基础环境。但是在我们自己来看，这件事情其实又是顺理成章的。平安从 1997 年起，设定的目标就是建设成为中国领先的综合性金融服务集团，所以创立互联网金融服务网站时要做的就是让综合金融服务的各种业务形态搭上互联网新技术的快车。

回头看，作为中国第一批做互联网综合金融服务的人，在互联网金融服务的具体落地过程中，我们做了很多创新。比如没有支付系统怎么办？我们从平安证券入手，从银行拉专线建立专门的支付系统，并在此基础上开展银行保险业务，特别是让平安叱咤车险业的集车辆定损、配件价格、线上赔付于一体的车险系统，使赔付效率和客户服务品质都得以大大提升。比如没有物流系统怎么办？我们通过平安的寿险业务员建立起保单物流服务，虽然网上的订单来自天南海北，但依然能够迅速递送到客户手中。再比如如何进行差异化竞争？我们开发了一年期 100 元保 20 万元的个人网上航空意外险保单，以替代以前每次飞行前交 20 元的航空意外险。

让人记忆深刻的是，当时为了做网上保险，我们开发系统、报保监会审批开发新产品、做市场推广、指定网下送单政策等，花了很大力但业务始终不见大起色，直到 2004 年迎来转折。当时一架从内蒙古包头飞往上海的飞机在起飞后不久发生事故，事件影响很大，新浪和搜狐都专门设立了空难专区，并做了一个链接入口："保障您家人的安全，航空意外险，一次交 100 元全年无限次航空保险 20 万元保额……"业务因为很多人保险意识的加强迎来了井喷式发展。从这个事件当中我们深刻地体会到机会总是奖励给做好准备的人的。

早在 1997 年，平安内部就提出"建成综合性金融服务集团"，而当时金融行业其实还处在严格的分业监管的环境中。直到 2003 年，PA18 推出的第 3 年，随着海外金融混业经营大潮的风起云涌，国内金融混业经营、金融深化、金融创新的趋势才日渐明朗，而真正的制度落地是在 2018 年，《国务院机构改革方案》出炉，银监会、保监会合并为银保监会，混业监管的时代才真正意义上到来。从这个角度看，平安已经提前 20 年做好了准备。我们要看到监管的挑战、政策法规的挑战、市场的挑战，更要看清趋势并坚定走下去。

2014 年我做优脉·家族办公室联盟，也是基于同样的思考。在 2014 年的时候做一个家族资产管理专业服务平台，这在很多人看来是非常早期的一件事情，因为当时国内遍地都是销售型的财富公司，遑论真正买方定位的家族办公室。

我们能有多少客户？我们怎么生存与发展？当时我们的想法是应该跟这个业态一起成长，我们要在这个过程当中理解家族办公室的成长与失败，以及所面临的各种各样的问题与挑战，所以会有先期投入。但只要我们坚持在正确的道路上前行，至于如何服务家族办公室、提供什么样的家族资产管理解决方案，这些问题的应对措施都会在时间的年轮下被有效打磨，且打磨得越来越好。

我们相信有一天基于买方定位的家族办公室会成为财富管理行业高端服务市场的主流，我们希望自己就是准备得最充分、最能服务他们的那个机构。6 年时间过去，事实证明经过新一轮经济周期之后，整个行业优胜劣汰，很多伪家族办公室已经相继被清理出行业。我们在这个过程中积累了丰富的知识经验，团队变得越来越成熟，更重要的是在过去 6 年时间里，我们的思路（比如资产筛选方面）都被有效践行，并取得了很不错的成绩，几乎避开了所有的坑。在这个细分领域，我们基本上没看到同类型的平台。我们也相信会有这样一天——越来越多的家族意识到需要建立自己的家族办公室，越来越多的资深理财师、银行行长、券商营业部主任会创建自己的财富办公室，而我们就是他们非常可靠的、经过时间验证的专业服务支持平台。

本章观点

财富增值是家族财富管理的第二个重要目标。把握发展趋势、保持理性乐观的态度是获得成功的基础，而实操的关键是找到趋势演进的深层次动因，如对中国经济未来几十年大概率会如何发展有明确的判断：

● 人类历史发展的研究成果揭示了财富创造的更深层次动因是市场经济与科技发展。人类的万年文明历史中，近 500 年才开始的科技文明让我们相信，只要不断地探索就能够找到更好的方式去获得想要的生活和财富。

● 作为一名理性的乐观者，我相信未来中国经济大概率会迎来长期可持续的发展，这是基于经济成长的驱动因素评估而得出的——自由交换的大市场、科技的发展及资本资源的有效获取。在中国，市场得到进一步开放，且国家更加重视科技发展，资本更加充裕。在这样的大环境下，资产实现增值的概率得到大大提升。

● 我们无须对中美博弈过于担心，中美无论是竞争还是合作，都不可能一方消灭另一方，而且有很多的国际事务和彼此内部诉求需要中美两国相互配合。如何规划财富，如何利用金融工具去更加科学地把资产从成长性不高的传统行业转移到未来更具成长性的新兴行业，从而分享中国未来经济成长的红利，实现现有资产增值，才是更有意义的思考。

05 富不过三代?
——为什么五千年文明传承的家国难以传承财富

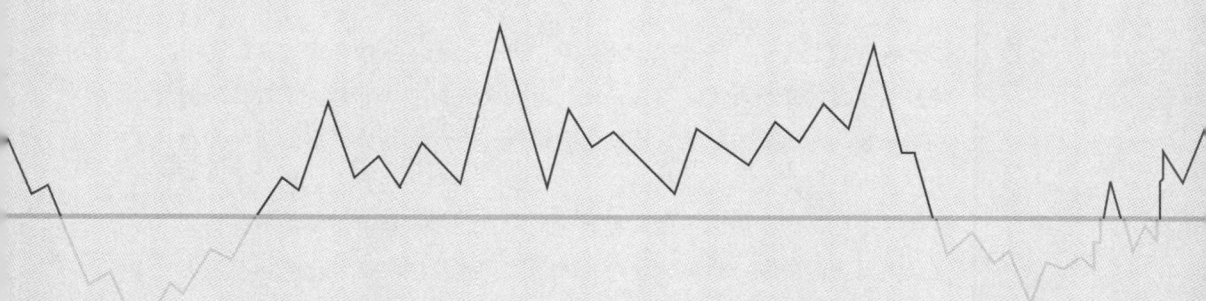

"木秀于林，风必摧之"，比获得更艰难的是守护。每一个伟大的家族，传世几百年甚至更久，承受数百年的时代变迁、朝代更迭而依然屹立不动，这依赖的是内部独特的价值观、充分的耐心，以及远见与智慧。

中文有一个很有意思的词叫"名门望族"，特指有财富、有地位、有文化的家族。中国传统文化讲"耕读传家"。"耕"指创造财富，"读"指传承文化。"耕"而创造了巨大财富，"读"而有见识、有成就。这样的家族有财富、地位、文化而成为名门望族。而且，作为家族就不能仅仅传一代人，而是要传承若干代。通常我们讲述某家族的家族史，需要讲清楚这个家族一代一代人所做出的贡献，以及各代之间在财富和文化上的传承。换言之，家族精神文化的传承是灵魂，家族财富的传承是基础。

先来看精神文化的传承。一个家族，历经世代开枝散叶，后代子孙无论是涉足商道巧手经营，还是跻身政坛大展雄才，抑或饱读诗书满腹经纶，激励其成长发展的都是一脉相承的家族内在精神和文化共识，或者是一种信念，一种家族的共同意识。一旦这种信念在家人之间形成，就会在潜移默化中成为一个家族的特质，并以一种隐而不见的方式影响着后来人。

再来看财富的传承。所谓"道德传家，十代以上，耕读传家次之，诗书传家又次之，富贵传家，不过三代"。如果进行逆向思考，重视传承的中国家族，对比西方社会，特别是在近代，为什么家族财富的代际传承如此艰难？这其实是一个值得探究的话题。特别是在当今的中国，改革开放多年后，个人能够合法地拥有巨额财富，"家族财富"的概念再次兴起。财富的弄潮儿也开始思考、筹划如何将这些财富世代传承下去，这个话题在今天更有现实的意义。财富的创造、管理和传承，是不同人生不同阶段的修行，无论是创富一代还是继承者，都需要对财富传承有更深刻的认知和理解。

跨越百年，我（们）和祖父在大时代里的连接

我和祖父没有见过面，但他似乎在影响着我所有重要的决定，帮助我在艰难时刻做出正确的决策，冥冥之中的纽带是家族文化与精神的认知和传承。

我是祖父的长孙，在我出生之前的应姓第三代都是姐姐。1967 年 1 月祖父去世，10 月我出生，也许冥冥中我和祖父就有了联系。1966 年"文革"开始，祖父被批斗，那时母亲在山东，父亲跟随单位组织南下串联，因为祖父的离世，他们才有机会在最后奔丧的时候相聚。那是一个万马齐喑的时代。

我是从 1978 年祖父平反的那年，才慢慢开始有"爷爷"的概念的。而我对爷爷的第一个印象来自中国第一部《辞海》，我当时翻到"应……应云卫"。年少的我有了一个懵懂的初印象，既然能被收录进辞典，祖父一定是个挺了不起的人，我有些莫名的自豪感，似乎爷爷的成就就是我的成就一般。

1982 年，我跟随父母回到杭州。那年春节是我记忆中第一次到上海过年，在祖父当年的旧居瑞金二路 26 号的别墅里见到了热情开朗的姑姑、美丽博学的姐姐及其他应氏亲戚。他们都非常热情，拥抱着欢迎我这个十来年没有谋面的在山东偏远县城长大的土土的"应家长孙"，许多我叫不出名字的长辈都很感叹地说"和

爷爷长得真像""要是爷爷还在，能看到你就好了"之类的话。而我也在这些话语中有了要努力学习，长大可以像姐姐们一样优秀的心愿（在此之前的我都沉浸在无忧无虑的玩乐中，到杭州后我的学业有了很大的进步，父母还以为只是杭州的教育环境比较好），莫名地拥有了不能辱没"应家长孙"这个名号的内在驱动力和荣誉感。

1984 年，祖父诞辰 80 周年，北京、上海、杭州各地举行纪念活动，夏衍等众多名人云集，张瑞芳、秦怡、李天济等一大批老艺术家以及应氏家族所有成员大聚会。各支各脉的应家亲戚相聚。此后，每隔 10 年，社会各界都会举办祖父的诞辰纪念，从 1994 年在宁波老家举办的诞辰 90 周年纪念会，到 2004 年在上海举行的盛大的诞辰 100 周年纪念会，再到 2014 年举办的诞辰 110 周年专场演出纪念活动。而每一次纪念活动的举办时刻，除了汇聚了文艺界的贤达人士，也成了海内外应家所有家族成员的相聚时刻。

多年来，很多人纪念他，讲述他的故事，除了 10 年一大会，更有以他的名字命名的重庆云卫剧场，有以他的经历为原型的《戏剧春秋》的话剧演出。各种出版物和纪念文章也时常刊登。有很长一段时间，我都在思考："为什么有这么多人持续地纪念他？"后来我慢慢明白了：**人们不仅是在纪念名人、老友、前辈和亲人，更是在纪念一个曾经奋斗的时代，以及在共同奋斗中展现出来的值得人们传承的精神和文化特质，人们希望这些精神和文化通过这样的纪念活动影响一代又一代的后人，比如乐观、努力、平等。**中国家族文化与精神的传承可见一斑。

70 多年前《戏剧春秋》作者们的献辞或许能补充说明一二（见图 5-1）。

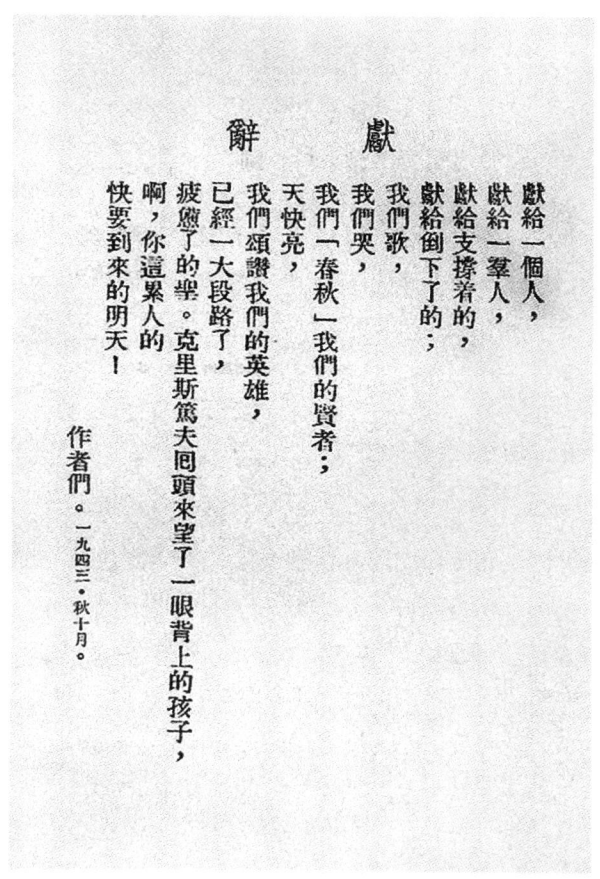

獻辭

獻給一個人，
獻給一羣人，
獻給支撐著的，
獻給倒下了的；
我們歌，
我們哭，
我們「春秋」我們的賢者；
天快亮，
我們頌讚我們的英雄，
已經一大段路了，
疲憊了的罷。克里斯篤夫回頭來望了一眼背上的孩子，
啊，你這累人的
快要到來的明天！

作者們。一九四三·秋十月。

图 5-1　《戏剧春秋》作者们的献辞

（注："作者们"即夏衍、朱之的、于伶，出自剧本《戏剧春秋》，1943 年重庆版）

献给一个人，

献给一群人，

献给支撑着的，

献给倒下了的；

> 我们歌，
>
> 我们哭，
>
> 我们"春秋"我们的贤者；
>
> 天快亮，
>
> 我们颂赞我们的英雄，
>
> 已经一大段路了，
>
> 疲惫了的圣·克里斯笃夫回头来望了一眼背上的孩子，
>
> 啊，你这累人的
>
> 快要到来的明天！

抗战期间祖父创立和领导的民办话剧团体"中华剧艺社"是非常有影响力的进步艺术团体，秦怡是他亲手发掘和培养的"中艺"主要演员，亲如家人。秦怡也曾讲述过很多生动的故事。比如当年中华剧艺社在重庆生活艰难，一次她和我祖母去买些肉"打牙祭"，回来的路上摔了一跤，肉掉到地上，她不舍得便将肉捡起来，回到住处弄干净好不容易做成红烧肉，还没吃呢就警报长鸣日机轰炸，等日本人飞机走了，他们跑去看，那碗红烧肉已经在一层灰垢之中了。

其实完全可以想象当年祖父在重庆筹备抗日戏剧的状态，国民党特务滋事，地方流氓叨扰，剧团完全靠自己生存，演出进步戏剧。而一个已经在上海闯出了名堂的大导演能做出这样的选择，其背后应该是乐观精神的支撑，是民族复兴的正义感支持，是对戏剧本身的热爱和坚持，才让祖父在面临压力和挑战时一直能毫不犹豫地在选定的道路上走下去吧。

我母亲曾经多次给我描述她第一次见到我祖父的情形。她是学话剧的，在她眼里，应云卫更是大师一样的存在。第一次见面时，却是大师主动迎上来，如此平易近人，让她这个学生、这个儿媳妇倍感亲切。我父亲也多次提过这个相遇场景，1965 年夏，他和母亲从山东到上海去看望祖父，祖父非常高兴，竟然守着刚进门的新媳妇欢呼雀跃："阿拉大白有滋老婆嘞！（我们大白有媳妇了！）"真像一个可爱的"老小孩"。临别之际，祖父还特地嘱咐父亲不要欺负母亲。其实当时祖父已经因为《智取威虎山》的拍摄而接受过批判，但依然那样的乐观、从容，力所能及地指导年轻的同行晚辈，记挂并关爱自己的家人。

在这方面，父亲也一直是我的榜样，他人生中最风华正茂的阶段都在压抑的环境下，但是他想得明白、过得明白，始终保持着乐观豁达的心态。

1949 年，父亲跟随祖父一起进京参加全国文代会，在周恩来总理的安排下进入高干子弟集中的华北中学读书。尽管远离父母，其间还得了肺病，父亲还是以优异的成绩被保送进入北京师范大学。毕业后服从分配到山东师范学院任哲学老师。

为什么说父亲天性乐观？在山东的这段时间，也是对家族影响深远的"文革"时期。父亲在风华正茂之年也经历重重考验，下放农村锻炼，在运动中受到批判，取消教师资格到资料室任资料员，到"五七"干校养猪班当饲料员。如此家族压力和个人际遇下，父亲却依然让我拥有快乐无忧的童年时光，父亲在家里没有打骂过顽皮的我们，记忆中都是欢声笑语。我们生活在校园、农场这样一个大自然游乐场，打游戏、叠三角、拾麦穗、摘茄子是我们的日常，没有功课的压迫，没有压抑的家庭氛围，除了时常被母亲提醒向隔壁小芳学习，没有感受到"黑五类"的歧视和压抑。

也非常感谢父亲关于家庭的一个重要选择。1978 年祖父获得平反，父亲也得以回到大学教师的工作岗位，当时他面临两个选择，一个是回到济南他此前任教的山东师范学院，一个是回到我外婆所在地的杭州师范学院。父亲选择了后者，我也因此获得了相对更优质的受教育环境，和自己祖上的根也离得更近了。

回到杭州后，父亲为了更好地重拾教鞭，每天晚上都会看书到很晚。他是教授欧洲哲学史的老师，有着很强的平等思想和思辨精神，随着我们两兄弟渐渐长大，家里互相探讨的氛围愈发浓厚。我记得中学那会儿，同学们都很喜欢来我家，喜欢我家轻松的氛围。

这一点也传承到我自己的小家——我们在孩子的发展问题上继承家族传统，尊重每个人的选择，开放平等地分析和讨论，让她自己为自己的未来做出决策。人生路上没有绝对的对与错，孩子的幸福感与她人生广度和宽度的不断增长相关，她可以去尝试自己想做的，即使走与别人不同的路也无妨，说不定还能收获更多的意外之喜。

从祖辈到父辈再到我们，家里的饭桌经常就是"辩论场"，大家聊着各自的工作、身边趣事、思考和观点，彼此接纳，兼收并蓄，达成共识。

这和家族资产管理过程倒是有异曲同工之妙。比如每一个家族关于自己家族资产的管理和分配其实都有着自己的观点，不一定完全正确有时甚至是完全错误的。此时作为专业服务机构的做法应该是什么——以专业姿态一本正经地让家族按照自己的建议走？更好的做法是，允许机构与家族双方各有观点，然后双方进行充分讨论，进行开放式倾听，引导家族接受更加正确合理的配置建议，逐渐建立起充分理解和互相信任的长期合作关系。

应氏家训：每个人都有自己的使命

2004 年 9 月，应云卫诞辰 100 周年，应氏后人多年筹划的祖父祖母墓地完工，家族成员齐聚一堂举行盛大的祭奠仪式，接骨灰相关事宜由我负责。当天我一早开车前往龙华革命公墓，在龙华公墓陈列馆鞠躬行礼后手捧骨灰的那一刻，我感觉就像在搀扶一位老人出屋，与祖父他老人家的距离是如此之近，如此至亲，即使我从未见过他老人家。

从龙华到青浦一个多小时的车程，平时不开车的我将车开得很稳很顺，就怕颠着他，似乎爷爷就坐在副驾驶位置上，满心欢喜、满脸笑容地看着我。我轻声告诉他要载着他老人家去一个新家，这新家是我们应家后辈集体努力多年建成的。在那里，房屋装饰精美，奶奶在等着他，周边绿树如荫，街坊邻里都是他年轻时的老朋友、好伙伴。一路上我在心里和祖父就这样交流着，仿佛他一直在静静地听着、听着，恍然间就到了福寿园。回到现实的我好生感叹，人走了，其实还"活着"，他怎么就这么真切地在我身边呢！

与祖父的这一次亲密"接触"让我印象深刻，一个和你完全没有物理接触的人，会有如此的心灵感应，事实上他的很多做法和选择也已经深深地影响了应家儿女和子孙后代，即使没有谋过面，我却觉得其实很多自己的人生选择都受到他的影响和鼓励，并且这种精神力量会在困难时支持着我去耕耘和坚持。

现在知道应云卫的人可能不算多，但他编导的电影《桃李劫》的主题曲《毕业歌》传唱至今，《八百壮士》《追鱼》等都是中国电影史上的重要作品。他是我国早期著名电影导演和戏剧活动家，曾担任南京戏剧学校教务长。他的一生可以说是为国家命运而创作的一生。

祖父应云卫曾在《战斗的戏剧》一文的原稿中写道："民族存亡之时，剧人不应该不制不作，剧团也应该深入民间，成为帮助民族之剧团……"

正如我们大家族的共识："面对社会发展，每个人都有自己的使命，不要被名利所困。"这是祖父给我们大家庭留下的最大财富。

我曾在前文介绍过，祖父幼时丧父，后在洋行学徒，并成为船运公司高级职员。但因为对戏剧的痴迷，他毅然放弃优厚的生活条件，转而从事戏剧和电影行业。其间，在进步人士的影响下，他成为左翼戏剧家联盟成员，积极投身爱国戏剧运动，1933 年导演并组织演出的《怒吼吧！中国》就是一部大型反帝斗争戏剧。

全面抗战刚爆发时，祖父离家担任救亡演剧队[①]第三、四队总队长，把孩子们留在上海，却因贫病交加不幸失去一儿一女。他在《谈抗战八年来的剧团组织》一文中写道："在文盲遍地的中国，文学的宣传和理论的讲说都不如戏剧容易被大众接受，都不及戏剧收效显著……我们要拿戏剧和我们最大的敌人战斗。"

当年在重庆的中华剧艺社，我父亲也跟随在祖父身边，是"中艺"的免费御用小演员。听父亲说，祖父忙于进步戏剧和电影，甚至为了事业而含辛茹苦典当借债时，他在洋行的同事们却过着灯红酒绿的生活。他在 1935 年参加朋友家聚会时，在签名本上写道：多拍粗臂，少拍大腿。

一直以来，在祖父的世界里，用戏剧唤醒大众抗日、保家卫国，似乎就是他的使命。可能是受了祖父的影响，父亲、伯伯和姑姑们都投入自己喜欢的工作，而非彼时热门的行当，在这个大家庭中，有从事医学的、文学的、科学的、哲学的、企业的，每个人都有自己的选择。

我的大伯应大明是新华医院知名血液肿瘤专家，为人谦和、专注，60 年从医，攻克儿童血液肿瘤治疗难题。我国首例儿童骨髓移植就是由应大明和其同事们共同完成的。家里家外、事事沧桑，但他从来乐观以待，在工作上他一直坚持出诊，直到 84 岁高龄才算真正开始"享受"退休生活。

值得一提的是，文艺界曾是十年浩劫的重灾区之一。我一直记得大伯在祖父

---

① 抗日演剧团体，全称为上海话剧界救亡协会战时演剧队。

诞辰百年时写下的一段文字：

"十年'文革'是我们应家祖孙三代都极为艰难的时期。所幸在党的正确政策指引下，在领导的关心下，我们全家随着父亲被平反昭雪而均在政治上得到解放，在工作上得到发展。在从'阶级斗争为纲'转到'发展社会主义经济'的大好形势下，我们活着的应云卫的第二代子女都得到发挥自己才能的机会，现在都在幸福地安度晚年，而他的第三代儿孙也已经生长在幸福的年代，已经开始忘记了什么是'文革'，什么是'批斗'。他们都已在学业、工作、生活各方面得到长足的发展，完全可以告慰他们的祖父（外祖父）。"

如今，应家的儿女都有了自己的发展，在各自的事业中兢兢业业、努力工作，且各自都颇有成就，他们之所以有这些发展，一是中国社会环境的变化为其提供了前提条件，二就是家族的文化和精神要素在激励着他们。在我的认知里，我的伯伯姑姑、哥哥姐姐们从来没想过依靠家里获得些什么，所谓"承蒙祖荫"，我想这或许是因为他们都学到了祖辈的内在力量，大家在各自热爱的领域努力耕耘。每一代人都有自己的成绩，像祖父一样乐观，在日常生活和工作中与人为善。尽管大家平时可能散落在天南海北，社会观点也未必完全一致，但每次聚在一起时，都能懂得彼此，且不受时间和空间的影响。这可能与我们秉持的思想、教育、价值观等家族文化比较一致有关。

我的工作是家族财富管理，其中非常重要的一个领域是家族传承，特别是家族精神和文化的传承，应氏家族的经历让我深刻理解，家族后代继承到先人的内在力量（精神和文化特质）在新的历史阶段可以更好地面对复杂变化的环境和挑战，这是家族传承中最重要的部分。

东西方智慧共识：最好的传承是家族精神和文化的传承

著名作家马伯庸曾写过这样一段话：一个家族的传承就像是一件上好的古董。传承历经许多人的呵护与打磨，在漫长岁月中悄无声息地积淀，慢慢地，便也如同古玩一样，会裹着一层幽邃圆熟的包浆，沉静温润，散发着古老的气息。古董有形，传承无质，它看不见，摸不到，却渗透到家族每一个后代的骨血中，成为家族成员之间的精神纽带，甚至成为他们的性格乃至命运的一部分。

树有根，水有源；人有祖，知渊源。一个家族兴盛壮大、真正惠及子孙后代，最为重要的因素就是家族文化。把良好的家风传承下去，子孙后代才能因此受益。家族文化不仅仅见证人们耕读传家，它更是一种生生不息的精神，它包括价值观、创新、勇气等多方面、深层次的思维观念和生活方式，它是基业长青、永续的关键性因素和灵魂指导，它是一个家族引以为傲，并值得世代传承的珍宝。

传统中国，家国一体。"家"是缩小的"国"，"国"即放大的"家"，因此，家文化也在岁月的积淀中自然而然地成为中华文化的重要内容。

我非常认同一个观点：家文化是中国文化的基因。家族就像一架桥梁，一头连接古代，一头延伸到今天，给我们提供了很多可以身体力行的线索。而家族文化则告诉我们一个家族怎么在当代社会中面对挑战从容应对，如何相互支持共同成长。

以家风为代表的家族文化不是一蹴而就的，而是家族绵延不断的教育形成的家庭风气。中央电视台曾专门拍过一部纪录片《家风》，从清代曾国藩的家风讲起，接着跨越到南北朝，追溯中国最早且有完整文字记载的家训——《颜氏家训》。

颜氏家族把"读书做人"作为家风的核心，把"先居家尽孝，才能为国尽忠"作为家风的要义。接着讲述的《钱氏家训》《朱子家训》一脉相承，"读书报国"的家风成就了钱氏家族。"读书修身"成了新叶村民的最高理想境界。在共性家风文化的影响下，每个家族又有其鲜明的家风特征。

以曾国藩家族为例，其家风文化的核心是勤与俭。曾国藩家书中出现最多的两个字就"勤"与"俭"，他留下的十六字箴言"家俭则兴，人勤则健；能勤能俭，永不贫贱"，成为曾家突出的家风文化。两百多年来，自曾国藩以下八代人中无一"败家子"。曾氏家族至今 190 余年间，绵延至第八代孙，共出有名望的人才240 余人，有近两百人接受了高等教育，众多子孙留学欧美或日本等国，其中取得博士、硕士学位，院士荣誉和教授、研究员、高级工程师等职称的多达百余人，构成了一个名声远播的华夏望族。

从古至今，东西方有关家族文化建设和传承的家训、佳话和论述，同样汗牛充栋。除了刚才谈到的几个家族，中国还有曾传承千年的闻喜裴氏家族、横跨汉代和魏晋南北朝时期的琅琊王氏家族，国外则有美第奇家族、罗斯柴尔德家族。

以罗斯柴尔德家族为例，其家族文化的核心是团结，从其族徽可见一二（见图 5-2）。罗斯柴尔德家族的徽章包含了这个家族特有的符号，即一只紧握的拳头和分别代表梅耶·罗斯柴尔德 5 个儿子的 5 支箭，这个典故的出处是圣经中的诗篇第 127 章"如勇士手中之箭"。徽章的正中间是一个红色的盾牌，寓意源自德语 roten Shild 的"罗斯柴尔德"这个名字，字面意思即红色的盾牌。其家族箴言显示在盾牌底部——Concordia、Integritas、Industria，意为和谐、诚实、勤勉。

图 5-2　罗斯柴尔德家族族徽

　　我们都知道梅耶·罗斯柴尔德通过开银行赚了大钱，也知道他将 5 个儿子送往整个欧洲建立了家族银行帝国。但很少有人知道第一家罗斯柴尔德银行诞生在一间 10 平方英尺的密室里。这个非凡的家族最初生活在法兰克福犹太人区的一条拥挤小巷里。这条街被称为犹太人街，当初的设计容纳人数为 500 人，而实际在此生活着 3000 人，充满了安全隐患。

　　他们是那个社会的二等公民，天黑后、礼拜日或基督教的节假日，他们不得离开犹太人街。他们还被禁止拥有土地和农场，禁止进行丝绸、酒或武器等交易。如果他们去别的地方，还必须缴纳特别通行费。他们无权进入酒馆、旅店或城市公园。

然而，就在如此糟糕的环境里，一个节俭、朴素且严谨，但又不乏温情的家族诞生了。家长工作非常努力，也以同样的标准要求孩子们，为孩子们灌输了一种对家族和兄弟姐妹负责的意识。

最小的孩子詹姆斯成年后说："只有家族的名誉、幸福和团结是我最关心的事情，也正是由于家族企业，我们才得以一直保持团结。愿上帝保佑，如果每天分享和收获，那么一切都将保持团结。"

即便维也纳办公室因不良投资而倒闭，罗斯柴尔德家的兄弟们仍保持团结。他们重新组织起来，继而创建了有史以来最成功的投资银行业务网络。

罗斯柴尔德家族这种团结精神代代相传，在压倒性劣势下，他们成功地使家族财富在 250 年间实现了持续增长。资源贫乏的犹太人靠刻苦工作和长期奋斗反而成为人类最富有的人群之一。从这个意义来讲，最好的财富传承还是人的精神和能力，而不是物质。

这个家族几乎经历了战争、宗教和种族迫害、政府巧取豪夺、瘟疫、饥荒等所有大家耳熟能详的灾难。多年以来，尽管数次设立银行分支机构失利，但无论处于何地，总会有一位家族成员站出来帮助家族渡过难关。

设想一下，如果有一天你突然失去了自己的财富，家族成员会在身边支持你并帮助你重建家族事业吗？你家族中的成年人有能力把失去的财富找回来吗？他们又是否具备白手起家的必备技能和品质呢？

如果答案是否定的，你必须仔细想想如何才能让他们获取这些技能，或者有什么教训可供他们吸取。如果他们运气好，或许不必为成为财富创造者而烦恼。但是，如果他们连成为财富创造者的潜在能力都不具备，他们将很难为家族长期保有财富。

成功的家族都有自己独特的家族文化，它包含了一套完整的信仰和使命，以及对自己是谁、来自哪里、从事行业等的统一表述。如果没有人培养家族成员强烈的家族文化责任感，继承问题将会成为家族的雷区和战场。一般情况下，这类战场可以追溯到与金钱无关的事情上。实际上它们是"缺少文化"的战争，是由未培养出共有的价值观和历史责任感而引发的。

家族的财富取决于家族文化，而家族文化又取决于所有家族成员。拥有一种有助于创造和保有财富的家族文化是基业得以代代相传的秘密。譬如说，有祖传基业的家族崇尚生产、节制消费，这就变成了这些家族的文化、个人和家族身份中的一部分。传承多代的名门望族会花很多时间来发展这种家族文化。这同时也成了一种共享的家族价值观、一种能把整个家族团结在一起的特殊"黏合剂"。

中国传承之殇：为什么中国普遍"富不过三代"

聚焦开篇提到的财富传承难题，同样重视家族传承的西方国家和中国，为什么在家族文化和精神传承方面各有特色。而在家族财富传承方面，又有巨大的差异呢？

财富传承的研究表明，虽然全球财富如何传承的实践已经有着几千年历史，但真正能够系统地实现财富有效传承不过是近代西方社会体系的成果。如果我们回看中国几千年历史，有数代相承的仕宦家族、文化家族、工匠家族，但很少有绵长的财富家族，财富的代际传承问题一直没能得到很好的解决，"富不过三代"是常态。

从历史角度看，财富传承主要是由经济发展水平、生产方式、社会结构、政

治模式和文化特质等几个因素决定的。在经济发展水平和生产方式方面，世界各国在农耕文明时代差别不大，财产创造能力都不强，主要财富的表现形式是土地、房产、金银珠宝等，但社会结构、政治模式和文化特质的差异和演变成为家族财富传承成果差异的主要因素。

在社会结构和文化方面，中西方的家和国有不同的含义。

中国的政治文化的本质是家国同构，中国古代上至达官显贵，下至普通百姓，都非常重视家族。特别是在西周的宗法制度确立后，统治者扩展家族的秩序，用来治理天下。对天下来说，周王的姬姓家族是核心，而到诸侯国、大夫和士，层层分封，亦是这种建构。

虽然秦灭六国一统天下后，废封建而代之以郡县制，但家国同构依然是中国社会的政治、文化的核心结构，如《大学》所言："欲明明德于天下者，先治其国。欲治其国者，先齐其家。欲齐其家者，先修其身。"在"修身、齐家、治国、平天下"这四个由内及外的环节中，"齐家"是最关键的一环，家即是每个成员最重要的庇护所，又是治理好国家和天下的起点。

在中国的家国文化里，家长（政府）拥有很大的权力，同时也承担极大的责任，有责任照顾好家庭中每个成员的健康与发展，而西方国家强调个体的独立，自由才是他们最看重的部分。

中国古代家风传承主要通过对教育的重视，对一些家规的坚守和对祖先的敬仰，但是如果进一步探究包括孔子在内的文化家族，我们会有初步的印象：中国古代著名家族以文化作为传承的主要载体，而不是财富。历史上中国也有过许多巨贾，司马迁在《货殖列传》中列举过一些大富豪，如陶朱、白圭、乌氏倮、清寡妇等，曾经家资丰饶，富埒王侯，但财富的代际传承问题却一直没能得到很好的解决。如东晋的大臣陶侃，官至侍中、太尉、荆江二州刺史，都督八州诸军事，封长沙郡公，可到了他的曾孙陶渊明，家境已很是贫困，若不为五斗米折腰出去做一个小官，那么只能自己耕种为食。

在社会结构上，中国不同于欧洲的长子继承制，即无论该家族生了多少个儿子，只有长子可以继承家族的全部家产的这种家庭结构规则，中国的财富传承向来是几个儿子平分，长子只具有宗法意义上的特权，如管理祖祠、祖坟，主持祭祀的权利。均分财产制存在两种情形，一种是均分之前的财产实际为共有财产，只有一家之主才具有对共有财产的支配权。财产权的共有隐含着子女可从中享受到一定份额的意义，这意味着子女有权从共有财产中获得资助。因而具有财产支配权的家长只要不实施财产的分割继承，就有责任为子女的各方面包括婚姻问题承担责任。在家长制下，子女的婚姻及财富在分家前是不独立的，个人财产权利是不清晰的。

另一种是古代中国的财富以田地、住宅这类不动产为大宗，加上古代中国人信奉多子多福，因此一个大家庭哪怕有 1 万亩良田，若有 5 个儿子，第二代继承，每人拥有 2000 亩田地。而五兄弟若每人平均再生 5 个儿子，到第三代就每个小家庭只剩下 400 亩了。财富总量增加很难，而拆分却很快，即使没有天灾人祸，"富不过三代"也是自然而然的事情。更不用说在这个 2000 多年的帝制时代里面，由于没有现代的法治制度和工商文化对私有财产的保护，官府其实很容易让一个大地主一夜之间变成平民，所以财富传承变得尤为困难。

西欧财产的不可分割制从原则上否定了大家庭的普遍存在，并造就了以核心家庭为主流的家庭形态。没有继承权的子女并未被剥夺在父母家中生活的权利，但是其发展空间受到很大限制，诸如不能在家中结婚，只能作为一个普通劳动者听凭父母或已继承家业的兄长的摆布。因而，如果他要获得一种完整的生活，或者为一种完整的生活做准备，就必须走出家门。大部分年轻男女要经历一个先创业后结婚的过程，这个过程让财产的所有权非常明确。在中世纪中后期，西欧大部分地区商品经济比较发达，以货币为支付手段的雇佣劳动成为普遍现象，其重要的因素之一就是那些没有继承资格的平民子弟到别的社区或城市去做佣工。

从社会政治体系看，东西方的差异也造成了财富所有权的保护和传承上的不同。在东方，家国文化下，天子是一切，律法是帮助皇权治理天下的工具；在西方发展历史上，几经征战，形成均势，也带来了"恺撒的归恺撒，上帝的归上帝"，以及"国王可以不服从任何人，但必须服从上帝和法律"的国王也不能豁免的法治精神，上至国王，下到农奴，各个阶层间直至个人之间都由某种契约来确定彼此的权利义务关系，并由习惯法或成文法予以保证、约束。到 13 世纪初，在西欧和中欧更是几乎于同时期内产生了两部著名的限制王权、保障个人自由的法律文件：英国的《自由大宪章》与匈牙利的《黄金诏书》。社会结构由教会（及其修道院）、王室、贵族、农民，以及稍后出现的市民阶级和独立的知识阶层组成。这种几乎总是处于势均力敌状态的多元互动格局大概正是西方文明充满内在活力的奥秘之一。它也保证了近代一度流行的绝对君主制不会堕落为东方式的君主专制，为后期私人财富保护建立了土壤。财富传承成为真正可以有效实施和讨论的话题。

中国已经进入了现代社会，在信息革命的时代，财富拥有者应该以开放的心态来思考财富传承：既要认知和理解我们国家的文化背景和社会结构对传承家族财富的影响，也要学习和运用海外家族财富传承的先进体系和方法，让"富不过三代"这个千百年来中国传承家族财富的难题在现代社会找到有效的解决方案，让家族财富更好发挥效能，让后人可以在前人的肩膀上前进，这对社会、对家族都是极有价值的！

很多中国的（超）高净值人士提到财富传承，还在买个家族信托产品的概念上。

对历史的分析和研究告诉我们，独立健康的司法体系、发达的金融系统、包容的文化结构、稳定的政治环境是财富传承有序的外部支持，忠诚尽责的受托人选择及定制化的解决方案是成功执行的关键。一份高品质的家族财富传承规划和执行方案是一项综合性的专业工作成果，需要诸多专业人士的配合和努力，并能够有效回答以下五大核心问题：

1. 所有权如何保护：不受侵害，规范清明，碰到问题有地方说理和有法维权；

2. 财富如何不被分割：身份管理和资产类别的税务优化，法律风险及人身风险的隔离；

3. 委托人意愿如何持续实现：意愿永存，托管人的忠诚尽责义务；

4. 财富代表的权利如何保护：权力和利益的管理、分配和保护；

5. 财富如何实现持续的保值增值：有专业团队持续做好整体财富规划和资产管理。

财富传承的核心 1：所有权的保护

要想财富百年传承，除了面对瘟疫、战争、通胀等财富贬损风险，更需要考虑面对未知的各种力量对利益的争夺，如何能够保护财富所有权不受侵占。人类进步与发展的一大突出表现就是当有不同观点无法达成一致时，人们解决不同诉求的方式从强权、抢夺逐步过渡到根据法律条理去说理、裁判和执行。因此管理财富的所在地有公平的政治、法律环境；这个环境能长期存在，且能够合理有效地保护财产的所有权；当财富面临不当侵蚀时，无论是谁，都有独立清晰的法律体系不受干扰地做出裁决，并能够有效实施裁决的结果：这就成为财富持续保护的关键之所在。

举个例子，在大航海时代，有两个国家——荷兰和西班牙，都在全世界探险，并发现新大陆，也因此都需要去市场中筹措大量资金。荷兰的法律体系不受皇室控制，因此借债人有很标准化的规则，那就是到期一定准时偿还，这样准时偿还的信用，使得他们赢得了财富拥有者的信任，也促进了市场的良性循环，让人们愿意把更多的钱借给他们。财富拥有者还发现，一旦发生逾期和拒付，他们可以依靠荷兰法院司法系统的支持，把钱追讨回来。受益于良好的信用机制，阿姆斯特丹迅速成为全球最早的金融中心，荷兰也成为第一代海上霸主。

与荷兰同时起步的西班牙，当时的国王也借了很多钱去做海上探险。然而西班牙与其他国家发生战争，政府不仅不太愿意还钱，还需要借更多的钱。彼时债主们也去西班牙法院状告，但是司法系统受制于皇权，所做出的裁决往往更有利于国王。债主们发现他们的权益得不到保障，便不再愿意借钱给西班牙王室，西班牙也因此慢慢没落。

以史为鉴，我们可看到独立的司法系统和稳定的政治环境是吸引财富和保留财富的关键所在。当今全球在财富传承方面的格局也能佐证这个观点。

毋庸置疑，新加坡、瑞士、卢森堡是当今财富管理与传承的热门选择地，具有中立安全有实力、政治稳定无内乱、法律制度严密、金融发达服务佳、税负低廉好赚钱、品质生活治安好、文化包容性强等特点。此前我去新加坡，跟当地同行讨论过一个问题——从军事上来讲，旁边的印尼或者马来西亚一天之内就可以占领新加坡，但是为什么东南亚的很多富豪还是愿意把财富放在新加坡进行管理？专家说你可以看到新加坡一直以来保持中立，跟世界各国都保持着相对友好状态，政府本身也一直致力于营造更加清廉的政治环境。独立的司法体系，尊重多元文化共存的社会环境，而且金融体系发达、税务优惠、环境幽雅，这就是为什么周边国家的财富人士更愿意把财富放在新加坡管理。越来越多的中国富豪也将新加坡作为财富管理之地，甚至在新加坡成立家族办公室来管理家族资产。

另外，伦敦、纽约和上海也是非常重要的全球财富管理金融中心。这几个地区的特点也非常明显：背后都有幅员辽阔的国家，市场纵深需求大；本身都是沿海港口城市，有着良好的商业环境，商业非常发达；作为多元文化的大都会，人才济济，包容性也好；依靠规范的制度和体系能够长期有效运转。

当然也有很多（超）高净值客户说，一些免税岛（国）也承接了很多信托业务，或许也是管理财富的好地方。在我看来这些地方实则在打擦边球，并非"良配"。比如目前，包括中、美在内的很多国家，都开始对这些岛（国）提出规范性要求，在这些地方做财富管理更像在玩"猫捉老鼠"的游戏——通过某些制度安排以期规避大国体系下所要求的税务安排，但是一旦被发现是漏洞，大国税务部门就会制定相应规则来要求改善，然后税务律师就只能继续去找其他可能的方法，治标不治本。

综上，想要私人财产和相关权利得到长期的保护，首先要选择拥有良好的政治环境和司法体系的地区，以保证资产被侵占时能获得尽可能公正的评判并使其有效执行；再者管理财富的地区要在全球拥有较好的国际地位和影响力，以免被强权所影响。

财富传承的核心 2：财富如何不被分割

当（超）高净值人士选定了适合的地区安排传承计划后，接下来要考虑的就是资产保全。无论是遗产税、增值税还是所得税、赠予税等，都有可能让您的财富大幅缩水。除了当地的税收政策，还有两个方面需要考虑，一方面是财富拥有人或受益人的国籍身份对税收的影响，另一方面是资产所在地及资产持有形式对税负的影响。所以想要财富不被分割，得做好身份管理和资产类别的税务优化。比如在中国，如果你的财产是股权类投资，那么股权退出收益就需要缴纳所得税；但如果投资了股票，国家正在大力鼓励资本市场发展，股票收益只需缴纳印花税即可。

美国政治家本杰明·富兰克林（Benjamin Franklin）曾说过："人的一生中有两件事情不可避免：死亡和纳税。"所以我们必须强调一个事实：无论在哪个国家，都是要依法纳税的，恶意逃税的后果要比未及时申报纳税的法律后果严重得多。

长久以来，总有一部分人不照章合法申报纳税，使得整个社会的税收环境受到破坏；而税收征管力度一旦加强，大家只是觉得表面上要缴纳的税更多了，却忘了这些税本就是应缴纳的。我们结合 2017 年的共同申报准则（CRS）[1] 一起来看看。

在过去，有一些人利用法律漏洞让自己的资产"隐身"，认为政府没有那么容易查到自己头上来。2017 年，CRS 一出，最先恐慌的就是这部分人，他们变着法地想要再次躲过所谓的"针对富人的大逃杀"。

---

[1] 共同申报准则，Common Reporting Standard，简称 CRS，国际税务术语，旨在推动国与国之间税务信息自动交换。

彼时网络上也出现了"见招拆招"的应对策略，但是随着人们对 CRS 的认知加深及国家六部委的明确表态，理智的人不会再去思考如何耍小聪明。隐匿资产、转移资产、代持资产、空壳公司等把戏将无法成为逃税的手段，而将金融资产全部转为房产、珠宝、贵金属等也绝不是合理的做法。

那么我们如何在合理合法的前提下，做好税收统筹和财富规划，以应对将来财富传承过程中的税赋过高的问题？人寿保险、信托、另类资产等方式的配置，显然是（超）高净值人士的选项，但前提是购置款项的来源在税务上并无瑕疵。

合法转为低税赋国家的税收居民是一个可选项，但选择在哪个国家或地区需要谨慎考虑。在很多发达国家，直接税要比中国内地重得多，比如所得税、房地产税、遗产税等，以及资本利得税，这一项在美国可高达 33%。而一些税率低的不发达国家，虽然它们可能暂时不会加入 CRS（甚至永远都不会），但是这些国家或地区的经济发展水平低、政局不稳、市场闭塞，移民到这里并不能解决问题，只是缓兵之计。

对于（超）高净值人士而言，应该坦然地面对 CRS 造成的有限影响。如果你大部分的生意和生活还要扎根在中国，可以根据产业的特点寻求合法的方式有效降低税率。譬如寻求一些可以享受较低税率的行业，或选择一些某行业能够得到当地政府财政补贴的地区注册公司，或者考虑将企业形式设定为适合的法律形式。

如果要在境外成立公司，首先应该充分了解自己的资产在海外的分布情况，比如是以个人名义持有的，还是以其公司名义持有的，是否存在没有申报的收入（个人和公司层面的），从而计算出目前面临的风险敞口有多少。建议到中国香港或新加坡等税率较低的地区或国家真正组建一支核心团队进行实质上的经营（这些国家和地区的直接税比中国内地的营业税、个人所得税等略低一些），而非到开曼群岛、百慕大这些"避税天堂"去注册一个不太可能有实质业务的"壳公司"。

所以，依法纳税是基本原则，此外可以借助税务师专业的意见，通过合理的规划，在如实上报资产状况的同时，尽可能地去享受各种政策上的优惠。

与此同时，还要避免个人风险带来的财富分割。

所有者风险给自身财富传承带来的影响有很多，我们已在第三章做过详细解析。财富传承过程中，除了死亡、婚姻等原因造成财产被分割，法律风险是中国（超）高净值客户最大的风险之一。中国的（超）高净值客户往往都是民营企业家，大家在经营企业过程当中，所面临的法律风险包括所有制、市场机制、国际贸易、反腐败、法律法规等问题。

"当今的法治环境下，企业家都在通往监狱的路上。"这个业内曾一度流行的说法尽管有些夸张，但确实耐人寻味。企业家面临的法律环境非常复杂：

第一，与经济性质/所有制相关的罪名，贪污、侵占、挪用公款、受贿/商业受贿，涉及15年以上徒刑或者死刑。

第二，与计划经济相关的罪名，比如非法经营罪，以及注册资本、行政管理法、税收、走私等方面也有可能触犯法律。这些其实都是很多民营企业在经营过程当中会面临的挑战。

第三，在与企业经营自主权相关的方面也可能会面临一系列的考验，如职务侵占，为亲友谋取利益，关联交易的把握程度，特定关系人受贿，公司犯罪，投资权、销售权和收益处分权，内幕交易，公安侦查期间财产扣押、拍卖，以及冻结财产的主体资格，等等。

第四，与分配理论相关的罪名：资本收益（如非法劳动性收入的保护），智力收益（如风投行业的高利润高风险），财产性收入的保护，民间金融和食利行为，等等。

我们看到很多企业家，包括财富管理领域的，把自己"做"进了监狱。从财富传承角度来讲，我们的财富拥有者一定要规避好这些法律风险。

此外，很多的（超）高净值客户在投资或者管理财富的过程当中，会"涉足"一些灰色领域，比如通过内幕交易获利，毕竟财富拥有者都有一些人脉资源。还比如进行某种特别的投资。如果没有清晰的法律安全边界，建议大家不要参与，这些投资方式可能在短期内获得较好收益，但会让你长期面临法律风险，得不偿失。

财富传承的核心 3：委托人意愿的持续实现

人的生命是有限的，财富的使用如何永远按照财富拥有者的意愿行事，比如希望我们的下一代能够获得更好的教育，永远拥有高品质生活。这就需要借助信托、保险等传承工具帮助家族人士落实传承规划。

具体是如何实现的？我们首先来了解一下财产权各权利的分离，分别是所有权、控制权、管理权和受益权。以信托工具为例，委托人将自己的财产委托或者转让给受托人，受托人依据对委托人的承诺管理财产并将财产及财产产生的利益分配给受益人。为了监督受托人，又逐渐发展出以监管制衡为主要职责的保护人。这里的委托人、受托人、受益人和保护人 4 个角色，通过严格的法律架构设计与搭建，使得即使财富拥有者百年之后，其意愿仍然能够以法律条款的形式被这些受托人和保护人严格遵守，从而得以持续存在。

可以看到，信托的基本职能是资产隔离。信托财产在法律上是独立于委托人、受托人和受益人的，从而完成委托人的基本诉求，即通过管理运用信托财产为家族成员的生活提供永久保障。此外，家族信托可以延伸出许多功能，如教育、健康、成员创业、慈善影响力投资、防止挥霍等功能。甚至通过专业团队（法律、税务、身份管理）的工作，家族信托可以在股权安排、财富管理、税务优化等方面发挥更多的价值。

那么，做家族信托是不是意味着就是买一个信托合同？如果财富拥有者的金融资产、家庭结构都很简单，没有很复杂的个人意愿或者税务优化方面的考量，一个简单的信托或许就能够满足其需求。但是对于很多（超）高净值客户而言，在设计家族信托的时候必须考虑以下几个方面：

第一，受托机构的选择不可随性而为，不同地方的法律体系和税收政策都是不同的，要选择能够支持做多种信托安排和功能的地区。

第二，设立初心和资产来源要清晰明了。很多人谈到家族信托或传承，首先想到的是将非法所得植入海外信托，或者避税及避债、照顾外室成员等。家族信托虽有隔离风险的优势，但要特别小心，如果设计不当、操作不规范，法院也可以认为该信托是恶意避债的工具，或者是委托人过度控制的牵线木偶，从而否定家族信托的独立性，即所谓的"被击穿"。

第三，目的、需求和意愿。每个人的所求都是不一样的，要做好个性化定制的工作。

第四，家族信托的控制权一定要把握得当。很多人担心把资产从自己名下转移到信托名下时就不属于自己了，希望加强发言权，同时身兼委托人、受托人和保护人，这样的结构虽然控制力加强了很多，但是风险隔离效应也会大大降低。

当然从传承角度来讲，信托不是唯一的工具，还有人寿保险、法定继承、遗嘱继承和生前赠予等诸多形式。所有这些工具都能够帮助人们去做好家族传承的法律安排，但是要根据各人的需求来设定，使用不同的工具（见图5-3）。即使用信托这种功能强大有效的家族财富传承工具，也要考虑法律环境、身份管理、税务优化、生活方式和个人意愿等各个方面来设计传承规划。所以家族传承是一项个性化的综合专业服务。

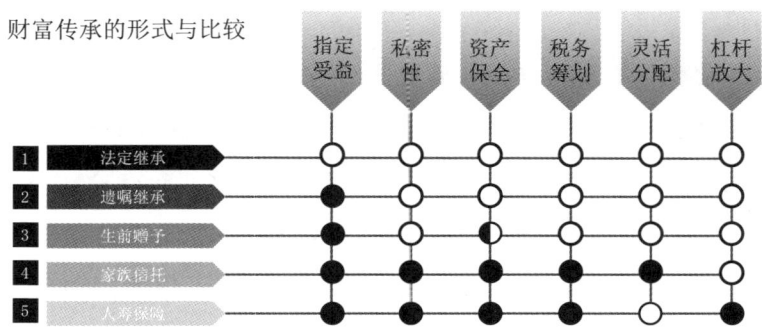

图 5-3 财富传承的形式与比较（黑点代表起到作用，白点代表不起作用）

来看一个颇具争议的案例，关于特朗普家族 &GRAT 信托。

GRAT 信托（Grantor Retained Annuity Trust，赠予人保留年金信托），是美国本土针对高价值成长性资产，所采用的规避遗产税和赠予税的策略与方法，基本结构如图 5-4 所示。

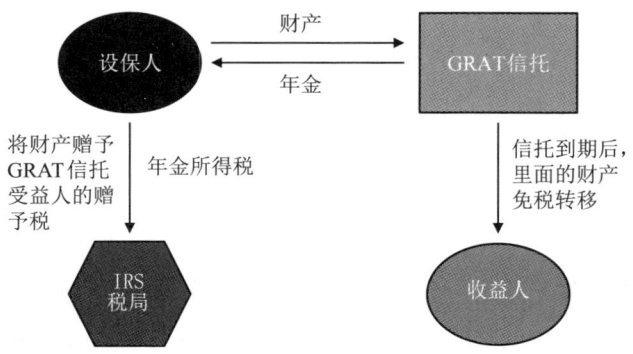

图 5-4 GRAT 信托架构

注：设保人（通常是一代）将财产装入 GRAT 信托并支付赠予税，再每年从信托中提取年金。当信托到期时，受益人（通常是二代）就能免税获得信托中的财产。

这一信托计划为什么会让特朗普家族颇受争议？据《纽约时报》爆料，特朗普的父亲，地产大亨弗雷德·C. 特朗普（Fred C. Trump），曾将超过 10 亿美元的财富送给 5 个子女。按照当时 55% 的赠予和遗产税率计算，至少要缴税 5.5 亿美元。而事实上，特朗普家族仅纳税 5220 万美元，5 亿美元税款人间蒸发。

在此，先来看特朗普家族信托计划本身——

弗雷德夫妇信托财产中的 2/3 赠予特朗普等二代（赠予部分需缴纳赠予税），剩余 1/3 以提取年金的方式分两年返还（年金利率与联邦税率挂钩，历年从未超过 10%，目前为 3.4%）。

这种情况下，装入信托的财产初始估值越低，赠予税负就越低，年金提取也越少。而财产转让给二代后，无论它升值多少，增值部分都无须纳税。所以，GRAT 信托尤其适用于可变计价财产，比如股权、房地产、艺术品收藏等。最终特朗普家族价值 9 亿美元的房产帝国的传承，仅花费了弗雷德夫妇 2050 万美元的赠予税，以及二代们 2100 万美元的年金。

可以看出，这个传承之所以很成功同时也备受争议，不在于信托计划本身，而在于特朗普家族通过调整资产估值、分拆股权、降低控股权价值等各种"手段"，最终将价值近 9 亿美元的房产变成了 4140 万美元，存在偷税漏税嫌疑。也许有人会问，为什么美国法律不追究？因为这些规划符合彼时所有的法律条款。

我们在此不对争议做展开讨论，但有一点值得重视，即要想资产实现更有效的税务优化，需要熟读法律，需要懂得各种规则，需要知道各类资产在估值定价等方面的策略和方法。传承规划不提倡特朗普家族的这种做法，但应该充分意识到财富传承绝对不是一件简单的事情，特别是对于拥有多种类型资产的家族而言，这是个复杂的系统性工程。

综上，不同的家族，情况不同，需要的结构和方案也完全不同，委托人要充分理解家族信托是一个可以帮助其实现理想中的财富管理的工具。而作为一个法律合同，定制是关键词，让受托人真正明白家族的意图并在法律框架下实现是根本所在。家族在选择受托机构时，对方是否能够有忠诚尽责的状态，是否能够不受外部其他因素的影响全心全责地为委托人服务是关键考虑点。

财富传承的核心 4：财富代表的权利保护

财富代表的权利保护，即与财富相关的权利和利益的管理、分配和保护。具体怎么理解，又该怎么实现？先来看两个案例。

1985 年，雀巢并购卡纳森公司，这是当时石油行业之外有史以来最大的一笔收购。该公司背后的康乃馨家族一下子拿到了十几亿美元，成为当时美国最富有的 400 个家族之一。

在这个家族中，很多家庭成员一起为家族企业打拼过，随着业务的消失，大家希望能够各过各的自由生活。所以大家长就把这笔财富分割给各个小家庭，由各个小家庭自行管理。

但是 10 年以后，家族出现了裂痕：首先是家族成员之间的连接变得不那么紧密，以前大家一起做企业，经常在一起开会，为了共同的目标进行讨论，但现在各自都有了自己的生活方式、生存状态和管钱方式；其次是出现了投资困难和投资效益降低的情况，过去十几亿美元的资产，在很多项目的投资机会和投资条件方面都非常好，然而资产分散以后，他们各自手中握的是几千万美元，在市场中的议价能力大大降低。

于是，家族的兄弟姐妹重新坐在一起开会并决定：成立家族办公室，选出家族中值得信赖且热爱财富管理的成员，同时邀请一些外部专业人士，共同管理家族所有资产；财产的受益权则通过家族信托进行安排，据各自设定的标准分配给家族的每一位成员。每年召开家族会议，在会上讨论教育基金的发放，家族成员之间的沟通和交流也变得更加紧密。至此，大家族又重新凝聚起来了，而且由于专业人士的助力，家族资产涉及的投资领域不断扩大，整体投资效益也变得越来越好。

可以看到，在管理财富时家族信托可以起到非常重要的作用，把家族资产集合在一起。拥有上市公司的家族在家族信托这点上可以向康乃馨家族学习，如果家族的资产被分割了，那么在上市公司里的话语权就会大大降低。如何保证整个家族对上市公司的控制力，以及在其所拥有企业中的话语权是传承中的一个重要考量点。与此同时，家族资产也可以通过组建自己的家族办公室集中管理，从而获得更好的投资绩效。

另一个家族案例，我们通过解剖洛克菲勒家族信托这只"麻雀"，来看看欧美豪门的百年传承和权利保护之路，如图 5-5 所示。

影响洛克菲勒家族财富传承的因素有很多，除了共同价值观的精神传承，洛克菲勒家族还运用多种金融工具和手段，被谈及最多并且也最具有借鉴意义的便是家族信托，虽然其结构尤为复杂，但一些已被公众所知的细节，对于中国的家族信托发展依然具有很大的借鉴意义。

公开资料显示，1934 年，洛克菲勒家族创始人小约翰·洛克菲勒（John Rockefeller）60 岁，他作为委托人为妻子及 6 个子女第一次设立了不可撤销信托，受托人是大通国民银行（Chase National Bank），受益人为妻子和 6 个孩子。在1952 年其 78 岁的时候，他又为他的孙辈分别设立不可撤销信托，受托人是诚信联合信托（Fidelity Union Trust）。

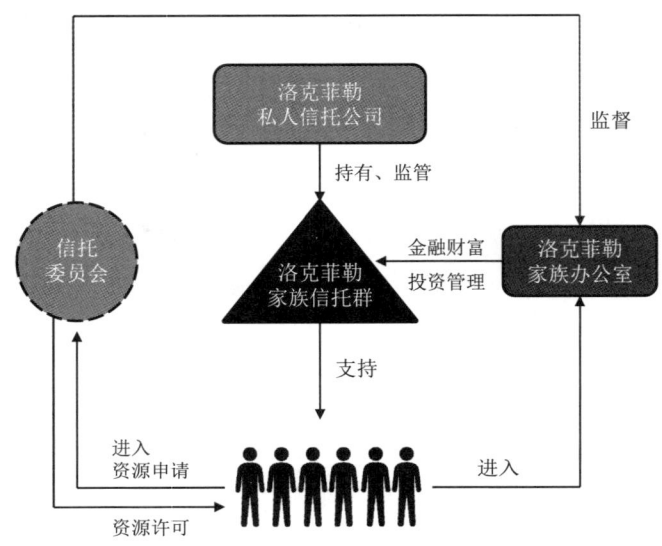

图 5-5　洛克菲勒家族信托架构

洛克菲勒家族信托主要条款如下：

·洛克菲勒私人信托公司为每个家族信托的受托人，即名义上的所有权人。

·每个家庭成员都有自己为受益人的家族信托，据说家族成员在 30 岁前只能获得分红收益，30 岁后要动用本金亦需要信托委员会的同意。

·洛克菲勒家族办公室负责信托资产的投资管理，由精通此道的家族成员和外部财富管理专家负责，保障资产的保值增值。

·信托委员会负责私人信托公司的内部决策与监督，由有威望且善于管理的家族成员和外部专业人士组成的委员会掌握着控制权，把握企业发展的方向。

·家族后代成员可以进入委员会、企业或家族办公室学习成长，从较低岗位做起慢慢成为各板块中的中坚力量甚至领导者，实现家族人力资本的成长与发展。

洛克菲勒家族信托显著的特点在于：在信托架构中设立了一个由 5 人组成的

信托委员会。委托人设立信托，财产所有权在法律上转移到受托人名下，委托人的一个很大顾虑可能是受托人会挪用、挥霍甚至侵吞信托财产。此时，洛克菲勒家族设立一个由部分家族成员、第三方独立律师、会计师等人组织成的信托委员会，充当信托保护人的角色，监督受托人忠实地履行信托条款的情况。信托委员会秉承委托人的意志，并最大限度地执行委托人的意愿。

值得一提的是，到了第三代，洛克菲勒家族依然人才辈出，在他们之中，有美国副总统、摩根大通银行董事长、大慈善家、风险投资业开创者等。可以说，其家族财富成功传承归功于信托制度的优势。根据需要，家族可以为每个后代成员或每个小家庭分别定制一个信托，交给同一个受托人管理。这种机制使得家族财富始终是一个整体，可以集中管理和使用。家族企业既不会因为后代增多、分家而变小或终止，也不会因为财富代代传递而被逐渐分割成若干个部分，而是可以发挥规模优势，获得更好的经济效益。

财富传承的核心 5：传承资产的保值增值管理

选择好了能够保障财富所有权的安全法律体系，设计好了合理的家族信托结构，实现了税务优化、规避法律风险、隔离个人风险，确保了执行机构永远按照委托人意愿行事，接下来要考虑的是如何有效实现资产的保值增值。关于这部分的底层思考逻辑，我们此前已在第三章和第四章专门讨论过。

其核心点是要找到一支长期的、可信赖的、利益一致的专业团队，比如设立由专业人士和家族成员共同参与的家族办公室，持续打理财富，具体看一个例子。

比尔·盖茨作为第一代创业家，素有"富而好礼，富而有道"的赞誉。他是如何管理自身财富，从而得以持续多年占据福布斯全球富豪榜首富位置的？盖茨基金会又是如何运作的？高皓领衔的清华大学五道口金融学院家族办公室课题组经过大量深入的研究发现，1986 年微软上市时，盖茨 99% 的财富集中于微软股票。此后，盖茨一边有纪律地减持微软，一边摸索建立个人财富管理体系。1994 年，他聘请投资理念与巴菲特相似的理财师迈克·拉尔森（Michael Larson）掌舵家族办公室，瀑布投资由此成立。

盖茨减持微软股票所得的现金，注入盖茨信托基金和瀑布投资。拉尔森将其分散投资于股票、债券、私人股权、另类投资等金融资产和铁路、酒店、房地产等实物资产，以优化财富结构，降低风险敞口。

在瀑布投资的打理下，截至 2016 年，历经 30 年时间，盖茨身家翻了近 290 倍，即使考虑通货膨胀，这也依然是非常亮眼的成绩，更不用说盖茨基金会所拥有的捐赠资金规模无人能及。然而，其财富的创造并非完全从微软公司而来。事实上，2016 年，微软股份在盖茨 900 亿美元个人财富中的占比不足 1/8。

无论微软市值如何变化，盖茨仍然极有纪律地减持微软股票，虽然微软市值越来越高，但其所持的微软股票越来越少，特别是从 2011 年开始，减持的势头更加猛烈。这也意味着盖茨在财富增长的同时，拥有更多元化的财富构成、更少的风险敞口。

可以看到，家族办公室扮演了家族财富和慈善的管理中枢角色，盖茨通过微软公司创造财富，通过家族办公室管理财富，再通过基金会捐赠财富，成为富而有道的全球典范。

大部分中国民营企业家的情况其实跟盖茨十分相似。在成功创业数十载后，第一代创始人都不可避免地逐渐从经营岗位上退到幕后。为了家族财富的世代传承，他们或许将家族企业传承给有能力、有意愿接班的下一代，或许将家族企业交给职业经理人，或许将家族企业兑现为金融资本，并再投入家族的下一个事业领域……

盖茨将实业企业转换成金融资本，通过家族办公室来实现其改变世界的使命。不过，传承的道路阡陌纵横，就连盖茨也不免走弯路，国内家族企业因此更需谨慎规划，具体可从下面三个方面进行借鉴：

第一，通过家族办公室实现整体财富战略设计。在比尔·盖茨的案例中，家族办公室扮演了家族财富顶层设计的重要角色。盖茨最初的绝大部分财富都聚集在微软公司中，这种集中持股的情况与国内民营企业家十分相似。由于可投资资产的限制，大部分第一代创始人的财富集中度非常高，风险也因此十分集中。2001 年 IT 泡沫破裂后，盖茨的个人财富也随之大幅缩水。在随后的十几年中，通过瀑布投资，盖茨成功地将财富分散投资于各行各业，使微软在其财富中的占比从 99% 下降到 12%，在财富大幅增值的过程中成功分散风险，优化了家族财富结构。此外，家族财富的整体战略还包括对家族社会资本的管理，捐赠给比尔与梅琳达·盖茨信托基金的财富也同样由家族办公室经理人同时投资管理，家族办公室角色覆盖家族金融资本与社会资本，为比尔·盖茨的慈善事业做出了重大贡献。

第二，精心设计家族办公室结构，并选择职业经理人。家族永远是自己财富和声誉的最终负责人，但家族也需认识到家族办公室战略规划、治理结构和管控流程的重要性。比尔·盖茨最初委托好友安德鲁·埃文斯（Andrew Evans）管理财富，并未设定正式的法律实体与组织结构，也没有确定明晰的职责归属，缺乏透明的汇报程序、绩效审核及监控机构，没有对重要工作人员的资格标准进行审核（因朋友关系而睁一只眼闭一只眼），这种不严谨的家族办公室设计势必伴随着巨大的不确定性及风险。最终，埃文斯夫妇的不法行为给盖茨的声誉带来负面影响，盖茨的声誉、友谊双双蒙受损失。而比尔·盖茨的家族办公室经历了从"个人化"到"机构化"的发展过程，"世界首富"的经验教训对中国家族极富价值——中国家族办公室应该从第一天开始就坚定地走上机构化、专业化的道路。

第三，低调隐蔽地管理运营家族办公室。瀑布投资是最为低调的家族办公室之一。大多数成功企业家希望个人财富尽可能地避免出现在社会聚光灯下。在企业形象、公共关系、家族声誉等挑战越来越高的时代，能够自主地控制家族对外开放的信息着实不易，家族设立单一家族办公室的一个重要出发点就是其隐蔽性。因此，美国证监会的隐私管理十分重要。瀑布投资早在 2009 年就从美国证监会获得档案保密状态（即单一家族办公室免于承担公众投资人的信息披露及监管责任），免去股权变动所需做出的披露，而赦免家族办公室信息披露的多德 – 弗兰克法案在 2012 年才生效。比尔·盖茨的瀑布投资为国内家族提供了一个非常成功的案例，通过综合运用命名、投资方法、投资工具、员工管理等多种方式让家族办公室隐身于公众视野的雷达之中。

深度思考：家族办公室可持续发展的要素

英国《经济学人》杂志在封面报道的《家族办公室兴起》中提到一个观点，每次投资风潮都源于社会发展——二战后，经历了 20 年的中产阶级兴起，20 世纪 70 年代基金业获得大发展；2008 年金融危机后，风险的暴露和机会的不确定性，也让富裕客户开始选择家族办公室。

福布斯 2020 年 1 月份的数据显示，全球亿万富豪的 9 万亿美元资产，近一半由家族办公室管理。香港金发局 2020 年 7 月的报告表示，于 2017—2019 年期间，亚洲每年新增约 200 个家族办公室，预计此趋势将会继续。

而我们关心的是，在这个年轻但是成长迅速的中国金融市场，当（超）高净值人士不再以"上帝"（消费者）的角色进入财富管理领域，而开始意识到必须建立自己的专业风险管理和资产管理机制，以防范风险、把握机会时，他们会寻找专业机构的支持建立自己的家族办公室。作为家族办公室专业服务机构的优脉，应该如何整合海外成功的经验和做法，并结合中国的实际，为时下国人发展家族办公室开辟出更具价值的策略和方法？

所以本章的深度思考框定在优脉过去 6 年所服务的多元家族办公室及独立财富办公室群体，一起探究家族办公室在中国实现可持续发展的策略与方法。单一家族办公室只服务某一个家族，其本身并不需要有太强的商业可持续发展思考；但对于多元家族办公室或独立财富办公室来说，这就是比较重要和有意义的话题了。

以多元家族办公室为例，看家族办公室可持续发展定义和三大挑战

多元家族办公室首先是一个公司。作为公司，首先，营收及利润应该是可持续增长的，组织能力应该是能够持续成长和发展的，在市场中的价值也是逐步显现的。其次，其组织能力是要能够支撑自身持续成长和发展的，这需要不断提升团队成员的工作能力，并加强他们对公司的认同感，那么公司的可持续性就会更高。最后，随着客户资产的稳步增值，公司家族传承、家族专业事务的服务能力和品类也会得到不断提升和扩大，客户关系是持续加强的，公司的整体竞争力就会大增。

以上是我们讨论可持续发展的基础，如果都做得不错，那么我们认为这家多

元家族办公室具备了可持续发展的能力。由此产生的价值（不论是财务角度衡量的商业价值，还是从人生需求出发的非商业价值）都不言而喻，股东、经营者、客户及背后的家族/社群都将是获益者。

为什么很多时候大家会觉得想要真正运营好一个家族办公室很难？这是因为实现可持续发展背后不可避免地面对三大挑战（见图5-6）。

图 5-6　经营家族办公室的三大挑战

第一，创业公司成长性挑战。当创始人真正想做一个办公室的时候，他是否充分意识到自己是在创业？市场上任何一家创业公司都面临九死一生——是否建立起了自己的核心竞争力？与大机构项目相比，我们的优势在哪里？是否具备良好的可持续的商业模式？如何建设，又如何增强公司的组织能力？因为家族办公室通常不是大机构，是小型专业服务机构，其组织能力的增强更具挑战性。

第二，高端财富管理领域的创业公司面临金融行业特有的挑战：合规作业，一家小型专业服务机构如何保持在各种类型金融服务方面的作业合规性；风险管理，如果你要给客户提供保值、增值、财富传承的服务，就会涉及战略规划、资产的筛选与配置、资产底层是否始终安全可靠；专业操守，如果你给客户配置的资产出错了，那么客户对你的信任度就会大幅降低，公司的可持续发展就会面临挑战。

第三，关于人性的挑战。这也跟金融行业息息相关。金融行业离钱特别近，离各种投资机会特别近，离（超）高净值人士也特别近，所以做这个行业时时面临各种人性的挑战：

· 冒险家的风险，如果是其他行业的企业家，冒险精神是受到鼓励的。但在金融行业，风险管理是第一要务，面对风险该如何把握，是进取些还是更稳妥，这个矛盾点充满挑战。

· 离各种投资机会太近，想成为资深咨询和资产管理专家，离不开长时间的学习和沉淀。当面对诱惑，譬如一个简单的推荐动作就能马上达成交易赚到钱的时候，你还能潜心学习和研究吗？

· 移情，移情也是人之常情，而在金融市场里各种各样的机会永远层出不穷。比如你在给客户做家族资产管理的过程中，会发现客户也有很多投行业务要做，此时你会不会移情转行？即使那不见得是你的强项。

所以说，家族办公室在发展过程当中面临着诸多挑战，这也是为什么家族办公室要真正实现可持续发展并不容易。我们在2014年创立优脉的时候，就致力于建立一个纯买方定位的家族办公室专业服务机构。近7年时间过去，我们坚持下来了，我很庆幸也很感激团队、股东和合作伙伴一直以来的支持。我们完全坚守在买方定位上，做到了两件看似简单、实则不易的事情：第一，我们不跟任何资产端的产品供应商签任何代销协议，不销售任何金融产品；第二，我们自己也不做任何资产，尽管大家知道在金融市场里，如果做资产则赚钱速度往往会快一些。过去7年，我们只做资产筛选和资产组合，并把相关专业意见和建议作为咨询建议和解决方案，提供给我们服务的各类财富办公室。

家族办公室应对高潜在进入壁垒的策略

从 1978 年改革开放到现在已经 42 年，创富第一代人开始逐渐老去，家族资产管理特别是传承的需求大幅增加，所以目前中国市场上家族办公室的需求越来越旺盛，但是在供给端真正能够提供解决方案的人（组织）仍是严重不足的。这是一个有着巨大的市场需求的领域，同时，也有一大批人看到了其中的机会，正在陆续进入这个市场，如图 5-7 所示。

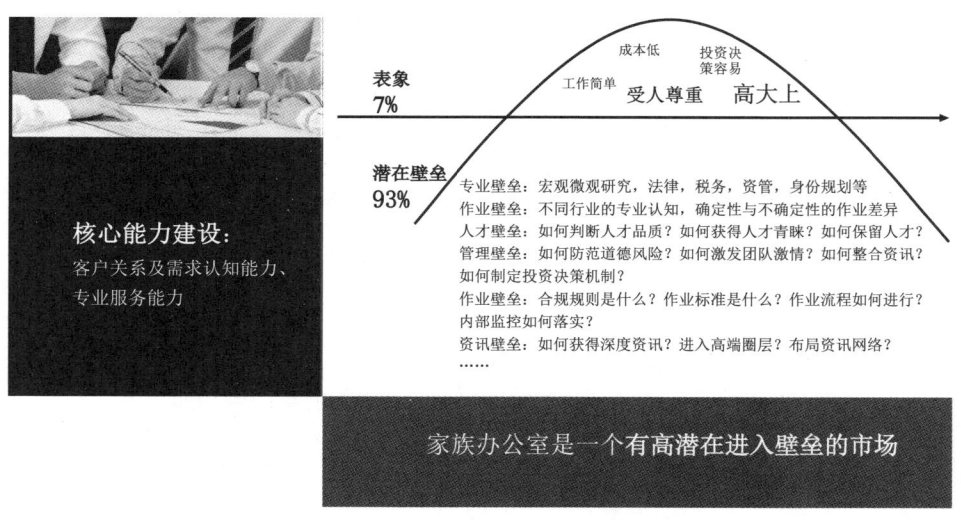

图 5-7　家族办公室市场的表象与潜在壁垒

这是一个有高潜在进入壁垒的市场——很多家族办公室在面对一个个壁垒的过程当中变成了"僵尸"，也有很多家族办公室在此过程中实现了很好的成长与发展，这些家族办公室制胜的关键在于策略。

策略一，在商业模式上，咨询和资产管理缺一不可。

家族办公室涉及保值、增值、传承、慈善等多项业务，以及家族教育、家族健康、家族理事会等各方面事务。我们今天在中国做家族办公室，切忌直接对标海外成熟模式——你不能拿一个 1 岁的婴儿去和一个 20 岁的成年人作比较。因为中国的家族办公室才刚起步不久，相当于婴儿时期，而海外的家族办公室已经发展了多年，已经是非常成熟的成年人。如果一定要把婴儿装扮成成年人的姿态，往往容易形似而不得其精髓。与此同时，也要注意区分真伪，就是如何区别秧苗与稗草，即还有看上去长得很像，但成长基因大相径庭的问题。

从商业模式上看，优脉的观点是在中国家族办公室市场上，咨询和资产管理这两项业务缺一不可。前者需要很强的功力（客户关系及需求认知能力、专业咨询能力）；后者需要专业的执行团队，能够让你为客户提供针对性的解决方案，并有效地设计，最后能够切实执行。

从营收角度来看，以中国目前的现实情况，家族办公室的咨询收费模式依然面临着市场逐步接受的过程。比如一个家族办公室花费很大精力为客户做了一个家族传承方面的专业咨询，然后收取 50 万 ~100 万元的咨询费，客户在接受度上可能会觉得"撑破天"。但是在资产管理方面，如果你是金融背景出身并学习过财富管理的专业知识，再加上专业资管团队的加持，就可以帮客户做产品尽调和资产筛选，做大类资产配置和组合，客户的接受程度也相对更高。比如你为某位客户管理 3 亿元的资产，帮助客户降低了风险，提升了收益，那么每年收取 1%的管理费是很容易被客户所接受的。在优秀的资管团队支持下，做好资产管理这件事情，有助于让你的家族办公室建立起可持续发展的商业形态。

家族办公室的第二个成功要素是资源组织能力（见图 5-8）。做家族办公室需要多种资源，包括风险管理、作业系统、人员成长，以及法律、文化事务等专业资源，这些单靠一个办公室自己去优化其实是不太现实的。比如，内聘律师和会计师等专业人士，很可能会造成对方工作量不饱和，把人用废和办公室成本效益低的双输局面。

策略二，专业合作与专业分工者的有效选择。

资源组织能力：

1.风险管理
风险管理及资产管理资源

3.人员成长
人员成长与发展支持

2.作业系统
作业运营系统支持

4.专业资源
法律、文化、事务专业资源

图 5-8　家族办公室成功要素——资源组织能力

所以要在市场当中建立广泛的资源合作，这样方能在办公室设立初期，把精力集中在最重要的环节，解决生存问题。从专业和操作上来讲，专业合作与专业分工者的有效选择是非常重要的内容。

优脉在服务家族办公室过程中，会协助办公室完成与家族资产管理相关的财富规划、资产配置、产品筛选、决策支持、投后管理、税务筹划、传承安排等专业工作，并通过"家族办公室 CEO 成长发展计划"等系列培训，逐步内化为办公室自身的核心能力，包括所有的尽调材料、风控内容也完全开放给办公室。通过这样的联盟赋能合作方式，家族办公室得以将高昂的专业团队固定成本转化为变动成本，其商业运营效率也将大幅度提升。

策略三，制度化地控制金融风险、经营风险和作业风险。

对于客户而言，管理家族资产以实现保值、增值、传承、慈善为目的，是长达几十年甚至更长时间的需求，强调可持续性。家族办公室的创设与发展也遵循同样的逻辑。让家族办公室在未来几十年不出问题的核心，是创始人能够坚持做好公司经营风险管理、产品风控和作业合规这三个方面。

优脉在服务办公室的过程中，看到市场上开始红红火火但后来停止运营的家族办公室绝大部分是在这几个方面中的某一方面不过关。风控不过关主要体现在给客户提供的产品出了问题，而作业行为不合规通常无法被监管机构、市场接受，自然会被强行淘汰。此外，企业创始人在管理理念上的坚持与否也是家族办公室能否存活的关键。

毋庸置疑，财富办公室在未来有着巨大发展空间，如同私募基金大部分创始人原来是公募基金公司或者大型私募基金机构的优秀人员，积累了丰富经验和优秀资源的资产管理人自然而然会出来做自己的资产管理公司。同样道理，优秀的金融行业服务人员，比如银行支行长、券商营业部老总等财富管理专业人士，有一天也会离开大机构与有需求的家族共同建立（多元）家族办公室，专注服务自己的圈层客户。

我们相信经过 2015—2020 年这一轮的启蒙发展与调整后，家族办公室在接下来几十年中必然会迎来持续的成长与发展。而希望分享这块蛋糕的人们，一定要思考如何形成自己的核心竞争力，如何与外部专业资源和专业机构展开有效合作，如何持续增强与客户的关系，并建立制度化的风控和合规作业制度，从而赢得先机，赢得发展。

家族办公室归根到底是谁在干以及和谁一起干的问题

有一家餐厅生意特别火爆，靠厨师的一道红烧鱼就可以称霸业界——鱼上桌时居然还是活的，嘴巴在那一开一合。很多餐馆看它生意好，都想去一探究竟，然而这家餐厅的后厨保密工作做得极严，从来不对外开放，大家只得作罢。

一个有心人，在看不了后厨的情况下想了一招，跟踪餐厅的厨师。他发现厨师每天很早就去菜场，几乎在每个鱼摊前都会停留半天，守着鱼缸来回倒腾，同样的动作几遍下来，才在其中一个鱼摊那里买了几条鱼。这位有心人等厨师走远后就去询问摊主："你跟厨师很熟悉吗？他为什么在你这停留这么长时间？"结果摊主无奈表示认识且这厨师"烦"得很，因为他选鱼时不停地在那倒腾，直到选出他认为最鲜活、最有力气的那条鱼才购买……也就是说，这家餐厅厨师的厨艺也许并没有什么特异之处，关键是他选对了鱼，所以鱼才特别鲜活。

在家族办公室业务当中，资源、客户、商业模式固然是重要的，但最关键的还是我们的家族办公室创始人，其自身的价值观、专业性、学习力，对这件事情的执着与坚持，这些才是一个办公室能否实现可持续成长与发展的核心动因。

本章观点

财富传承是家族财富管理的第三个重要目标。"富不过三代"是历史的必然，还是有待破解的难题？在财富传承方面，文化与精神传承是东方家族传承的核心，而西方的体系和制度更有可借鉴之处。现代中国富裕家族的财富传承之路需要整合东西两方之法。

● 家族财富传承的核心之处不是金钱，而是家族的文化、价值观和信念。若一个家族的精神与文化能够不断得以传承，那么这个家族即使遭遇灾难，也能够重新崛起。

● 家族财富传承也是一个社会性的问题，会受到各地经济发展水平、生产方式、社会结构、政治模式及文化特质的影响。认识到这些才能够更加有序地制定可靠的传承方案。

● 务必重视财富传承的5项核心工作：第一，找到安全的法律体系能够保障财富所有权；第二，设计出合理的家族信托结构能够实现税务优化、规避法律风险、隔离个人风险；第三，做好身份管理和资产的税务优化能够保全资产不被分割；第四，借助信托、保险等现代金融工具能够帮助家族人士落实传承规划，确保受托人按照委托人意愿行事；第五，而找到一支长期的、可信赖的、利益一致的专业团队则是实现传承资产、做到保值增值的重中之重。

● 家族办公室是目前最能够有效管理家族资产的专业组织。

06

不要再摸着石头过河：
家族财富管理的系统性思考、整体性规划、专业化作业

"

改革开放初期，邓小平同志面对中国经济发展争论不休的路线意见和未知的发展方法，提出一个非常务实有效的口号——"摸着石头过河"。即对于不熟悉、不了解的事情要勇于尝试，勇于探索。就这样一步一步走出了富强的当今中国。

在平安发展的历程中，我也发现了另外一个有效的路径：高价聘请智库，高薪聘请有经验的行业专家，通过支付"买路钱"，获得先进国家的经验，降低犯错的概率，从而得到更好更快的发展。当然能这样做的前提是这些领域已经有很好的先人经验，而且这些经验有很大的一致性，即所面临的问题有着相似的逻辑和解决方案。

1997 年的时候，老东家平安掌舵人马明哲就提出了"河上有桥，就不要摸着石头过河"的著名观点。在"外资、外体、外脑"策略下所形成的系统性思考、整体性规划、专业化作业，如今看来都是让平安快速成长的非常珍贵的经验。

在财富管理行业，优脉的战略股东、Azimut 集团董事长彼得罗·朱利亚尼（Pietro Giuliani）曾和我说，当下的中国财富管理市场正如 20 世纪 80 年代的欧洲，在经历了 40 年经济高速增长后，财富管理即将进入高速成长期。也就是说，欧洲真正的财富管理事业是在 20 世纪 80 年代才开始的，也曾面临财富创造到财富管理的阶段。他们是怎么走过这 40 年的？他们有些什么方法去帮助客户做好转型——如何获得客户真正的认同？如何筛选真正优质的产品？如何不被诱惑和牵引？如何提高运营效率和品质……以及这个借鉴过程应该怎么落地？上述我们正在面临的问题，他们都曾面对过，并有了科学的处理方式及经验。

21世纪第三个10年和老东家平安的30+

2020年5月，《无止之境：中国平安成长之路》出版，我翻阅老照片、老故事，感触良多。

我至今仍记得马明哲先生说过的一段话："在队伍行进的路上有一座山或者一条河挡住了去路，75%的人可能选择放弃；20%的人可能选择绕行，猴年马月才能到达目的地；只有5%的人，会选择逢山开道、遇水架桥，不达目的誓不回头。"

在过去30多年间，平安人打造出了《财富》世界500强公司，位列第29，是中国7家世界30强公司中最年轻的，同时也是中国内地规模最大的非国有企业。根据平安年报，2019年全年营收达1.17万亿元，平均每天实现营收32亿元；期内归属母公司股东的净利润接近1500亿元，平均每天实现净利润接近4.1亿元。截至2019年年末，集团总资产达8.22万亿元，集团个人客户数首次突破2亿元。粗略统计，每7个中国人中就有一个是平安的客户。更令人惊讶的是，平安不像大多数人以为的只是一家金融公司，它正向着全球领先的科技公司的目标进军，已在人工智能、区块链和云服务等方面掌握了多项核心技术，被《麻省理工科技评论》评为全球"50家聪明公司"之一。

凡此种种，让人们有足够的理由对这样一家年收入过万亿又保持着旺盛生命力的企业加以研究。作为曾有幸参与其中10年建设的平安人，站在今天这个时点回首，与其说研究原因，不如谈谈我从老东家平安所学习和所实践的——系统性思考、整体性规划、专业化作业，以及持续努力的成效。

以创新业务为例，平安通常采取自上而下的方法，先从顶层战略上思考如何选择要布局的行业、业务，再去思考如何构建相应的专业团队和对应资源，从而杜绝因人设事、因人设岗，避免战略不清、方向不明、资源浪费。

再如金融后台，在平安不仅是服务平台，也是管控平台。做金融，永远不能忽略的就是防范风险。当标准化、流程化、专业化的金融运营后台启动后，平安分散于全国800多个城市的后台集中起来，服务于几千个分支机构的客户前端，实现了服务标准的统一，客户资源的共享，形成了规模效益，且不错位、不缺位、不越位。

值得一提的是，在《无止之境》这本书中，马明哲先生透露了"麦肯锡进场"初念——如果河上有桥，为何还要摸着石头呢？顾问公司把外国成熟的经验介绍到中国，不就是在河上架了一座桥吗？顾问费用的确比较昂贵，但这相当于花钱买别人的经验，省下了摸索的时间，用金钱换时间也是值得的。

从1996年12月麦肯锡团队开始走进平安，到1997年5月双方签订合作协议，正式以"洋师傅"的身份助力平安朝着"综合性金融服务集团"的目标挺进，这一携手就是23年。马明哲先生对麦肯锡的确"情有独钟"。可以说麦肯锡是平安一直以来的"御用"咨询机构，在平安实现战略构想的过程中立下了汗马功劳。麦肯锡不仅帮助平安构建了综合金融的战略，还输送了多位高管，包括原平安集团总经理张子欣、原平安集团副总经理罗世礼、原集团副总经理顾敏、现平安联席CEO陈心颖、现陆金所董事长计葵生等。

作为曾经深度参与平安—麦肯锡第一阶段合作的亲历者，我以为平安舍得花大钱请国际一流的咨询公司以及高管，得到的不仅是一个结论或者一个人才，更是这背后的逻辑和思考，是专业制胜的方法论，是成熟的经验和视野：一方面，借国际领先咨询公司专业的视野、资源和工作方法，制定出了符合国际金融业发展潮流和中国发展实际的领先战略，避免走弯路、岔路，在战略上大大提升了组织的效率；另一方面，不拘一格引进大量海外人才，通过充分的信任放权、简单的绩效文化助其快速融合，使海外人才先进的管理方法和业务能力为己所用，并以"洋猫"带"土猫"，培养起了国内本土的经理人队伍，大幅提升了公司的运营效能和内在竞争优势。

放大时间尺度，再来评估"外资、外体、外脑"策略，这不愧是平安过去20多年高速发展的法宝。在"三外"战略的彼此融合过程中，平安不单将技术、经验作为发展的"器"和"体"，还将其总结、升华，归纳出了"道"和"用"，所谓古为今用、洋为中用，关键在"用"。也正因为如此，如今在平安内部已经很少有人再提外脑这个话题，大家一起工作，境外人士早已不是什么稀罕物种，没有什么"内外之分"，在"桥"上完成了学习，在"桥"的另一端实现了超越。

所以说，决定一家企业能否成功的不是资本，而是经营班子。同理，决定财富保值增值的不是你的成本控制能力，而是你借助专业财富管理团队的能力。

回到本书一直在探讨的话题：财富管理和20多年前平安开始通过麦肯锡，架起通往国际一流公司的"桥"。同理，"如果河上有桥，何必摸着石头过河"，在中国发展财富管理行业，不需要也不可能"摸着石头过河"；（超）高净值人士管理财富，更不需要也不可以"摸着石头过河"。

财富管理是一个很成熟的领域，虽然站在当今（2020年）的中国来看，财富管理行业还处在比较早期的阶段，属于发展中的行业，但是如果站在全球角度，财富管理行业在金融与资本市场领先的发达国家已得到充分发展，是一个成熟的市场，有成熟的理念、方法和管理体系，这种专业路径和方法是没有国界的。

这里我特别想说明一点：在中国，财富管理对几乎所有的财富创造者而言都是一个全新课题。过往几乎所有人在财富创造中的成功经验，在管理财富的过程中都将面临挑战。

财富拥有者们或许需要重新开始，让自己心态归零，保持谦逊姿态，愿意去认知去学习，这需要一个专业团队（机构）帮你搭建一座通往财富管理彼岸的桥，完成从创富到守富的时代命题。

家族资产管理是一项长期的任务，让已经拥有的资产在未来几十年甚至更长的时间里有效的保值、增值、传承并按照财富拥有者的心意去有效使用，需要克服强权、政治、经济、技术、瘟疫、通胀、文化、人性、专业等各方面的挑战和压力，这会要求财富拥有者清晰定义自我在管理财富上的角色定位，在其专业团队的支持下厘清工作目标、确定管理理念，制定资产管理原则，并有专业团队负责具体在财富规划、资产配置、项目筛选、风控尽调、投资决策、存续管理、传承规划等各方面有效落地实施，这就是系统性思考、整体性规划、专业化专业，也是我私以为麦肯锡项目之于平安的灵魂法则。

在本章中，我会协助大家进入专业工作环节，希望通过还原实操案例的方式，为大家系统地展现财富管理从投前机会获取、360° 尽调，到投中专业风控、纪律性决策，再到投后管理的整个流程和规范。

老猎手不完全攻略：捕获更多的投资机会

首先是如何获取投资机会。我们需要在确定的方向和领域去获得具体的投资机会，更需要在未来几十年时间里都能够捕获更多更好的投资机会。要做好这项工作，我们需分三步走：

要了解市场上好的投资机会在哪里，哪些人容易获取这样的机会？

如何与拥有好的投资资源的机构建立可持续的合作关系？

如何建立获取这些投资机会的工作机制？

第一步，了解好的投资机会在哪里，以及可能的坑有哪些

一是来自实力家族或影响力企业，如上市公司、大型企业集团等。

在第四章，我们详细阐述过财富增值的核心驱动因素：人们相信通过投资提升科技水平、带动生产力能够发现和创造更多的财富价值，即实体经济的发展创造了更多的财富，财富来自企业，来自我们相信未来，来自我们愿意现在投入。

而过去 500 年的人类发展历史也印证了这套方法的有效性：敢于去探险、去做发现新大陆的事情，或许能带回更多的财富；尝试改良某一种植物的育种方式，作物的产能或能大幅度提升；打造更有效率的生产线，生产更多品类的产品，往往就能够获得更多的回报……所有的财富来自实体经济和部分新兴行业的萌生发展，好的投资机会也同样来自此。

因此我们可以锁定，好的投资机会来自市场中最优秀的企业，比如拥有领先科技的上市公司，拥有众多增值机会的大型企业集团。如果我们能够和这些机构

建立深度链接，好机会就容易获取。

二是来自专业投资公司，如知名的白马机构、隐士般的黑马机构等。

好的机会还来自优秀的投资管理人。他们能够发现很多具有创业家精神（相信未来、敢于拼搏、有能力和技术）的明日之星，以及已经崭露头角的新锐企业，或者能够参与到大型企业的进一步发展过程中，无论是天使、VC、PE、Pre-IPO还是并购、重组、不良资产处置，先普通投资人一步锁定机会。

以私募为例，目前中国股权类私募管理人有1万多家，证券类私募管理人有1万多家，大致可以分为白马机构、黑马机构、灰马机构和斑马机构四类。真正能给投资人带来好回报的资产管理人不是二八现象，不是一九现象，而是其中的1%~2%，因此选择非常重要。

·白马机构：组织结构完善，投资团队规模大，过往业绩良好，业界口碑俱佳，非行业人士也多有耳闻，一般管理规模大，投资范围和策略比较广泛。

白马机构往往不太会犯错，其组织内部流程和建制完善，风控严格，获得优质项目能力强，发生重大问题的概率低，但因管理规模大，想获得整体超高收益往往也比较困难。市场上一些可能获得超额收益的投资通常需要更灵活的策略和方法，市场容量相应会受到一定的限制。而白马船大难掉头，白马基金不易介入，因此业绩回报也就中上水平。

·黑马机构：在行业内、投资圈中被充分认可，人员一般不多。虽然外界对其了解得不多，但黑马机构的过往业绩同样不错，管理规模不是很大，以核心人员为主展开工作。

黑马机构的领头人很重要，一般拥有很强的行业前瞻性、洞察力和投资能力，在其投资领域有独树一帜的建树。所以他们往往能够发现有效的细分市场，并在这个细分市场快速做出决策，给投资人带来相当不错的回报。也正因为管理规模不会很大，当他想获得更高收入时，就要依靠项目超额收益的分成。所以这种黑马基金是我们在资产筛选过程当中要特别关注的一类。

·灰马机构：核心能力是在其关键管理人的圈层范围及能力圈里拥独特的资源和优势，但相对缺乏前瞻性思考、视野、投资能力，有过优秀的业绩但可持续性和后续发展力一般。

这类管理人在市场当中占比较高。目前很多（超）高净值人士的资金都是委托这类机构进行运营和管理的。原因很简单，这类管理人往往都是（超）高净值客户的朋友，彼此比较熟悉，且短期内已经取得过不错的业绩，所以大家在一个小范围内信任基础良好。但因为"先天不足"，其可持续性往往偏弱。

·斑马机构：没有什么特别的投资能力，但对市场和客户敏感，尤擅"追风"，一般市场"热"什么它就投什么。

市场上绝大部分的管理人是"斑马"。为什么是斑马？因为它"色彩绚丽"，其概念和（路演）内容往往是人们所津津乐道和向往的。乍一看很特别，但深入分析会搞不清楚它的核心竞争力到底在什么领域。比如：定增是某一阶段的市场机会，他们便跟风去做定增基金；当市场又兴起并购热时，他们又会立即上马并购基金，总是随着市场变化而随时变化。大家要特别小心这类管理人，因为他们缺乏核心竞争能力，看似很好的机会往往结果不尽如人意。

以黑马机构为例，我们看几个例子——

比如，在证券投资方面，有一家西南地区的私募基金，虽然该机构在私募证券投资圈非常有名气，但在市场上知道的人却不多。其创始人虽然获得了北京大学物理学硕士学位，但不像很多知名私募基金管理人那样有着漂亮的投资研究经历（例如在国内外某大型金融机构任基金经理等），也不像很多私募基金公司会聘请"北清复交"等名校毕业生做策略开发。创始人在建设银行任数据分析师期间，利用业余时间持续优化自己的量化模型，并于 2014 年利用亲友资金成立该资产管理公司，其间投研策略一直都是他独自开发和维护的，到了 2015 年因业绩优良，才逐渐吸引了大量资金进入。截至目前，该公司管理规模约 50 亿元，各指数增强型产品业绩良好，相对沪深 300、中证 500 和中证 1000 指数的平均年化超额收益分别达到 10%、20% 和 25%。

在股权投资方面，举几个优脉投资的项目：

项目 1：酷哇机器人（已退出）

项目简介：酷哇机器人（COWAROBOT）成立于 2015 年，专注于提供短距离无人交通及智能服务机器人技术的解决方案。COWAROBT R1 机器人行李箱已投入商业应用，2018 年一季度销售近千万，一度成为"抖音网红箱"。工程车方面，酷哇与国内最大环卫企业中联环境在长沙共同落地自动驾驶清扫车。

项目团队：创始人何弢，毕业于上海交通大学，曾在东京工业大学进行自动驾驶环境感知研究，师从机器人大师广濑茂男（Hirose Shigeo），之后曾任教于上海交通大学，并提出了特征驱动全局定位理论，而早期酷哇团队成员也多来自上海交大、卡耐基梅隆大学、百度等高校或企业。

投资情况及项目进展：2018 年上半年酷哇机器人获得 1.35 亿元 B 轮融资，由软银中国和创世伙伴领投，盈峰投资、睿鲸资本、中民金服、芜湖风投、合力投资跟投；2018 年 9 月进行投资，2019 年 3 月完成退出，绝对回报率 59.38%，内部收益率达到 179.36%。

项目 2：奇安信（存续中）

项目简介：奇安信项目成立于 2014 年 6 月，由奇虎 360 联合创始人、总裁齐向东亲自任董事长 CEO。高管成员主要来自企业安全领域的企业，如奇虎 360、绿盟、网康科技。其投资机构包括国家开发投资集团有限公司、中国国际金融股份有限公司、招商银行股份有限公司、IDG 技术创业投资基金、中信建投证券有限公司。奇安信入列网络安全国家队，目前是中国最大的网络安全公司之一，专门为政府、企业，教育、金融等机构和组织提供企业级网络安全技术、产品和服务，已覆盖90%以上的中央政府部门、中央企业和大型银行，已在印度尼西亚、新加坡、加拿大等国家和中国香港地区开展了安全业务。

投资情况及项目进展：2017 年 12 月，参与 A++ 轮融资，投后估值 162.5 亿元；2019 年 9 月，公司完成 B+ 轮融资，融资金额 1.5 亿元，投后估值 230 亿元；2020 年 5 月 7 日，中信建投报告对外披露，完成奇安信首次公开发行股票并在科创板上市的辅导工作；2020 年 7 月 22 日，奇安信在上海证券交易所上市，正式登录科创板。

项目 3：青云 QingCloud（存续中）

项目简介：青云 QingCloud 是一家具有广义云计算服务能力的平台级混合云信息与通信技术（ICT）厂商和服务商，以软件定义为核心，致力于为企业用户提供自主可控、中立可靠、性能卓越、灵活开放的云计算产品与服务。青云 QingCloud 获国家高新技术企业认定、中关村高新技术企业认定，荣获工信部"突出贡献单位奖"、"优秀解决方案 / 产品奖"、可信云"技术创新奖"、金融电子化"优秀自主创新奖"、"优秀解决方案奖"、福布斯"中国 50 家最具创新力企业"、IDC 中国"互联网 +"产业创新创业 100 强等一系列奖项。

项目团队：创始人黄允松是 IBM SmartCloud 负责人及架构师（SmartCloud 为 IBM 蓝云的升级版，是 IBM 云体系 IaaS 层核心产品）；IBM 大数据项目 Biginsights 的开发者，分布式计算监控技术（Hadoop）的设计者；IBM 中国开发中心架构委员会成员，专注于产品与技术的整合，以及跨品牌、跨实验室和跨核心客户的创新。以黄允松为核心的青云核心团队大部分来自 IBM 和华为，在业内有"小 IBM"之称，有着极高的知名度。

投资情况及项目进展：2017 年上半年投资，投前估值 17 亿~20 亿元；2020年 4 月 7 日，按照中国证监会有关规定向上海证券交易所提交科创板注册申请，并获得受理。

综上，无论是一级市场还是二级市场，都存在这类黑马型管理人。在圈内，这些名字大家耳熟能详，各自都有非常独特的能力圈，但在财富管理市场，对于各位（超）高净值人士而言，可能连名字听起来都比较陌生；他们的基金规模虽不大，但的的确确能够给投资人创造较好的业绩，这就是比较典型的黑马基金。

三是来自大型金融机构，如资产管理公司、金融产品销售 / 服务公司等。

这类机构都有一个共同特征，即品牌影响力大，在社会当中建有非常广泛的服务网络。对于我们投资人来讲，也比较容易在公开场合接触到，比如二级市场很多投资收益好的产品 / 策略会常见于各种排行榜。

其中，一些大型资产管理机构，比如保险公司，由于本身拥有巨额资金，通常会吸引众多优秀项目主动寻求合作，自然而然更能拿到优质的投资机会。而大型金融产品销售机构，比如大型银行、证券公司、三方财富管理公司，因为有能力在短期募集大量资金，也会因此垄断市场上的一些优秀投资机会。比如高瓴资本的二级市场基金首发，曾一度只委托给中信、平安、诺亚三家机构分销。所以如果投资者想要获得一些稀缺的投资机会，可以从大型机构处寻得帮助。当然长期看，随着市场的发展，完全垄断产品已经非常困难，在海外几乎所有私行的产品都类似就是一个典型的表象。

第二步，如何判断和分析投资机会，并建立可持续合作关系？

我们先来看看客户触达投资机会的 3 种主要方式（见表 6-1）：

表 6-1　客户触达投资机会的 3 种主要方式

触达方式	说明	优势	潜在风险
客户直投	自己直接选择参与投资机会，如做项目公司股东（对这个行业非常了解或拥有控制性资源，或有项目控制力）。	1. 操作简单； 2. 做直接股东； 3. 较少投资成本。	1. 如果不是项目所属领域专业人士，很容易错误判断，最后导致投资失败； 2. 纯财务投资且是小股东，几乎没有投后管理能力，对企业也无任何影响力； 3. 单一项目投资，集中风险很高； 4. 除了上市退出外，其他退出途径会很困难。
推荐产品	根据朋友或销售机构的建议购买基金（朋友的专业程度真的很高）。	1. 操作简单； 2. 适合有时间和能力进行投资决策和管理的投资者。	1. 朋友的专业能力可能不足； 2. 销售推荐基金的立场有可能和客户需求不一致； 3. 产品买入后无专业人士协助进行持续跟踪和管理。
聘请专业团队	专业团队根据客户需求管理资产，实现资产长期稳健增值的目的（你确定该团队的商业利益与你保持高度一致）。	1. 投资方案是根据客户具体情况定制，满足长期资产保值增值目的； 2. 客户与管理团队利益一致，资产稳健增值； 3. 通过组合投资管理，降低投资风险； 4. 省去后续投资管理的麻烦； 5. 机构与机构对接，提升投后话语权和增加特殊机会项目的投资机会。	1. 客户前期需要花时间对专业团队进行详细了解； 2. 需支付管理费和业绩报酬。

那么，如何去判断和分析哪些是好的机会？后续我们会做详细分析，在此先

分享一个重要的思考点：要从上至下进行整体性的价值分析，了解全市场的情况。

目前全市场可投资的私募基金产品有将近14000只、公募基金产品9000多只、券商集合理财产品17000只、证券信托产品15000只、期货资管产品5000只，要从中找到最好最匹配的产品需要强大的数据分析能力和信息处理能力。

特别是在二级市场，以量化分析为例，需要综合考量历史收益、风险水平、风险收益比、业绩可持续性、收益特征（指进攻性或防守性）等各方面因素。此外，有一点要特别提出，我们需要考察管理人的全部产品线，而不仅仅是管理人的旗舰产品。很多管理人将业绩好的产品作为旗舰产品来宣传，但用其他产品来接受新资金，导致投资者买到的并非管理人所宣传的产品。我们做量化分析，就是要通过分析该管理人旗下各产品之间的业绩相关性，避免踩到这个坑。

接下来要思考的是，如何与拥有良好投资资源的机构建立可持续合作关系。

第一，建立同向商业关系。

为什么要建立同向的商业关系？举个例子，市场当中有很多机构会在股市或者股权投资里，做一些二手份额的交易，似乎有很多好的二手份额可以打折卖给其客户。但从客户角度看，就要特别小心背后的估值问题，因为机构通常会这样描述，"在现在的估值情况下，我打五折出售"。但是对于该资产估值的认知度，特别是未来价值高低的判断能力，交易对手双方并不对等，客户这个时候接盘资产就可能面临着较大的不确定性认知。对机构而言，卖贵了有好处，卖贱了有明显坏处，是直接的利害关系，于客户而言也就很难获得一个真正有价值的内容去辅助判断。

而同向的交易策略就可能很好地解决这个问题。比如说你是机构的LP，当机构准备对某个项目追加投资时，你就可以成立一个跟投基金，机构投资时你就跟。此前提到的奇安信项目，有客户就设立了跟投基金，当机构要进行新一轮的融资时，双方虽然已经不需要再谈论，但是能拿到同样的份额，而且有很多大型的更知名的机构要参与进去。借助这个跟投基金，客户获取了远超"自身资源能力"的单一项目投资机会。此外，对这个项目也可以进行更多的分析和判断，因为 LP 和 GP（普通合伙人）是利益共同体，是同向商业关系。

第二，尽可能成为这些机构多方面的合作者。

多方面，即我们跟机构建立的关系不止一项。简而言之，投资机构始终需要两样东西，第一是募资的时候需要更多资金，第二是投资的项目希望能够有机会退出。所以这时候无论是并购／协助上市，还是为其提供某类型投资标的的更多相关资源，如果我们跟机构之间建立类似多维度多方面的合作，那么双方关系会变得更加紧密，后续获取进一步优质投资机会的能力也会变得更强。

第三，建立起持续的交往和沟通。

持续的交往和沟通，即定期／不定期能够跟机构的投资经理、投资合伙人、负责人碰撞投资观点和意见，比如被投项目的进展情况，以及能够跟其同类型投资机构的行业中人（同行）、其他 LP、被投企业进行开放式观点交换等。这类交流若可以始终保持着，那么你就能更好地把握优质投资机会的入场时机，与之对应的判断和分析也会更加客观。

以上三点看上去都不容易实现，特别是对于一个企业家族来讲。不容否认，一个家族客户，若要跟各种上市公司、各种白马／黑马投资机构，以及大型金融服务机构保持密切联系和交易关系，知易行难。如何解决这件难事，第三部分会给出解决方案。

第三步：家族资产管理执行团队的建设

要建立可持续投资机会的获取路径，需要找到或者创立专业的团队和机构，实现与这些优秀投资机会拥有者平等的、长期的商业关系，但也需要考虑运营成本、管理难度和效用程度。根据各自的财富状况，（超）高净值人士有不同的选择，具体有三种路径：

第一种路径是自建。

资产百亿以上的人士，应该建立自己的单一家族办公室，聘请专业资产管理、法律、税务团队专注于您的资产管理，保值增值，传承慈善。具体需要考虑两个方面的问题，一是成本需求和效益（家族资产管理的专业范畴有哪些、涉及招聘怎样的专业团队、管理资产量有多少等），二是专业人员为什么愿意持续在您的办公室工作（包括激励机制、管理机制、企业文化、相关权益等）。

举几个例子。最有名的莫过于神秘的洛克菲勒家族，"富不过三代"似乎是铁一样的定律，然而洛克菲勒家族通过家族办公室，从发迹至今已经绵延了六代。

活跃于台前的则有索罗斯家族。2011 年，成功预测 2008 年经济危机，并在危机中依然赚了钱的索罗斯宣布退休。这时他 81 岁，至于退休的方式，是将自己的索罗斯基金，从对冲基金转换为家族办公室，只负责管理和投资家族成员的财富。据彭博社 2017 年报道，索罗斯家族办公室管理规模超过 260 亿美元。

目前中国也有单一家族办公室。比如，万科王健林交给王思聪打理的普思资本，再比如阿里蔡崇信早年成立的蓝湖资本。这些家族都是非常典型的资产过百亿，其管理需求有各自特性，且每年能够承担几千万的运营成本来聘请专业团队为家族提供专业服务。

第二种路径是合作。

资产几千万到几十亿的家族，建议投资、参股一家联盟性质的家族办公室，透过联盟力量获取可持续的优秀投资机会，这种联盟办公室是由一个专业资产筛选和管理机构及众多家族办公室组成的，投资一个这样的办公室成本不高（1~3

名人员），但获得的专业能力和资源非常好，更重要的是这种买方定位的机构在利益一致性方面非常符合客户的利益。

其中最典型的是多元家族办公室。这类家族办公室，可以由几个家族共同成立，也可以由若干（超）高净值客户与专业人士合作成立，然后共同承担高昂的运营成本。

值得一提的是，这里的专业人士一般来自财富管理相关领域，比如资产管理公司、律师事务所、会计师事务所等，能够提供资产管理、财富传承、法律税务、身份规划等专业赋能。多元家族办公室一般拥有多位股东，所服务的通常是股东及专业人士身边的朋友（家族），数量在十几个到几十个，所以同时相当于一个比较私密的圈层。

在海外，多元家族办公室很常见，是大多数家族会采用的方式。因为不论是历史悠久的洛克菲勒家族和摩根家族，还是类似比尔·盖茨等的超级富豪，这类能够通过独立的家族基金来管理家族资产的毕竟在少数。相较而言，多元家族办公室服务的客户范围更加广泛，分担运营的成本相对更低，也有诸多专业机构为其提供专业服务助力其专业能力。这种合作模式也是目前最符合中国富裕家族初级阶段需求的模式。

第三种路径是外聘。

资产在几百万到千万的，可以考虑选择一家认可的家族办公室，或者选择一家私行并一定找到一个可靠的、可信赖的理财师。因为私行的业务性质，理财师能否比较好地站在客户立场，以及其专业能力的范畴、业务透明性和持续性都非常重要。

独立财富办公室，通常由深耕行业 10 年甚至 20 年的金融投资或者财富管理领域专业人士创建，向（超）高净值人群及中产富裕人群提供财富管理服务，手里往往积累了相当数量的忠实客群。

一般而言，独立财富办公室不生产任何金融产品，而是选择与专业服务商合作，全市场筛选真正优质的符合客户资产配置需求的投产品，而不是仅仅因为某产品类型是客户群青睐的，或者某产品平台有品牌有影响力，就和产品供应商如银行、保险公司、基金公司等签约，以促使客户买单；同时，独立财富办公室也不隶属于任何大型金融机构，不专门为某个机构做营销，即我们经常说的"买方定位"，从而避免了与客户利益相互冲突。

独立财富办公室也是海外特别是美国非常成熟的模式，通常也以加盟形式存在。比如说嘉信理财、爱德华琼斯等，都是非常典型的由独立财富办公室组成的联盟，为其提供上述专业服务支持。

延伸思考：可能的投资坑有哪些

盲目追求追风项目的失败案例：爆款基金到底是机会还是韭菜

据《新京报》2019 年的一篇报道统计，过去 15 年间的 37 只主动型权益类爆款基金中有将近五成跑输大盘。这意味着投资者费了老大劲买的所谓爆款基金赚到的钱，和靠掷飞镖来选基金差不多，甚至有超过 1/4 的爆款基金在打开申赎时净值跌破 1 元。其中工银互联网加股票产品在开放申赎时净值只有 0.67 元。

既然投资者并非一定是这些爆款基金的受益者，那么谁才是最大受益者？答案是销售平台。例如，据《新京报》记者推算，招行代销兴全合泰这只基金一天的时间，不包括管理费分成，光是认购费就能赚到约 3000 万元。如果考虑到管理费分成，那收入就更高了。这些销售平台通过打造爆款基金，大量赚取了投资者的钱，但投资者能不能最终赚取预期的收益，很多时候却需要打个问号。

去统计一下，你会发现几乎每一个爆款基金在发售的时候，都处在当时资本市场的一个小高点。为什么会出现这种现象？发行单位如果要发行一款基金并做到发行成功，需要考虑很多，除了产品设计方面的因素外，最重要的是考虑客户的购买意愿，以及渠道销售的工作准备等。试想当市场处在低谷时，大家普遍信心全失，还有谁愿意去买二级市场基金，即使这个时候是好的投资机会。所以这些基金销售机构是很难在此时发行基金的，往往在市场已经从低谷上涨了百分之几十，大家都觉得赚钱时机来了的时候发行，此时投资人更愿意参与进来。所以当类似爆款基金发行时，再加上大型财富机构的系列推广动作、大牌的管理人、良好的过往业绩、知名机构的推荐、火爆的争抢场面、身边人的赚钱效应，投资人想不买都难，想买到还不容易。

盲目追求明星项目的失败案例：暴风科技—光大资本案例

据《新财富》报道，暴风科技是在 2015 年 3 月拆除海外上市架构后登陆 A 股的，上市后连拉 32 个涨停板，在资本市场掀起了一场暴风。受市值急速增长因素的刺激，暴风科技接连开展了多项资本运作，与光大证券所属光大资本投资有限公司（以下简称"光大资本"）、招商银行股份有限公司上海分行联合设立了并购基金——上海浸鑫投资咨询合伙企业（有限合伙，以下简称"上海浸鑫"）。设立上海浸鑫的主要目的是收购国际顶尖体育媒体服务公司 MP & Silva Holdings S.A.（以下简称"MPS"），收购价格约 47 亿元。然而，在上海浸鑫入主之后，MPS 却走上了下坡路，与相关体育赛事联盟的版权和合约不断丢失。2018 年 10

月 17 日，经法国网球联合会（FFT）申请，英国高等法院下令将 MPS 进行破产清算。FFT 申请的理由是 MPS 一直未向其支付 500 万英镑（660 万美元）版权费。很难想象一笔数千万元的版权费就将一家估值 72 亿元的公司压垮，而此时距离它被收购还不到两年半的时间。

天眼查信息显示，除了暴风投资、光大资本、光大浸辉之外，浸鑫基金还有 11 家有限合伙人（LP），背后的出资方招商银行、华瑞银行、东方资产、钜派投资及云南、贵州省国资均有踩雷（见图 6-1）。

这个案例充分揭开了投资结构化的面纱，越复杂的结构里面蕴含的机构利益越错综复杂，作为劣后级的鹰潭浪淘沙有限合伙下面是钜派和北京恒宇天泽两家三方募集投资人的钱，以这层钜派投资人为例，套了三层，被收三层管理费（钜派＋浪淘沙＋上海浸鑫）和三层业绩报酬分成（10%+10%+20%），最致命的是作为劣后投资人放了 5 倍杠杆去做股权投资，不是做中低风险的债权投资而是放杠杆去做股权投资。实话实说，很多金融产品的爆雷不是偶然而是必然，从设计产品结构的那一刻起，就已经把自己的利益充分锁定，而客户有可能已经处于极端风险中了。

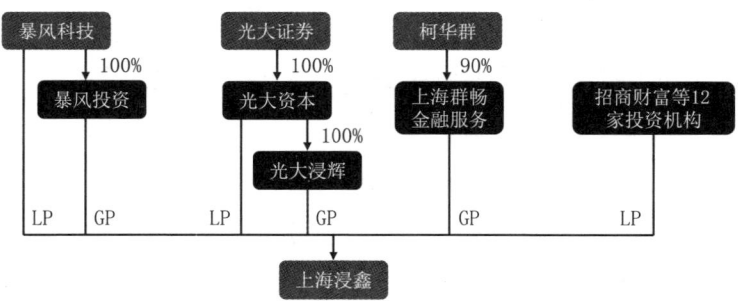

图 6-1　上海浸鑫投资架构

投资的一个要点是选择优秀的管理人，不管是一级市场还是二级市场，都是如此。基金只是投资载体，背后操盘的人才是决定项目成败的关键。暴风案例的投行是某某资本公司，在媒体曝光后，好几个高管都离职了，而投资人承受了巨大的损失。同行很多人发现这个项目在当初的操作过程中就暴露出很多风险，而且是很低级的错误，只要有点常识就能意识到，比如收购的底层资产 MPS 在国际体育版权界就是一个二道贩子，做的是买和卖的生意，核心资产是人，人走了就什么都没有了。在签署交易过程中，也没有和创始人签署竞业限制协议，导致 MPS 的一位创始人拉德里扎尼在 2017 年收购了英国的利兹联队，还创立了一家国际体育内容平台 Eleven Sports。在 MPS 后来走向衰亡的标志性事件里，拉德里扎尼旗下的这家公司有意或无意地推了一把。

总结来说，要选择靠谱的管理人或者上市公司，千万别盲目迷信大机构或知名公司，越是备受热捧的项目越要冷静、警惕，尽量避免结构复杂的产品（超过三层结构不建议投资），参与劣后份额时也需对底层资产的风险有非常清晰的认知和控制能力。

海面下的冰山：专业机构与 360° 尽调流程

如果说我们在刚获得一个投资机会时，获得的信息如海面上的冰山，那么我们在真正落地投资动作前，还需要获得足够可靠的信息，看穿海面下的冰山，知道事物的全貌，即对它进行全面而深入的认知和了解。这个至关重要的动作就是投资尽调。

先分享一本有趣的书和一个有趣的人。

"大钱细思"，出自投资大神乔尔·蒂林哈斯特（Joel Tillinghast）的著作

Big money thinks small 的书名。他是彼得·林奇的弟子，富达基金大神，长得特别像巴菲特，被国内投资界善意评价为"绝代双骄的双胞胎"。

在 *Big money thinks small* 一书里，作者想传递的意思是，无论管理多大的资金规模，都不需要宏大的叙事，不需要精妙的故事，只需要尽量从小处着眼，从简单的东西入手。但小和简单并不代表着容易。

其一，我们在获取信息这件事上要做减法，适当远离即时信息，专注于长期视角的信息。能立即找到的信息往往更适合回答"What happens next？"（下一步会发生什么），而不是"What does it worth？"（价值何在）。这会导致一个危险的组合：过度自信 + 重视短期。长期视角是指一两年后这个信息是否还有用，专注于一些已经存在并起作用了较长时间的背景性信息，比如公司的竞争地位和管理层的能力等。

其二，我们要真正理解能力圈的概念。能力圈不但包括你对某个行业是否懂，还包括这个行业本身是否容易被把握。"懂"的意思不单是指熟悉，还包括很多其他因素，比如：客户为什么喜欢该公司的产品而不是竞争对手的？什么因素使得公司胜过竞争对手？生意怎么赚钱？利润率上升和下降的原因是什么？什么因素导致它增长？这类业务失败的原因可能是什么？5 年之后公司会怎么样？为什么会这样？我能在这个领域识别出大机会吗？在这个领域里我能做出明智决策吗？换句话说，理解还不够，需要"看穿"。性价比最高的风险投资是你能感知到、能够被分析，并且提供较大胜算的，它经常出现在简单稳定的生意之中。不要涉足任何妨碍你用长期视角看问题的手段，比如杠杆（我们之前谈到过杠杆对财富创造的重大作用）。

所以我们的焦点就在于如何获取更加长期和完整的信息。而信息不对称会在投资过程中带来大麻烦，是投资大忌。在中国市场，我看到过太多的（超）高净值客户，经常在只知极少量信息的情况下做项目投资决策：可能只是去参加了一场几百人路演会议，听投资管理人洋洋洒洒讲了过往经历和所做项目，感觉很不错就投了；或者从私人银行或者财富公司的业务人员手里拿到一份产品说明书，然后在说明书所呈现信息的基础上做出决策。

简言之，我们不仅要获得表象的信息，更要获得深入的完整的信息，不仅要获得当下的信息或者过往的信息，更要获得长期视角下对未来判读有帮助的信息。此外，对于所有（超）高净值客户来讲，我们在获取信息的过程当中都难免会面临种种道德风险，所以我们不仅要从别人那里获取信息，更要亲自或者委托可信赖的人去获得上述信息。

如何尽调？问对问题！

这个过程在投资领域有个专业术语，即"尽调"。尽调的第一步，要学会把问题问对。

你的信仰变成了你的思想，你的思想变成了你的语言，你的言语变成了你的行动，你的行为变成了你的习惯，你的习惯成为你的价值观，你的价值观成为你的命运。

——莫罕达斯·甘地（Mahatma Gandhi）

甘地这句话的主旨意思是"求仁得仁"，我们关心什么问题，很大程度上已经决定了我们的结局。乔尔·蒂林哈斯特就缩小了研究范围，专注于某个公司的信息，因为分析一家公司可比分析一个经济体所要面对的信息和变量少太多了。

投资研究时，绝大多数人关心的问题是"下一步会发生什么"，极少有人关注"价值何在"。许多人声称自己在做价值投资，实际是在做事件驱动投资。因为人类天性喜欢走思维捷径，喜欢问第一个问题，喜欢被推着走，而不愿意去做价值评估。那么只关心"下一步会发生什么"会有什么问题？

其一，陷入无休止的决策。"下一步"之后还有"再下一步"，事件不断发生你就需要不断决策，决策链越长越容易出错。即便你每步决策胜率很高，几步下来也可能已经很低了。

其二，很难评估某个事件及其演化的最终影响。很多时候事件的影响并非那么直观，随着新情况的出现，可能会引起一系列的连锁反应。比如2017年年初老板电器和索菲亚的提价，当时看来显然是利好，应该买入。但从索菲亚三季报和老板的年报看，提价引起了销量下滑和份额丢失，还引发了新的竞争，所以它们又把价格降回去了，这显然是利空，应该卖出。再想一步，这个事件又证明了老板和索菲亚较强的纠错能力，又或许会促使它们面对现实，去加紧做更重要的渠道下沉和产品创新，这或许在未来又会变成利好。

其三，很难评估某个事件是否已经反映在价格中。现实世界的发展变化总是曲线的，但人类的思维常常是线性的，这导致了容易高估短期变化而低估长期变化。这一点我相信很多做过股票投资，或者在金融市场里有着较长经历的人都会有类似感受。

比如2018年下半年的中美贸易争端引发了民众对市场的担忧。但是回溯看，2018年10月份的二级市场是一个很不错的投资时点，因为所有的价格指标都告诉我们市场被低估了。彼时，我还专门写了一篇文章《请不要浪费一场好的危机》。但是人性的弱点会让我们去想，"可能接下来还有调整，再等等吧"，"可能还会更糟糕，再看看吧"。这就是人类思维线性逻辑的弊端：当情况乐观的时候，人们会认为一直乐观，当遭遇不好的情况时，人们也会认为一直糟糕，然而不为主观思维左右的客观现实其实永远都是波动的（见图6-1）。

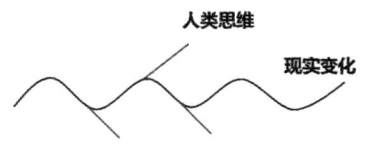

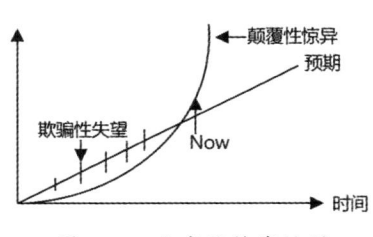

图 6-2　人类思维线性图

投资 vs 投机 vs 赌博，一步之遥？

很多朋友在投资过程中可能会困惑：股票市场其实就是一个赌博的市场吗？一级市场其实就是一个靠运气的市场吗？投资、投机、赌博三者之间貌似一步之遥又彼此有别，到底应该如何区分？

对此，投资大神乔尔·蒂林哈斯特的思路极具借鉴意义：根据是基于包括价值评估在内的整体性考虑还是事件驱动，以及是否做了深入透彻的研究的判断，可以把投资、投机和赌博区分开来。他首先把人类押注的行为分成了事件性押注和整体性押注（见表6-2）。

关于事件性押注：如果你对某个事件（比如两家公司合并）进行了广泛深入

的研究而押注，这不能称为投资，可以叫作精明的投机；如果你只是做了泛泛的研究，那就叫轻率的投机；如果你根本不做任何研究就赤膊上阵，那就是赌博。

表 6-2　事件性押注 VS 整体性押注

	事件性	整体性
通透的研究	精明的投机	投资
粗浅的研究	轻率的投机	高风险的投资
没有研究	赌博	赌博

（来源：*Big Money Thinks Small*）

关于整体性押注：投资只存在于整体性的下注，比如基于你对一个行业长远发展的判断的下注。如果你的研究通透，那就叫投资；如果你的研究泛泛，那也是投资，但这是风险较高的投资；如果你完全不做研究，就仍然是在赌博。

以企业估值研究为例，一起走一遍"通透的研究"的逻辑。决定企业估值中枢的有四个因素：营利性、持续性、成长性、确定性。估值中枢的变化是比较大的投资机会，双击或双杀都来自这里，要全面考虑。历史证明，许多公司的最终价值都是零，不能用 DCF 估值[①]。持续性是最经常被忽视的因素，而成长性往往被过分强调（比如 PEG 估值法[②]）。

从中长期看，成长性反而是最不重要的因素。因为一方面确定性和成长性很难同时出现，在迭代快的行业，公司要生存必须保持快速迭代，这就容易出错，且无法有效建立起护城河。另一方面是高成长很难维持较长时间，对最终的估值结果影响不大。

---

① 现金流折现法（Discounted Cash Flow），即用资产未来可以产生现金流的折现值来评估资产的价值。
② PEG 估值法即市盈增长比率，用公司的市盈率除以公司的盈利增长速度。

所以最重要的是时间！我们知道实现价值投资的关键一环就是时间。如果缺少等待的耐心，投资的效果未必会胜过投机和赌博。从美国共同基金的长期数据也可以看到，换手率和超额收益率呈现明确反向关系。这是一个比较有意思的现象，类似武学的最高境界便是无招胜有招，价值修复需要时间，是一个"寻找—执行—等待"的过程，往往我们最为缺乏的就是等待。

下面，我们一起来看看专业机构的 360° 尽调和案例。

因篇幅有限，本书仅分析权益类资产在配置和管理过程当中的尽调工作，这也是成熟金融市场的主流投资产品。

关于一级市场的尽调和案例，尽调底稿该怎么来看？ GP 提供的数据怎么分析？

对于很多小 LP 或个人客户来说，基本上是无法从 GP 那里获取较多资料的，最多会收到 GP 发的募资说明书文件。但这个比较片面，基本上放的都是 GP 想要（愿意）给投资人看的内容。

所以在尽调过程中，其中很重要的一项就是书面底稿尽调，即要求 GP 提供过往经营过程中的所有文件，包括内部激励机制、分配机制、项目投资决策报告、风控制度、投资项目清单、给投资人的报告、行研报告、第三方尽调报告等文件内容，然后进行系统的数据分析，来挖掘 GP 真实的投资能力，即到底是靠运气还是靠实力取得投资业绩。

以投资项目清单为例，一般会涉及以下 4 个重要指标——

一是投资轮次，一般投资得越早，对项目的判断越难。如果一个基金投的都是很后期的项目，通常这些项目的进入估值都会比较高，而且这些后期项目基本市场上的机构都知道，份额竞争激励，如果没有品牌背书和资金实力，其实挺难拿到份额。

二是基金业绩，这个指标也有较大迷惑性。很多基金在募资文件里披露有多少上市项目，回报倍数多少，但从不披露基金层面的业绩情况。一个基金会投很多项目，少则十几个，多则几十、上百个。如果上市项目回报倍数不高，其实对基金整体业绩影响很有限。我们就尽调过类似基金，GP 属于白马基金，募资说明书里满是上市项目、回报倍数，但我们通过深入尽调，拿到了他们的底层数据，发现最高回报的基金才两倍都不到。很多基金成立都快 10 年了，连本金都还没赚回，业绩惨不忍睹。

三是续轮率，这个指标按股权投资阶段来看，对越早期机构的判断越有帮助。原因是早期机构投资的项目随着业务的发展，一定会经过多轮融资，以天使轮为例，一般机构给到的资金通常只能维持该项目 1~2 年的发展，如果没有获得后续融资，那么这个项目大概率会挂掉。所以续轮率可以评估项目的成功率，续轮率越高，项目成功概率就越高。此外，还要关注续轮项目的接盘机构有哪些，是否是知名机构。如果是知名机构，那说明此前判断准确性高，说明 GP 在挖掘项目方面具有真实投资能力。

四是领投率，这也是我们非常关注的一个指标。领投率可以从侧面证明项目和跟投机构对领投机构的能力认可。领投并不是那么容易做到的，涉及对整个交易的把控，包括尽调、商业谈判、交易结构设计、份额分配等，只有能力过硬、行业声誉俱佳的机构才能当领投。

以上这些尽调过程中看似细微的点，很多投资人不会注意到，但对专业机构来说是尽调过程中必须关注的点。当一个个小点汇集，勾画出 GP 的整个面貌，才能最终做出正确的判断。

访谈尽调如何做？

除了定量分析，定性分析也不可或缺。定性分析的基础是通过各种访谈来求证 GP 的业绩、策略、投资能力、退出能力等各方面信息。其中，访谈对象的选择是关键一环。

对于市场上的大多数投资人来说，投资某个股权基金仅仅是基于某场路演活动，听完感觉不错就投资了。这里面会有个问题，就是通常来路演的嘉宾都是"老司机"，他们做过很多场这样的活动，知道投资人喜欢听什么，不喜欢听什么，所以他们的演讲内容通常极具针对性，能说到你心坎里去，最终让你下单买他们的基金产品。而我们在选择访谈对象时除了核心团队外，也会要求访谈他们的一线投资团队、投后团队、同个项目的共同投资人、前同事、供应商等。这些访谈对象有时会提供更真实、更全面的信息，且这些信息都是在核心团队层面不太可能获得的。

访谈时提什么问题也很重要。市场上多数投资人最常问的是业绩如何、投过哪些明星项目、竞争优势有哪些等。我们在考察基金业绩时需要回归产业最初的发展状态，分析业绩是否与其当初所在的大风口有关，分析某个优质项目是不是 GP 偶然"捡"到的，即项目从哪里来、为什么能拿到、怎么挑的、有多少竞争对手、行业前几名是否只关注但没投、为什么投了一个认为更好的但后来证明不理想、依靠的资源有多少、风险是什么……总之，投资策略一定要有非常强的逻辑自洽。

此外，参加 GP 的内部会议也很必要，譬如行研讨论、项目决策会议，看他们的研究是怎么做的，投委会是怎么开的。以决策机制为例，好的机制通常是民主集中制，即投决时所有团队参与讨论，享有同等话语权，而最后的决定则由少数几个合伙人共同决定，即同时兼顾项目信息的充分传递和投资经验的专业判断。

我们曾尽调过一家北京机构，这家机构曾经在行业内具有一定知名度，投资的某个项目也很知名，为其当期基金取得了很好的回报。记得访谈当天，他们自豪地表示当期基金在其某知名母基金所投子基金中，是首个在 5 年时间内就把整个本金赚回的，业绩十分优秀。访谈结束，我们一行对基金的整体感觉都不错，但注意到该机构彼时只有 5 个合伙人，加之尽调底稿还没有全部完成，暂未当场拍板。此后我们根据返回的尽调清单，通过对底层项目的分析，发现当期基金的几个退出项目都是由已离职合伙人投资的，而留任合伙人所投项目发展都一般。投基金就是投 GP，而 GP 的核心是团队，如果团队中的优秀投手走了，那对下只基金的业绩的影响会非常大。所以，综合研究讨论后我们停止了对这个项目的推进。

二级市场的尽调关键点和案例

二级市场跟一级市场的尽调逻辑是相通的，但由于二级市场业态自身特点，比如资产更加标准化、透明度更高、基金数量更大、产品策略更多……特别是各类数据库非常健全，所以尽调的关键在于本着全面、客观、细致的原则做好量化分析和全维度分析。

全面是指要从多个维度全方位评估基金管理人的能力，包括但不限于管理人的合规情况、团队构成、收益创造能力、投资风格、盈利逻辑、风险控制能力、公司持续经营能力等；客观是指要以事实为依据，在评估基金管理人能力时避免受个人偏好或关系好坏等因素影响，基金的历史业绩和风险水平、业绩持续性和一致性、净值数据的完整性、投资风格的稳定性指标能比较客观地反映管理人的能力；细致是指在评估基金管理人时要注重细节，对每项指标进行细致评估。

我们在尽调的时候会采用负面清单制，并设立准入规则形成自己的投资池。准入流程主要包括以下 8 条：（1）管理人已在中国基金业协会完成登记备案；（2）管理人持续经营满 3 年或核心人员（公司总经理或投资总监）相关产品管理经验超过 5 年；（3）固定收益类策略管理规模合计超过 10 亿元（含），股票多头策略类管理规模合计超过 5 亿元（含），其他类管理规模合计超过 2 亿元（含）；（4）管理人在该策略类别有运作满 1 年的产品；（5）该策略的核心投研人员人数不少于 3 人；（6）管理人不在黑名单中；（7）过去 1 年没发生重大违规或对投资人造成严重损失的事件（如不符合则应同时加入黑名单）；（8）过去 3 年发生重大违规或对投资人造成严重损失的事件，但已经整改完成（如不符合则应同时加入黑名单）。

在准入阶段，通过建立评分体系可以有效筛选出未来业绩优胜的基金。我们的准入体系分最低要求和评分要求。管理人要在收益能力、风险控制能力和数据完备性 3 个方面都符合最低要求并且综合评分达标方能准入。综合评分是在收益能力、风险控制能力、数据完备性、业绩持续性和择时能力这 5 类指标上的加权平均值。

对于采用量化方式筛选出来的管理人，我们会先通过公开渠道检查其运作是否存在违规或风险，然后进行电话初步沟通了解管理人的基本情况，一般在初步沟通阶段会有大约三至四成的管理人被排除。排除原因主要有：核心投研人员的专业能力不足、投研团队过于单薄、策略有重大缺陷、投研人员风控意识不足。这些管理人前期的良好表现主要是由于所投资产类别表现良好和潜在风险未爆发。初步沟通完成，我们经过分析认为值得进一步调研的，将填写立项报告，立项通过后进入详细调查阶段，请管理人填写尽调信息，我们将管理人提供的信息和我们从其他途径了解到的信息以及我们的定量分析相结合，制作一份详尽的尽调报告，最后经风控会审议通过后纳入投资池。

常见问题

我们在多次尽调中发现，较为常见的问题是一些明星私募基金的业绩下滑问题。例如，有家知名量化基金公司核心人物有很强的学术背景，公司成立初期业绩也非常优秀，吸引了大量投资者的关注和真金白银投入。但由于核心人物未能持续改进策略和开发适合市场的新策略，后期业绩持续下滑。而通过与公司核心人物的谈话，了解公司的团队架构、激励机制、未来发展规划等方式，可以有效发现和避免这类基金。

我们通过现场尽调，也发现了一些量化评分并不突出、实则有潜力的基金管理人。例如，有家成立时间不长的私募基金管理人单纯从量化评分来看并不突出，但在和管理人沟通过程中发现该公司的核心人物对所采用的策略技术细节了解得非常到位，对投资研究热情很高，并且公司也在持续投入，积极提升策略的收益能力。我们因此在定性评分上对该管理人给予比较高的评分。这家管理人的产品后来也持续为客户创造了稳健的较高收益。

而严格的风控规则帮助我们避免了多个有问题的私募基金。在我们避开的众多"坑"中，有一家私募基金管理人很有特色，其历史业绩非常不错，也获得过不少业内奖项，特别是有一只产品自 2016 年成立以来净值稳步上升，收益也高。但尽调人员在多方打听后了解到该管理人的历史业绩其实是老板之前聘请的一个外部团队做出来的。这个外部团队已经离开，而老板继续用这个产品业绩来推销机构其他产品。了解到这个情况后，我们决定不对该私募管理人做准入。就在这个决定做出不久，该产品的业绩大幅变脸，净值两个月内从 1.3 元跌至近 0.6 元。

再来对比一个失败案例：一位投资者自己选私募基金，自己把关，由于风控经验不足，贪图高收益，投资了一只号称宏观对冲策略的产品，本以为经过对冲风险很低，结果在股票市场下跌时损失惨重，细究之下才知道管理人所号称的宏观对冲策略其实是股票、债券和商品的组合，一般情况下并不对冲风险。

解码常胜的秘诀：专业风控与纪律性投资决策

当我们获得了一个投资机会，并对这个机会进行了充分的尽调和信息获取之后，该怎样做决策？其实，投资决策这件事情在整个资产管理的过程当中是最重要的一环，也是最具挑战性的一环。

在进入专业讨论之前，先来读一读丹尼尔和他的《思考，快与慢》。

我们知道人性中确实存在一些弱点，比如贪婪、恐惧、懒惰、自私、虚荣、嫉妒、骄傲、逃避、懦弱、自大、羊群效应等。这些固有的人性弱点会导致在投资中出现非理性行为。即使我们获得了完整深入的信息，这些人性弱点还是会影响到最终的投资决策，就连经验丰富的基金经理也不例外。因此，如何在投资中克服这些弱点，已成为投资工作中面临的一大课题。

人性的弱点不仅表现在情绪上，在思维方面也同样有很大的误区，如果不加以认知很容易为其所"迫害"。决策谬误根源于人类固有的思维缺陷，因而是有迹可循并且可以被系统总结的。这在丹尼尔·卡尼曼的名著《思考，快与慢》中有精彩的论述。

丹尼尔·卡内曼（Daniel Kahneman）是位格外令人兴致盎然的思想家。作为一名心理学家，因其与阿莫斯·特沃斯在决策制定上的研究而荣获了 2002 年度的诺贝尔经济学奖。美国哈佛大学心理学教授史蒂芬·平克（Steven Pinker）对他有如是评价："丹尼尔·卡内曼是历史上最有影响力的心理学家之一，也必然是现今在世的最重要的心理学家。他在揭示人类思维的显著特征方面很有天赋，多数研究成果成为经典的教材和引用频率很高的至理名言……"

你很难想象一个研究数学的人可以拿到诺贝尔文学奖，或者一个研究艺术的人可以拿到诺贝尔物理学奖，但这位研究心理学的人的的确确拿到了诺贝尔经济学奖，而他研究的方向更有意思，即攻击经济学大厦的根基部分"理性人假设"。

经济学与心理学这两门学科在根基与学术假定上，是有排斥的。经济学首先要假定人是"理性的"，而心理学却要假定人会受到很多心理问题影响，所以是"非理性的"。这就造成了这两门学科相互看不过眼。经济学觉得心理学没有实用价值，心理学则认为经济学是在理想层面上的海市蜃楼……

而丹尼尔·卡内曼却成为这两门学科的调停者与"红娘"，二者的"摒弃前嫌、强强联手"将给人类探索自己及世界带来巨大的指引，我们可以将其共同结晶称作"实用心理学"，也可称作"行为经济学"。在这个广阔而又神秘的领域，蕴藏着人类智慧与财富的无穷宝藏。通过他的研究，我们不仅能增进对自身心灵、思考、习惯、潜意识、心理误区等方面的了解，明白我们通常会怎么做，为什么会这么做，这么做的后果是什么，以后应该怎么避免误区，做出更合理与睿智的判断与选择。正所谓：知己而改之、而防之！

在《思考，快与慢》一书中，丹尼尔·卡内曼把人类的思考模式拆分成快思考和慢思考（系统一和系统二）两个系统。

思维系统一：又叫快思考，即下意识、动物精神、直觉。依赖情感、记忆和经验迅速做出判断，使我们能够迅速对眼前的情况做出反应。它包含大部分普通人都能掌握的技能，这种技能已经内化到头脑中无意识的活动范围，是不需要努力、不必刻意就能迅速从头脑中提取出来的行为。但也很容易上当，它固守"眼见即为事实"的原则，任由损失厌恶和乐观偏见之类的错觉引导我们做出错误的选择。这个就是我们前面谈到的人类在丛林时代的基因记忆。

思维系统二：也叫慢思考，即有意识、理性思维。通过调动注意力来分析和解决问题，经常诉诸历史、统计规律、数字、概率和推理等需要付出一定注意力和努力才能完成的行为。它比较慢，不容易出错，但它很懒惰，经常走捷径，直接采纳系统一的直觉型判断结果。或者由于无法做到足够全面、客观、深度，或者需要耗费过多的注意力，系统二经常倾向于找一些简单的、貌似合理的但不够全面客观的答案。

所以，一方面人类大部分时间偏好系统一，另一方面系统二有惰性，这导致了人类系统性的思维缺陷。这种缺陷会如何表现？对我们的投资决策又将有哪些影响？我们应该如何做才能使投资决策更加合理？

常见的决策谬误 & 正确做法

可得性谬误（Availability bias），即我们给信息的可得性赋予过高权重。我们会比较重视近期的、剧烈的、意料之外的、与个人相关的信息，轻视历史的、统计的、理论的和平均值。所以在投资过程当中，我们应该研究更长、更广的历史、统计规律、概率，并尽量持旁观者心态。这也是为什么我在讲述家族资产管理前会大量讨论关于人类发展的历史、社会发展的历史、人性的特点等，让我们知道到底应该怎么做以及为什么这么做，知其然，还要知其所以然。

叙述性谬误（Narrative fallacy）。这个概念由身兼商人、哲学家、统计学家等多种角色，还被视为心理学家的纳西姆·塔勒布（Nassim Taleb）在自己的著作《黑天鹅》中引入，用来描述存有缺憾的往事是如何影响我们的世界观和我们对未来的预期的。我们不断试图去了解这个世界，在这个过程中难免就会产生"叙述性谬误"。能够吸引人们眼球的那些说法往往很通俗易懂，那些说法具体而不抽象，它们认为天资、愚蠢和意图的作用都要超过运气的作用，它们关注的是少数几件已经发生的重大事件，而不是无数件并没有发生的事。任何新近发生的有影响的事都可能成为一个存在因果关系的故事的核心情节。塔勒布指出，我们人类常会为过去的憾事编造牵强的解释，并信以为真，以此来蒙蔽自己。那这种情况发生在投资方面时，我们要怎么做？写投资日记是个很好的方法，这也是专业机构都会采取的方法，事后有据可查。所以可以看到在资本市场的投资策中，人们经常会说"那件事情是我早就预料到的"，那么他真的有这样的观点和看法吗？去翻看当年的投资日记会发现其实未必如此。

沉锚效应（Anchoring Effect），即一种急于找到解释或者解决方案的思维缺陷。彼得·林奇作为一名投资大师，曾经在团队内部建议选择性擦除因低估股票底部而起来的那部分收益，以不让其影响当前的决策。其实任何数字都可能成为你的锚，比如前段时间的价格高，现在跌下来了，那么"前高"就可能会成为锚，只要超过前面那个数字，就准备把它卖掉之类的。再如投资目标也可能被标成引领你的锚，比如想实现收益年化 10%，现在 9.5% 了，那再等等，等到 15% 再抛。在投资决策过程当中，这种锚定效应对我们投资而言，其实也是有很大问题的，因为毕竟我们不是看着某个数字来决定投不投的。我们还是要去分析市场今天为什么到了这种状况，我们对其未来状况的分析和判断是什么。每次我们都需要清零并重新判断结果，然后去做决定，而不是根据前高，或者从曾经确定的投资目标还差一点没达到，或者已经达到了了来作为。

确认偏差（Confirmation Bias），即选择性接受证据和事实，先有答案再有过程。周遭环境总是会给你一种"你做的是对的"的误解，比如某个数据的统计分析证明逻辑是正确的，或者某个朋友的某个正确的观点刚好你也认同，即很容易去收集类似认为自己偏向于正确的证据，这是人类思维模式上的一个特点。而这一特点会导致我们难以区分某个结果比如投资获益，到底是因为决策正确还是因为幸运。我们要积极寻找独立而准确的答案，而不是一个快速而容易的答案。

过分乐观，做投资研究最好的心态是积极的怀疑主义，即保有激情但可以怀疑一切，对任何事情都应该去追究，比如要把当前的预测和历史的业绩进行比较，这样可以对抗一些过分乐观的状态。

拒绝认错，我们的思维系统很容易让我们拒绝错误。这种情况在投资市场里表现得特别明显，比如大多数人会很快地去兑现收益，但是如果投资出现了亏损往往不太愿意认错，具体表现是我们会把那些投资亏损的项目留在手里，而把赚钱的项目卖掉，有个形象的比喻"在财富花园里拔掉了鲜花，种植野草"。2020巴菲特股东年会结束后，相信大家都获得了很多有意思的信息。在拒绝认错这件事情上，我觉得巴老很好地展现了作为最优秀投资人的素质。2020 年 2 月航空股下跌，巴菲特迅速增持了航空股，但是在 3 月份航空股继续下跌时，他重新做出评估认为未来市场上可能 3 ～ 4 年航空业都不会有什么大的发展，开始清仓所有航空股。清仓消息一出立马成了争议话题，许多人都将这视为"股神"的一大败笔，但试问有多少人能够像他这样承认看错航空公司并在持有 1370 亿美元现金流的情况下迅速做出减仓调整？整个过程如此干净利落，令人赞叹。而这其实也是最优秀的投资决策和投资管理人的品质。事实上，绝大部分人在投资决策时还是很难做到这一点。

羊群效应，最昂贵的情感一是恐慌，二是寻求舒适的倾向，这些都会导致缺乏计划的交易。在资本市场，稳健、低波动股票的历史表现比激动人心、高波动的股票表现更好，如果你愿意忍受平淡和无趣，市场会回报你。

所以我们可以看到，我们人类其实存在着很多人性的弱点和思维的谬误，而这些都会对我们的投资决策和决策分析带来重大问题，我们必须重视。人类投资决策也不是今天才面对的问题，而是已经有上千年历史，无论是对于一个投资项目的决策，还是在其他事务方面的决策，我们都有丰富经验。

比如专业投资机构决策背后的逻辑和思考，这样的方法论于我们广大投资人而言，不一定真的要求掌握，但是如果能系统了解和理解，相信有利于共同做好投资这件事。

专业投资机构和投资决策实务

专业投资机构简言之是专门管钱的，比如一级股权投资的专业投资机构、二级市场的专业投资机构，或者是为地产、非标债权资产、海外资产服务的各类专业投资机构，可能是个投资公司的形式，也可能是一个资产管理公司的形式。

专业投资机构为其投资活动设立严格的工作流程和人员分工，包括风险管理流程、投资决策流程等，必须严格遵循。他们还会设定每个作业的工作标准，如风控标准、投资决策规则等，人员必须在规定的流程中按照规定的标准去作业，做决策的人员和下单的人员都严格区分。

严明的纪律可以让专业投资机构保持理性、少犯错误。国外金融行业的一项调查显示，很多退役的军人在从事交易工作后都取得了很不错的交易成绩。因为军人的天职是服从，他们在高强度的训练中养成了严守纪律的优秀品质，在金融作业中也能良好发挥。

其实家族财富管理的投资决策，也需要和专业投资机构一样有专业的工作流程、决策机制和人员分工，如此才能够更好地保障家族资产的可持续发展。在家族资产的投资过程中，家族客户应该建立投委会集体决策机制，聘请专业的人员，制定标准。每个主要投资决策环节和每笔投资都须经过风控会讨论，按照投资决策机制同意后方可进行。集体决策的优势在于集思广益，对拟投基金有比较全面的认识，避免决策失误。

为了方便理解，我们先以二级市场投资决策为例，具体看看操作实务。

对大多数（超）高净值客户而言，比起单纯的股票投资，还是进行资产的组合配置更为明智，比如选取优秀基金管理人的投资基金来做好配置。这里我们需要做好两件事情：大类资产配置和子基金选择。

大类资产配置方面，主要采用战略资产配置与战术性调整相结合的方法来确定各策略类型在投资组合中的比例。战略资产配置主要是要确定一个长期最优的资产配置比例，而战术性调整则是在对影响各策略未来收益的因素进行分析的基础上超配未来收益好的策略、低配未来收益不好的策略。

在子基金选择方面，投资的子基金要从经过风控准入的子基金投资池中进行选择。子基金的选择规则主要有：产品的综合评分在投资池中（目前在中国，二级市场有1万多只基金，我们的投资池中经过风控筛选下来的只有30个）居前列；子基金加入投资组合后能有效改善投资组合的收益风险特征。

举一个案例。我们之前做过一个组合策略基金，为确保将来能获得良好业绩，成立最初就在大类资产配置、子基金筛选方面进行了多轮讨论，做了三个子策略的组合配置，并在投资过程中持续优化投资方案，而且随着交易量的再放大，相关策略还会为整体收益带来更大的助益。值得一提的是，中国市场参与者结构短时间内不会发生太大变化，散户占比依然比较大，所以专业投资机构往往能够获得一些超额回报，当然这也是我们进行组合配比时会进行分析的因子。从目前的运作情况看，该组合策略基金年化回报相当可观。

再举一个反面案例。我有一个客户，他知道管理资产这件事情不能只听某些财富机构推荐产品，所以就让自己公司的财务总监帮助挑选投资产品，但投资收益同样一直不理想，有赚有赔，平均下来还亏了。后来一次偶然的机会，这位企业家才了解到，其财务总监所推荐的产品基本都出自总监在证券公司任职的老同学。而这位老同学推荐的都是在他们公司开交易席位的基金公司的产品。所以我们有了不能只买产品的理念固然重要，但更重要的是落地方法——专业团队及其严谨清晰的投资决策流程。

一级股权投资市场的投资决策，分为线下充分讨论＋线上量化打分。

即线下讨论秉承公开、平等、透明原则，产品团队每个成员都能充分发表自己的观点，风控委员进行讨论决策，最后通过线上定性和定量的方式进行量化打分，独立完成打分评价。

这里和大家强调一点，相对于二级市场产品，一级市场产品在评估时会有更多的定性分析，这对于很多初涉股权的投资者而言可能不知道如何判断。比如定性分析有哪些动作，定性分析的价值点在哪里，该如何去分析、如何求证需要了解的问题，以及需要怎样的能力和经验才能做好这项工作。

所以服务于定性分析的风控框架显得更加重要：整个风控框架涉及4块内容，分别为团队、投资能力、投后管理及退出能力、行业声誉。每块内容又分3个层级，每个层级再延伸出十几到几十个子选项，最终需要评判打分的选项有55个。比如团队这块，二级目录分为过往经历经验和团队制度与激励，三级目录分为创始团队、合伙人、中层及整体团队，四级目录再细分为学历、专业、年龄、从业经历、所投领域专业经历、投资案例等内容。在投资能力这块，二级目录有过往业绩、投资研究、项目渠道、投后增值、行业洞见，在投资业绩三级目录，又细分为续轮率、IRR（内部收益率）、TVPI（投入资本总值倍数）、DPI（投入资本分红率）、业绩稳定性等选项。

值得一提的是，一个优秀的 GP 并不是每只基金都会取得很好的业绩，这里有机构自身的问题，也有外部环境变化的问题。在通过风控的产品中，还需要关注该 GP 发行的基金与行业趋势是否相符合，新基金规模与团队能力、人员配置，投资策略、投资趋势等是否相匹配。基于以上对产品的综合分析，最终做出是否适合投资的配置建议。比如，在周期高点发行的基金，我们会比较谨慎，现在回过头来看，市场在 2015 年或 2016 年发行的基金所投的项目估值普遍较高，风险也随之提升。

举一个白马基金发行产品的案例。白马基金由于募资比较容易，往往把基金规模定得比较高，或超出他们原有的管理能力。我们尽调过的一家机构，在行业里面排名属于头部，存续管理 3 只基金，当时正准备发一期新基金。从管理人层面，毫无疑问，这是一家优秀的机构，核心团队很稳定，历史业绩很优异，策略也没有发生很大的变化，符合我们白名单的标准。但就这期新基金而言，可能并不适合，因为它的基金规模一下子扩大到了原来的 3 倍，虽然策略有微调，但我们综合各方信息评估下来，觉得这个体量的规模和其团队原有的能力、策略都发生了一些漂移。具体来讲，其一，假设原基金 3 亿元规模，一般投资 50~60 个早期项目，现在体量可以扩大 3 倍，但可投资的早期项目却未必能如我们所愿同倍数增加，从策略上看势必需要增加后期项目，但后期项目并不是这家机构的强项，因为他们的强项是对早期项目的判断。其二，规模的扩大势必要增加新的投资领域，因为每个策略都有一定的容量，市场上好的项目并不多，如果之前擅长的领域项目不够，就要挖掘新的领域，这需要团队的成长或引入新的成员，目前这家机构还是以原来的团队为主，我们担心他们对新领域的熟悉度和对项目的判断能力。其三，随着投资项目的增加，投资节奏和投后管理能力能否跟上也是一个问题。

我们认为，这家机构如果把基金规模控制在 3 亿 ~5 亿元区间，会是比较合适的范围区间，现在一下子扩那么多，显然超出能力范围，出于谨慎考虑，我们最终决定不参与这期基金。

综上，对于家族资产管理而言，投资决策是一项长期高频的工作，（超）高净值人士需要建立可以持续提升决策品质的机制。每一个项目的投资决策，都是一件极具权力感的事情，所有项目推荐方都希望得到决策者的认同，但我们也要充分理解这是一项专业性工作。（超）高净值人士在决定一个项目配置决策时，一定要向一个专业投资机构学习，建立规范的工作流程、决策标准和投决机制，而不是依靠个人的感觉、直觉或个人判断进行决策。因为即使我们对项目做了充分尽调，了解了足够信息，在做决策时，人性弱点、人类思维盲点产生的负面影响也仍旧会使我们做出错误的决策，所以必须有外在理性的流程和机制来帮助我们去克服这些弱点，才能减少错误决策，提升决策水准。

平凡生活见真章，容易被忽视的投后系列管理

从投资机会获取，到专业尽调完成，再到投资决策敲定，整个投资过程算完成闭环了吗？

让我们先来看看目前中国（超）高净值客户在管理财富当中的现实表现再回答这个问题。

我们在实际的工作过程中发现，在中国，绝大部分财富拥有者在配置一些投资产品之后，往往不再关注，甚至过了一段时间，当初配置的到底是什么类型的

项目、以什么方式投资的、具体产品名叫什么都已经记忆模糊。更甚者等某天产品到期了，发现资金还没到账才开始心急火燎地去维权，但此时想要真正保全资产，其操作难度和复杂程度可想而知。

所以，我经常和身边的朋友以及我的团队强调：在投资的过程中，虽然投资决策是人们最关注也是最有挑战性的，但投后管理往往是最容易被疏忽的却是最具有价值的一环。

换个角度看，资产管理机构见到其潜在投资人时都会非常用心地表达自己，把最好的一面展现给投资人，让投资人感到其是可信赖、值得托付的，可以放心投资。这就好比，当你在社交场所见到一位女士，妆容精致、举止优雅，处处体现充满魅力的一面，可是如果你想要真正了解一个人，或许只有跟他（她）一起生活一段时间才能有所体会，而投后管理恰恰是"生活"的开始。投后管理能够让投资者真正认知当初所选择的资产管理人，能够帮助投资者透过现象看到本质，随时了解其真正"面目"（管理资产的真实状况）。

特别是家族资产管理，其长期性要求我们必须持续做出投资决策，就像打高尔夫球，一场球的胜利不在于有一杆进洞的神迹，而是需要每次挥杆都能越来越精准。投后管理就是帮助我们实现：

· 对所投资项目的进程和状况，有全面真实的认知和了解。

· 对已经投资的标的，能够及早发现风险点，从而有更多时间和空间去关注和处理风险问题。

· 对投资决策能够实现有效总结和反思，找出判断错误的原因，为今后的投资决策提供重要的借鉴价值。

· 对投资管理人有更清晰的认知和判断，更好地把握优秀的合作者。

那么专业投资机构是如何做投后管理的？从普华永道对一级股权市场投资机构的投后管理研究可窥一斑。普华的研究表明，从目前发展趋势看主要有三种投后管理模式（见表6-3）。

表6-3　三种投后管理模式

	投前投后一体化	专业化投后	外部专业化
特点	·投资经理投前投后一站式负责制	·投后管理团队负责制	·专业化的机构利用人才规模和专业优势开展工作
专业度	较低	中等	高
绩效考核	·与投资经理绩效挂钩	·较难衡量绩效，主观评价为主	·以咨询项目形式展开，以项目前商定的交付标准为主
收费模式	免费	免费	向受资企业收取咨询费
适用机构	VC、小型 PE	中大型 PE	中大型 PE、并购基金

一是投前投后一体化。

即"投资经理负责制"。投资项目负责人既负责投前尽调、投中交易，也负责投后的持续跟踪和价值提升。这种模式通常被中小型股权投资机构，尤其是风险投资基金所采用。该模式的优势在于投资经理对项目充分了解，能够进行有针对性的持续跟踪和改进，同时由于与项目负责人的绩效直接挂钩，对项目团队的投后工作有一定激励性。但其缺点也显而易见，随着管理项目数量增多，投后工作只能停留在基础的回访和财报收集上，难以提供更深入的建议和管理提升支持。

二是专业化投后。

专业化投后即"投后负责制"，投资机构成立独立的投后管理团队，独立负责投后事务。这些事务不仅包括资源对接、定期回访，还包括深入洞察企业内部管理问题，制订详细计划及参与企业运营。专业化投后管理的优势在于：投后团队能独立并持续地专注于帮助企业在运营过程中解决各类管理问题，提升企业价值。但也面临着绩效评估的界定问题：企业价值的提升，是投前投得好，还是投后持续提升其管理质量的结果？

三是外部专业化。

前两种模式的优劣势十分明显。但随着一家基金从垂直领域走向多元化组合，不同行业的受资企业面临不同类型的战略、业务和管理问题，因此内部投后管理团队的专业化程度面临巨大挑战。部分投资机构逐渐探索出一种新的外部专业化模式，即将投后管理的部分工作，尤其是管理提升任务交给外部咨询公司，或者将投后团队分离，独立成立管理咨询公司，使其在绩效考核、费用核算与投资组合方面脱钩，转而向受资企业收费，从而形成新的合作模式。此种模式一定程度上解决了第一种模式中人手和专业度的问题，也摒弃了第二种模式中投后团队与投资团队绩效考核冲突的问题，可视作相对较为成熟的解决方案。

总体而言，三种模式的比拼各有胜负，其适应的机构类型和发展阶段各不相同，在对基金项目进行投后管理时，通过分析其投后管理模式，可以有效了解该基金公司的特点和风格。

投后管理的工作分为四大要点。

第一，管理流程。

投后管理流程是将运营模式落地的重要抓手。具体来看，投后管理阶段主要包括战略制定、运营监控与评估、增值服务、调整与退出、绩效管理 5 项工作（见图 6-3）。

第二，风险管理。

做投资决策后的市场环境、企业状态、行业政策、技术发展、被投企业创始人状态等都处在变化之中。而这些变化是需要被跟踪和管理的，特别是及时发现变化可能带来的风险以便提前应对，这是我们投后管理的关键所在。

　　对于投资项目，我们需要定期对其风险状况做出评估，红黄绿灯的跟踪方式是比较常用的方式，即根据项目风险指标，设定不同的风险等级，对于红灯状态的项目就需要立刻采取行动，做出风险管理的动作。

图 6-3　投后管理的五项工作

　　项目投后风险管理是非常重要的，举个例子，我们参与的某只子基金，投资了一个市场上大家耳熟能详的连锁咖啡项目，当时投得比较早，时机把握得不错。但该子基金管理人在该项目上市之后没有及时发现其较为严重的财务造假情况，且由于此前对此项目过于看好，在项目实现上市并获得很高盈利回报的情况下仍然多次追投。财务造假事件一出，原来倍投的企业市值一下子跌了 90%，这就给资产管理机构带来很大的挑战，不仅数倍投资回报化为乌有，还可能产生一定浮亏。同样是投资该项目，另外一家资产管理机构是差不多同时期投资的，该机构财务造假事件爆发前的两个月前退出了几亿元本金，这个审慎退出为其投资人挽回了不少损失。所以不论是个人投资者还是专业投资机构，只有持续跟踪被投对象，不断了解项目深度信息，才能够让投资决策做得更好。

第三，绩效体系。

投资绩效主要考虑收益率计算、基准选择、风险校正、归因分析 4 个方面（见表 6-4）。

表 6-4　投资绩效体系

收益率计算	·定期收集受资企业的财务数据，估算受资企业的市场价值和对应的未实现投资收益，如计算 EBIT 情况和 IRR、ROI 指标等
基准选择	·根据投资项目所在的行业，选择相应指标参数作为绩效判断基准，从而使绩效考核的结果更为客观公正，如行业平均投资回报率、行业内已上市公司的平均市盈率等
风险校正	·对于估算得到的投资收益数据，根据投资对象的风险等级，进行相应的风险系数调整，使最终得出的结果能够充分反映投资对象的风险特征
归因分析	·对于当期计算得出的投资收益情况，分析相关的宏微观影响因素，并分别给予相应的权重，以便准确测算投资绩效及其成因

关于投资绩效评估的作用：一是成为人员绩效考核的重要依据，即项目投资绩效的情况将作为投资团队和投后管理团队进行人员绩效考核时的重要依据；二是成为未来项目投资的重要参考，即通过分析前期项目的投资绩效及归因分析结果，可以帮助投资团队在进行投资时更好地把握相应的投资机会，规避行业内的系统性风险。

第四，指标体系。

指标体系设计要注意的 4 个重点和 5 个维度（见表6-5、表6-6）。

表6-5　指标体系的 4 个重点

完整性	·保证投资逻辑的完整性。在设计投后管理指标时应从外部环境、投前投后逻辑、运营、风险等多个维度设计指标库，保证能覆盖到投后管理的所有监控维度。
一致性	·投前与投后的思路一致性。在设计指标时，要回顾投前立项方案和尽调报告中的要点，确保投前目标能被投后管理过程所贯彻和追踪。
通用性	·注重各行业之间指标的通用性。指标库内需要有基金组合层面的关键指标，也需要协调各行业的特殊指标，同时要确保既能监控投后企业的运营质量，也要兼顾核心结果指标。
持续性	·利用动态指标进行持续监控。为了能在行业发生改变或风险溢出前提前获得预警，指标库应同时具备外部环境指标和风险指标，并设置动态监控点进行相对高频的实时监控。

表6-6　指标体系的 5 个维度

投后管理维度	指标类型	详细指标	指标单位	适用行业	数据来源	指标性质（定性/定量）	评估周期（年度/季度/月度）
外部环境监控指标	行业监控指标	千家核心商业企业零售指数	/	商业物业	商务部市场运行司 htp://soyxs. mofcom.gov.cn/	定量	同数据来源更新周期
战略符合度	投资目标达成度	缘分市场	/	通用	/	定性	一次性
战略符合度	投资目标达成度	经营或销售渠道数量	/	通用	/	定性	一次性
价值创造水平	现金流	EBITDA 息税折旧摊销前利润	万元	通用	/	定量	月度
价值创造水平	现金流	CFROI 现金流投资回报率	%	通用	/	定量	月度
经营管理水平	/	商业面积增长率	%	商业物业	/	定量	月度

续表

投后管理维度	指标类型	详细指标	指标单位	适用行业	数据来源	指标性质（定性/定量）	评估周期（年度/季度/月度）
经营管理水平	/	出租率	%	商业物业	/	定量	月度
项目风险监测指标	/	利息保障信数	/	通用	/	定量	月度

当然，上述是专业投资机构要做的工作，我们的家族资产管理人要做的事情是去看我们委托的这些专业投资人是否在专业作业、是否在勤勉工作、是否能够对被投资项目持续跟进和进行投后管理。所以换个角度看，上述工作的好坏也决定了我们对专业机构的认知和评价。

同时作为家族投资人，我们也要清晰地知道在投后管理中，哪些是我们可以做的，哪些是不可以去做的。

可以做的事情：

首先，定期获取基金季报、年报及底层项目不定期分析运营报告等，并在获取报告信息的基础上及时了解已投项目运作情况。这样做一方面可以对基金运作有一个比较全面的动态了解过程，同时也能在此过程中对行业发展趋势、经济未来增长点有更加清晰的认知，挖掘潜在可跟投的高成长性项目机会。

其次，定期或不定期与基金公司的工作人员（上到合伙人，下到投资总监、项目经理、投后服务）进行沟通。倾听他们的投资逻辑，以及对投资市场的观点和看法，了解具体所投项目的进展情况并进行交叉验证。认知和比对这些信息能够帮助我们更深入了解帮我们管钱的团队，从而也能更清楚地判断这个团队到底怎样，以后是否可以继续信任并继续合作。

再次，定期参加底层基金年会等活动。在参加活动过程中，一方面可以及时了解基金管理团队人员变化情况（原有投资团队是否有人离职、是否有新成员加入等），另一方面在年会中也可以结识其他 LP 投资人、被投企业高管等（一般年会都会安排被投企业高管演讲环节），可以互相分享信息，挖掘潜在商业合作机会。

最后，如果条件允许，可以参访一些被投资企业，了解被投资企业的发展和他们对 GP 的观点和看法，帮助底层企业寻找潜在合作伙伴、嫁接资源、助力企业成长等。一般基金管理人投资企业都相应要求有董事会席位，家族投资人如果有资源可以协同底层企业发展，也可以及时和管理人及企业沟通，探讨合作。

优脉在 6 年的发展过程中，通过精挑细选帮助家族投资人累计合作了 38 家基金管理人，覆盖天使、VC、PE 各阶段，底层覆盖了 1000 多家各行业公司。经过统计分析，底层有相当部分集中在科技、医疗等新兴产业领域，这恰与当下经济转型升级、新基建重点推动的新动能领域不谋而合。一方面这对优脉帮助各位家族投资人进一步把握未来增长点及深入布局的投资领域提供了强有力的支撑，同时在这一过程中优脉也依托于资源优势为家族投资人捕获了不少高成长性的项目跟投机会，比如前文提到的已登陆科创板的奇安信科技，已申报科创板上市的青云科技等。

不可以做的事情：

首先，获取的相应季报、年报及项目运营不定期报告等不可以轻易外传，更不得作为推介投资参考材料随意向未经过合格投资者认定的主体宣发。一方面，按照证券基金业协会规定，私募投资基金只能定向推介给经过合格投资者认定的主体，推介机构必须有私募基金管理牌照或者基金销售牌照。另一方面，报告可能也会涉及某上市公司非公开的重大信息等。在监管趋严、行业规范度日益完善的情况下，合法合规获取及分享信息也值得各位家族投资人关注。比如有一投资者，购买了某一基金管理人的某期基金，从现有的报告来看业绩表现很不错，就分享给了身边的朋友，朋友买了新的一期，可结果并不如意，朋友可能就会有怨气，如果涉及金额较大，导致亏损严重，还有可能引发纠纷。所以从这个维度来看，投资有风险，历史业绩不代表未来，信息分享也必须谨慎。

其次，投资者在未获得企业相应权限等（如董事会席位等）的情况下，不得随意干涉基金公司的管理、决策和被投资企业的经营等。有的投资者投资了某个基金，对基金投资决策的项目也有自己的看法，就希望左右基金公司的决策，或者认为通过基金投资了某家企业，自己就成为该企业股东，自然就可以对企业指手画脚（尤其是当底层的某一企业遇到经营困难时），殊不知这是十分不成熟的表现。现代企业有董事会、股东会等治理结构，作为投资者，如果底层基金管理人有董事会席位，那么可以通过和管理人沟通的方式来表达自己的想法，可以让管理人及时反馈相应信息。

以某影视投资和某中概股回归项目看投后实操

2016 年，影视投资非常火热，某某资产（我就职的上家公司）发行了一只影视投资基金，规模 2 亿元，期限 2+1 年。融资方号称拥有很多影视资源，已经拿到了合作的剧本，合作的导演、演员也都是业内知名的。

该资产的管理层以前没有做过基金投资，基本没有实操经验。他们认为当时的市场环境下影视投资肯定稳赚不赔，最大的风险就是资金被挪用，只要做好银行监管，资金使用是按照合同约定投到标的公司的，那就一点问题都没有，剩下的就是赚多少回报的事情了。投资人也基本上都这么认为。

2017 年，新团队接手负责相关投后管理，发现被投公司的信息披露不正常且异常简单，基本上没有影视拍摄的进展，但基金的钱都已经按合同约定放给投资标的公司，意识到资金可能被挪用。管理层对此很惊讶："我们做了严密的银行监管，资金使用也完全是按照合同约定进行的，怎么可能被挪用？"基金层面确实对标的公司（SPV）的银行账户做了监管，SPV 也确实按照合同约定的投向进行投资，但由于 SPV 与其所投资的影视投资公司的背后是同一控制人，该层对应的监管实则缺位，所以当资金从 SPV 公司按照合同约定投到"影视投资公司"后，资金"顺利"被挪用，最终投到了某地的地产项目（见图 6-4）。

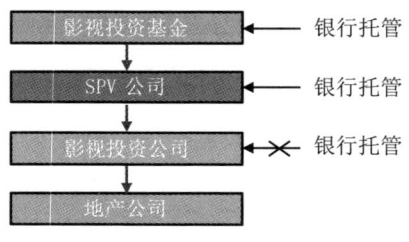

图 6-4　基金资金流向

出现这种问题的主要原因有 3 个：一是基金管理人缺乏专业领域知识，对影视投资只有概念，没有实操经验和判断能力，所以这个项目在最初决策时就存在问题；二是没有对被投标的进行专业尽调，没有对被投标的影视投资能力和行业资源进行评估判断，有些盲目相信；三是没有发现 SPV 公司和影视投资公司之间的关联关系，没有做好资金流的闭环控制。

这是一个 2+1 项目，当时才过了一年时间，新团队迅速采取了补救措施：一是调查 SPV 公司和影视公司、地产公司之间存在关联关系的力证，并掌握了关键的资金流向凭证。二是和实际控制人沟通和解，如果和解不成功，就启动司法程序起诉资金挪用和合同诈骗。由于彼时房地产行业整体情势较好，所投房地产项目进展较好，最后顺利和解，拿回投资本金和部分利息。试想如果真等到基金兑现，即

2019 年，地产行业情势急转直下，那么这个项目十有八九会面临兑付危机。

通过这个案例，可以看出在实际工作当中投后管理有多么重要。作为广大投资人，我们也要去关注投后管理这件事情，不能因为已经把投资这件事委托给了专业管理人就不管不顾、不闻不问。专业管理人也可能会出疏忽，不能保证所做的投资决策百分之百正确，况且这样的预期也不合理。所以我们需要通过专业投后管理，来共同更早发现可能的潜在问题并及时解决补救。

同样是在 2016 年，当时中概股回归项目很多。其中就有这样一个某中概股回归项目，规模 1.5 亿元，期限 3+1 年。

由于当时这个项目属于"强势来袭"，额度非常紧缺，所以这次投资是通过另外一只基金进行的，也就是套了几层结构，实际上进行投资管理的是底层基金管理团队。而底层基金不是直接投资中概股项目的，只有 40% 的资金投到了中概股，而其余 60% 的资金则投到了中概股母公司（见图 6-5）。

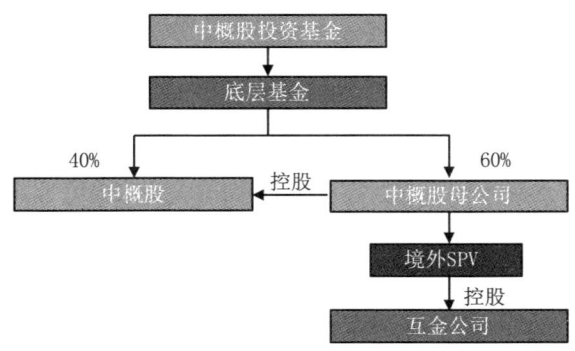

图 6-5　基金结构

到了 2018 年年底，该中概股项目在纳斯达克上市。在上市过程中，由于是互金行业的公司，通过境外 SPV 进行了一些架构安排，使得底层基金管理层可以在互金公司上市锁定期结束后，直接在二级市场上进行抛售。

然而在 2019 年上半年锁定期结束后，底层基金的管理团队并没有任何退出计划，因为互金公司上市后股价一度上涨接近 50%，虽然后期有所回落，但是他们对股价后市抱有较大期待，同时也担心过早主动抛售万一后面股价上涨，会带来收益的损失以及投资人的不满，所以决定暂时不退出。

但是母基金管理人注意到子基金管理人在做上述决定时，忽视了几个重要考量因素：第一，由于中美贸易战的影响，后市不确定性因素的干扰正在不断加大，尤其对中概股而言；第二，从 2019 年年初开始，因 P2P 等金融风险爆发，互金业务受到的政策管制和约束越来越大，短期风险也在加大；第三，到了 2019 年，基金期限已经即将届满 3 年，因为是"3+1"，最多只剩一年时间了，必须开始考虑逐步退出的问题，不然后续退出压力会非常大。因此，管理团队和投后团队极力要求底层基金开始进行退出操作。经过多次沟通，底层基金最终同意分阶段退出，首期退出 50%，这轮退出为投资人赚取了不少收益。之后互金公司的股价持续下跌，从最高点最多跌超 70%，未退出部分损失惨重。

今天，我们再来看那些在美国纳斯达克上市的互金公司，股价已经惨不忍睹，估值可能都不到高点时的 10% 甚至 5% 了。所以，如果投后管理团队能够对各方信息进行更多的分析和判断，就可以帮助我们的投资人更好地进行资产的增值和保值工作。

深度思考：重要的不仅是原则，更是原则背后的原则

若想在人生或者某项事业的后期做出决定，决定的成本和难度也会相应剧增。此时的决定不仅会影响你，还会影响你的家人、员工或者朋友。所以在起步阶段，我们就应该建立自己的核心价值观，锚定做事的基本原则。

我们说财富管理是一件专业制胜的事情，我们也用大量篇幅对此做了详细阐释。而以专业为导向的做事原则，则是在我初入金融行业时就备受教育的地方，包括系统性思考、流程化作业、风控管理、反馈机制，等等。

我大学毕业进入中国银行的那一年，不论哪所大学毕业、此前学习什么专业的新员工，都必须先到一线科室实习和锻炼，包括结算、汇票、现金柜台业务都有涉及。我记得刚开始做的是点钞基本功练习，当时四大行只有中国银行用计算器（其他行还在用传统的算盘，一手翻票一手"打"）。对此，我感到既新奇又倍觉有趣，还曾在银行内部的各种技能大比武中多次获奖。

不过回看中国银行 3 年，我觉得最重要的收获之一还是从根上建立了对于规则和流程的尊重。因为当时大学毕业刚开始参加工作，年轻人都会表现得比较积极一点，所以在完成本职工作之余会很热心地去帮同事，结果当时带我们小组的科长不仅没有表扬我，还狠狠地批评了我："干工作有积极性是好现象，但岗位之间不能互相替代，因为流程本身就是基于风控要求而设计成分离的……"透过分离岗位职责来控制风险给我留下了深刻的印象。

在银行工作的过程中，我发现当时银行业务虽然基本都是简单的操作性工作，但是所有操作性动作之间是有关联的，每个人负责做好自己对应的工作，所有的

动作连接起来就是一个完整而有效的流程。

参与其中，我充分感受到了银行内部是如何严格遵循流程作业，如何建立风控体系，如何反馈监督改进，以及整个系统是如何有效开展工作的。这样的系统性思考和标准化作业要求，为我后来在金融行业的各个领域打拼也带来了很大帮助，凡事定好规则章程，坚决不跨流程，严格执行到位，倡导协作精神。

要重点说明的是，金融工作任何一个简单动作的背后都有一连串的影响，如果没有系统性思考作为防护栏，那么在提供金融服务的时候就很容易在后期出现难以处理和解决的问题。很多个人投资者在管理财富的过程当中，很少进行系统性整体性思考，进入的时候或许成效很快很好，但接下来就可能出现各种未曾考虑的问题，给自己带来很大的麻烦和风险。

比如一看现在资本市场这么火热，你就冲进去炒股票，这就是典型的节点性思考。可能这段时间内也能赚到一些，但从整个过程看，这个时点进去是不是合适，你的决策会不会很投机或者很情感化，这些问题都值得思考。而一旦习惯了投机和情感性决策，你的决策逻辑就出问题了，踩坑就会是必然的事情。所以这也是财富管理当中，我们为什么一直强调要借助专业团队和专业机构去作业，整体性思考就是其中一个重要价值点。

本章观点

家族财富管理是集系统化思考、整体性规划、专业化作业于一体的工作，深刻理解工作内容的复杂性才可以更好地认知专业团队的价值：

● 平安保险的发展历程告诉我们，坚定不移地聘请世界一流的专业团队在助力平安成为全球顶尖企业的道路上发挥了多么大的价值！

● 各种投资机构的专业工作流程告诉我们，只有通过各种专业人才的持续努力和艰苦奋斗才有可能获得好的投资成果。

07 让财富温暖人生：

下半场才刚刚开始

朱光潜先生在《谈美》中曾如此表述："风行水上，自然成纹，文章的妙处如此，生活的妙处也是如此。在什么地位，是怎样的人，感到怎样的情趣，便现出怎样言行风采，叫人一见就觉其和谐完整，这才是艺术的生活。"

其实，纵观人的一生，也未尝不是如此。我上学时是地地道道的工科生，工作后懵懵懂懂一路前行，在系统里学习过（中国银行），也下海摸索打拼过（平安），喝过不少洋墨水（外企），也协助了本土创始人把公司做上市。当我的人生即将行至半百时，我发现我的心境开始不由地发生变化，开始希望重新找到生命中的坐标，行所当行，止所当止，更知何去何从，更有进退从容。

多年的工作让我经历了各种成长，看过了诸多风光，体会了各种喜欢和不喜欢，也为自己赚得了一定空间。有了更多时间和机会，该静下来好好思量一下，如何回答这几个看似简单的问题："你是谁？你从哪里来？你要到哪里去？"

我是谁？我喜欢什么？我不喜欢什么？

· 我是一个在良好家族文化环境熏陶下长大的实在人，我是一个诚实守信重情义的人，我是一个有创新精神并愿意努力奋斗的人，我是一个乐观且有些理想主义精神的人，我还是一个财富管理行业的老兵。

· 我喜欢做体现专业价值的工作，我喜欢钻研财富管理和运作机制，我喜欢通过创造价值获得财富和尊重，我喜欢这一切是在创新发展、简单务实、平等开放的环境中实现的。

· 我不喜欢受人约束，我不喜欢与人争吵斗争，我不喜欢争权夺利，我更不喜欢靠权势地位获取利益的人。

在对自己有了些分析认知后，我也就确定了接下来要去的方向。按照自己这些年的学习、收获、思考和价值观，去做一件自己特别喜欢、有意思有意义且长期可持续的事情。如心理学家弗洛伊德所指引的：生命中唯一重要的事情是去爱！去工作！

我不会留恋大机构高管的位置，我应该去打造一个创新的、对行业未来有支持的平台，我应该去开拓且必须把之前工作中积累的一切经验得失都用上，我应该去撑起下一个30年时间可以持续做事的空间……

想到这些，我决定从零开始、创业优脉，以此开启了我的人生下半场。

行至半百，我的人生下半场

应该追寻什么？

2014 年创立优脉时，我年近 50 岁，人生已在财富管理行业走过了一半的时间。我经历了财富管理行业从无到有的过程，对比了海外成熟的财富管理市场状态，愈加强烈地感受到中国财富管理市场还有很大的成长和发展空间。特别是经历过去 10 年初步的市场化之后，怎么从市场化继续走向专业性的市场化，这是财富管理行业未来的必然趋势和必答命题。据海外发展经验，国内的高净值和超高净值客户必然也会需要一批"买方定位"的专业服务机构来为其提供专业服务，因为只有这样才能更好地维护其自身合法权益，并使得其所拥有的财富能够为身边人、为社会创造更大的价值。专业化加市场化这个发展方向，以及站在客户视角提供专业服务这件事情，均与我一直以来所秉持的理念与价值观特别一致，所以我坚信自己应该还是会驻守在财富管理行业，开展一些能够跟未来趋势更好结合的工作。

应该怎么做？

关于到底应该怎么做，彼时我们还不是很有底。刚开始实践"买方定位"这件事情的时候，我们主要思考了两个问题：一是对于金融市场本身会怎么发展，其实我们是比较了解的，心里有谱不担心；二是彼时世界已经完全"触网"，移动互联网时代的到来，会不会对财富管理行业（特别是高端财富管理行业）产生颠覆性影响？我们决定首先"向网而生"，从技术系统准备入手，从高端财富管理的互联网化领域开始探索。

仔细回想，我们当时的决定是大胆的——我们还没有完全想清楚商业模式应该怎么设计，组织系统应该怎么安排。虽然我们很清楚传统领域的做法，但是互联网时代背景下的"买方定位"怎么落地，这件事情其实之前国内压根没有什么人真正做过，也没有特别成熟的海外经验可以借鉴，完全属于一个探索性的工作。

成事在人，要建体系、要做系统、要理解互联网，都离不开人，所以下一步就是合伙人。我找到了原保险公司的同事李文煜，她是一个非常正直和值得信赖的人，当时在一家世界500强外资机构做中国区副总裁。我邀请她出来创业："……出来创业吧！别在大机构里待着了，我们按自己的想法一起做一件事情……"她做事极其仔细、认真、负责任，我或许可以搞定金融服务系统搭建的方向和创意，但落地执行需要一个像李文煜这样非常严谨、注重细节的人。之前在英国标准人寿保险公司合作另类渠道项目时，我就充分感受到了她的这些特质。

此后不久，我得知老同事诺亚首席技术官马文凯和技术大拿李敏也离开了原公司，正准备创业。他们是一直专注在技术条线的老搭档，履职诺亚之前在IBM就是同事，共同负责过项目，承担过开发重任，是难得的IT精英。记得当时是在一家叫耶里夏丽的新疆餐馆里，大家大块吃肉、大口喝酒、畅想未来，互相聊着自己的构想和想做的事情。很幸运，大家当场就达成了共识，他们决定加入优脉并负责所有技术相关的事宜。图 7-1 为优脉成立初期合伙人的合照。

图 7-1 优脉成立初期
（从左至右：马文凯、李文煜、应松、李敏）

有了负责运营的人，有了落地技术的人，还有我这个做创意和规划的人，虽然没有一个人是做直接业务的，但我们也就这样起步了。一晃 6 年过去了，优脉在家族办公室专业服务领域成为先行者，并实现了从 0 到 1 的成长。

我们收获了什么？

回看这几年，最大的感触就是做企业与做高管（职业经理人）之间的差别非常大。做高管，你只要完成某一方面的工作就可以了，本质上还不是这件事情的最终责任人。比如你所负责的是某一块业务，只需尽心尽力把这块业务做好；或者你所负责的是某一项客户服务或者某一个产品风控，只要掌握相应专业也能够做得不错。但是做企业，你需要综合平衡各方面因素。仍以业务为例，不仅要在有效控制成本的情况下把业务做好，同时还得维系好企业文化，确保有正确的价值观引导，以及应对各种已预计或者更多未预计的情况。

简而言之，做企业是要在多重限制条件下实现目标，极具挑战性。我曾看过一篇关于著名企业家埃隆·马斯克（Elon Musk）的报道。当被问及创业多年的感受时，他打了个比方："创业就是一边咀嚼玻璃，一边凝视深渊。（Being an entrepreneur is like eating glass and staring into the abyss of death.）"LinkedIn（领英）联合创始人雷德·霍夫曼（Reid Hoffman）对于创业也曾做过类似的比喻："创业就像是从悬崖纵身而下，然后在下落的过程中自己组装一架飞机。（Starting a company is like throwing yourself off a cliff and assembling a plane on the way down.）"

这两个逻辑惊人一致的比喻背后是创业不可回避的艰辛。当你坚持某种信念或某个做法，市场却并不埋单，你诸多的努力没有收入时，继续坚持就成为一项挑战。再比如与你同处一个行业从事着类似业务的同行，乍一看发展速度比你快得多，而你也非常清楚其高速发展背后一直遗留着内在问题，或者其某些做法只是为了实现眼前利益，并不可持续，却仅因为速度优势而受到了资本的追逐，得以不断抢占市场，此时的你还会默默坚守初心吗？……类似挑战不胜枚举，而我因此愈加感受到创业确实是一种锤炼。

站在发展的角度反观自己，创业逼迫我站在更加综合、全面的维度去思考问题。在这个过程当中，我也更能理解以前的老板们在面对一些事情时所做的选择。比如当整个市场处于喧嚣状态，人力成本不断提高，也不可能马上见到绩效时，应该怎么处理？再比如某位同事（下属）跟你相处不错，但业绩大多不达标，要不要请他离职或者降薪？这些看似简单的决策背后其实都是对人性的考验，对人际关系的挑战，对是否遵循商业伦理的挑战，以及能否对所有人一视同仁的挑战。

从这个角度看，我觉得人这一生应该早些创业，它或许会让你很痛苦，但也会让你快速成长。今天的我比起 2014 年的我，自觉变化了很多，成长了很多。以前在平安的时候，听马明哲先生经常讲起，"1999 年的马明哲领导不了 2000 年的平安"，他的意思是"每个人都需要成长"，如今想来感受强烈。

我现在对公司和同事们也是同样的要求和希望。公司对员工很重要的一个价值点是支持其成长，公司和每个员工都要思考今天的你和一年前的你（或者进公司之前的你）有什么不同。如果没有什么不同，那又如何期望你今天的工作成果能够比一年前的更好？如果成果更好也不是由你创造的，是基于其他因素，比如某种外部环境发生了变化，那是否就意味着你已经落后于环境的变化？所以如果每个人都能够实现内生性的成长，那么不仅企业能有更好的发展，这个企业里的每个人也能获得更大的收获。此时再来评估收获，工资或许只是很小的一部分了，更大的收获来自个人能力的成长，因为能力的成长在社会当中是会被广泛认可的。而工资就像价格一样，当市场急需某类人才时，价格就会很高，当市场供大于求或许不需要这类人才时，价格就会很低，但是如果你的能力一直都在提升，你还可以干很多事情，这一点从长远发展来看是更重要的。

今时今日，回想过去 6 年发生的故事，收获成长亦感触良多，愿与你一一道来。

做正确的事 vs 正确地做事

2014 年，优脉刚刚起步。在一家投资机构明确表示对优脉的业务感兴趣，并确定会投资入股后，我抽空回了趟家。当时前乐百氏创始人、今日投资集团创始人何伯权先生刚好也在同城度假，他是诺亚天使投资人之一，平时在工作中有着不错的印象和沟通。我去拜会他并告诉他我离开诺亚的职业决定，聊聊我离开以后的一些新打算，希望可以得到他的一些建议。

"何总，我是第一次从零起步创业，对于我们要做的事情和公司的发展，给我一些意见和建议吧。"

没想到何总听完我的构想后，当即表示愿意参与我的新计划。我记得他当时说了一句话，让我印象深刻："我觉得你这件事要做好，坚持做正确的事比正确地做事更重要！"

这让我十分高兴，因为这对于创业起步阶段的我而言，是一份非常难得的信任和背书。如今 6 年过去，回头思考这句话，愈加显得珍贵。

之后我又遇到了合力投资的创始人张敏先生，他直接告诉我："我相信你和你的团队，先投一笔，如果后面钱不够了，我会再投你一笔。"还有很多这样的真实故事，如知名投资人、老鹰基金创始人刘小鹰，也是在见面半小时内就决定投资支持优脉的发展。

在这个过程中，我们有幸得到了股东、团队与合作伙伴的支持，并随后一直坚持在做我们认为正确的事——"买方定位"，即站在客户的视角，通过专业能力帮助客户进行风险管控和资产筛选，更好实现财富的保值增值和传承。

然而，在实际的工作过程中，我发现困难和挑战远比想象的要多得多。买方定位看似简单，但想要有效落地并不容易，我和我的团队经常会面临"路在何方"的困境。付出数倍努力，而有时候成效却不是我们所预期的，比如合作伙伴不信任、客户不愿意付费、供应商只看交易量、买方思维人才稀缺，等等。你会发现当你想要打开一个新领域时，可能首先要让自己成为一个相关领域的全才，而原本认为可以做到的事情并不会因为它是正确的就降低难度，特别是当你想采用创新的方式去优化实现的时候，更加不可能一蹴而就。

于是我们从不断调整一些具体事情的策略和方法上入手，在"正确地做事"这件事情上不断试错，并在不断试错的过程当中逐渐找到正确的方法。比如到底以什么方式去拓展客户更加合理？以什么标准去选择合作伙伴更加靠谱？以什么逻辑去制定经营策略更加有效？以什么人才观去组建团队成员才更加长远？在这个过程当中，我们踩过无数个坑，出现过无数错误。私以为，我们之所以能够走到今天，在中国高端财富管理市场里有一定发展，可以在中国家族办公室领域走到比较前面，是因为我们一直坚持做正确的事，一直坚守"买方定位"，一直坚定以风险管理为核心。虽然在具体落实中出现过各种问题、遇到过各式挑战，但是在"正确的事"这件事情上我们没有走错路。

慢就是快，稳以致远

从 1990 年步入中国银行至今，我在金融行业已经"摸爬滚打"了 30 年，其间经历让我得以基本理解金融行业的一些事情。金融行业以风险管理为核心，而"稳"其实是风险管理当中很重要的一点，表现在业务上就是不能急。

在创业中的我同时还有另外一个角色——企业家。作为企业的创始人，身处瞬息万变的时代，新鲜事物在不断涌现，思维方式也在更迭换代，怎么保证企业能够可持续地发展？所谓"天下武功唯快不破"，作为企业家，我们很多时候需要"快"，即目光前瞻、快人一步。

那么，当两种身份同时加持，到底是应该"慢"还是应该"快"？到底应该在什么地方"慢"、什么地方"快"？这是我在过去经营企业当中经常面临的问题。

我也经常和很多做家族办公室的合作伙伴交流这个问题。我认为，在加强客户关系、做好资产筛选这些工作上必须做深做透，而当你想要把一件事情真正做深做透时，就得"慢"下来，因为整个过程需要更加审慎、更加理性、更加专注。

特别是与业务规模相比，比如与快速实现多少收入、获得多少利润相比，或者对快速招募多少团队成员、扩张多少分公司而言，虽然我们也希望能够足够"快"，但其实是要根据市场时机来决定到底是该"快"还是"慢"的。

所以在根本性问题上，无论公司发展速度要求如何，都不能够因此而把风险管理工作变得草率，也不能够在客户服务、客户认同、客户信赖这件事情上有任何疏忽，客户关系和资产筛选始终是最核心的议题。

事实证明，如果因此而导致企业的发展速度开始变"慢"，那么我们不用为此感到焦虑。而实现"慢就是快"的关键又是什么？我认为关键是坚持，优脉过去 6 年就是这样走过来的，包括跟我们合作的家族办公室，如果在创立的头 3 年能够坚持做好上述两点，即使刚开始业务规模可能一般，发展速度也可能不是很快，但是等放大时间尺度再做整体评估，就会发现这些家族办公室目前都表现得不错，且呈现越来越好的态势。反观有些机构，在跟客户交流的方向方法上，经常用走捷径的交易模式，比如直接推销卖产品，或许刚开始能够快速上业务，但后劲往往不足，更遑论可持续经营。

最支持你的人就是不断挑战你的人

我时常思考，在企业的经营和发展过程当中，最支持你的人是些什么样的人？

事实证明，答案正是那些永远愿意不断挑战你的人。

很多时候，当我们形成一个想法或做出一个决策的时候，我们可能不会再继续深究结果。但是如果你的身边始终有人愿意不断挑战你，表达不同的观点或者坚持不同的方法，尽管你当下可能会觉得有点不舒服，但是回溯看，会豁然发现这些人的珍贵——他们在帮助你并敦促你不断进行深度思考，让你再度评估自己最初的决策到底对不对。

举个例子。在优脉起步阶段，我希望锚定线上做一个高端财富管理社区，把线下的各种场景全部搬到 App 上。当时我们的首席信息官（CIO）提出了不同意见，他认为如果各项功能过于复杂，客户是很难接受的。而当时设计的主要工作正是由我负责。虽然后来我接受了他的观点，但在当时我依然坚持，"我知道你或许说得对，不过我确实不知道怎么做减法了，在我看来这些功能都是必需的，一个也不能减少"。

现在反过来思考，当时不能够有效简化，是因为我对这件事情的思考深度不够。如果一件事情我既能用一句话表达清楚，也能够用一万句话阐述清楚，那么说明我对这件事情的理解已经非常透彻了。

一旦认为自己的方案做得很好，线下的各种场景和各种沟通环节都已经考虑周全，不顾他人的意见就上系统，结果可想而知。实际上，在互联网世界，只有操作简洁、功能明确的产品才更能够让人接受。

后来，在系统开发等方面，我们也吃了不少苦头，不再走一蹴而就的路子。也正是在这个过程当中，我和团队成员之间不断磨炼融合。大家不断提出挑战，让我能够不懈思考，从而在客户服务方面做得越来越好，形成了今天为家族办公室量身打造的专业运营支持系统——优脉智汇云。

再举个例子。公司刚开始发展业务的时候，我们建议招聘一些在传统财富管理行业有着资深经验背景的人，但是后来发现他们在执行落地方面存在问题。因为这其中很多是我亲自招聘的老同事，碍于面子，我会考虑要不要多给一些时间。后来，我的合伙人站出来提醒并挑战我："于公于私，你都应该明确严格的业务要求和时间期限，这既是对双方的发展负责，也是检验业务模式的需要。"这让我不再逃避，也让我们更加深切理解，某一阶段业务发展突然趋缓肯定是有原因的。比如，在一个挑战传统卖方定位的全新买方视角下，人们已经固化的一些思维模式会使得业务很难在新的商业模式下有效开展……最后我们和这些人才也都有了更好的选择方向，在此感谢并祝福。

从上到下愿意不断提出挑战，并敢于接受挑战意见，长此以往也形成了很好的公司文化——在公司内部，在团队之间，大家的沟通是平等的，我们愿意倾听各种各样的声音，愿意彼此之间相互挑战。而这种相互的挑战也会让各个团队、让整个公司都能够不断成长和发展。

而"优脉智汇云"是优脉为家族办公室量身打造的专业运营支持系统。该系统聚焦中国家族办公室初期形态，直面中国家族办公室运营痛点，从后台产品全生命周期管理、中台作业管理到前台客户服务，提供行业一体化解决方案，是"有生命、会成长"的智慧体。

智汇云旨在为每一个联盟成员带来"透明厨房"的独特体验，开放的姿态让家族办公室能够完整地看到产品风控尽调的全部信息，不仅便捷地监测产品全生命周期，还让大家都有了不断学习与成长的机会。通过智汇云，家族办公室可以轻松掌握服务客户的重要信息，存续情况将会实时提醒团队成员跟进处理，客观专业的资产配置报告让客户更放心。

在家族办公室日常营运过程中，智汇云时刻都在记录着珍贵的数据信息：不仅包含全面的产品风控尽调信息、各类日常经营报表、客户关系管理情况等，还包含着行业专家二三十年的经验分享、日积月累的培训课程、个性化的品牌建设与管理工具以及每一个家族办公室营运中的点点滴滴。

现金流是企业的空气

我的一位同学，同时也是我们公司的一位股东，一家世界知名会计师事务所的中国区管理合伙人，他曾经的一番提醒让我和优脉至今受益。

2015 年年初，中国整个财富管理市场热火朝天。我们虽然刚成立不久，但同样信心满满，彼时公司账上已经躺着几百万的资金。我们考虑索性把系统全部开发完成并投入市场，等到积累了一些运营数据之后，再做新一轮的融资。刚好其间跟这位同学有一次沟通，他提醒我："还是要早一点融资。"我起初不以为然，他就追问了我一个问题："你知道现金流有多重要吗？"我一本正经地回答："现金流就像人的血液一样……"没等我说完，他高声说道："现金流就是空气。如果血液少了 400 毫升，人还是能活着的；空气一旦没有了，人立马就会死。"这句话真是醍醐灌顶！

在优脉后续的经营和发展过程当中，我都特别注重公司的现金流管理，也因此保证了公司长期充足的现金流。而这也是我做企业之后第一次深刻认识到现金流的重要性。此后几年随着市场情况的进一步恶化，我们看到包括财富管理行业在内的很多行业出现了企业倒闭潮，一时间关门大吉成为常态，令人唏嘘。究其原因，就是因为前期的过度扩张导致现金流断了，特别是科技类公司这种情况更是不在少数。

　　而家族资产管理不同于一般的财富管理，是一件长期的事，从这一点看我们也必须要活得更长久。除了严把产品筛选关，严控作业合规制度，严守风险管理核心要义，企业本身的生存也是非常关键的。我们要永远把公司的可长期、可持续发展放在第一位。无论碰到怎样的恶劣环境，公司都要能够生存下去，否则帮助客户管理财富就是一句空话、一个笑话。我想这一观点对于创业建立家族办公室的朋友们也一样适用！

　　我们之所以一直强调这一点，是因为大多数的家族办公负责人原来都是"坐办公室"的金融行业资深人士。他们可能曾经是支行长、私行老总、营业部老总、资深理财师……此前基本都没有真正创过业，没有真正做过企业主。当他们真正开始做企业时，就会发现这不仅仅是某个产品、某项服务的问题，企业就是企业，自身必须实现可持续的成长与发展。

伙伴都是路上找的

　　《西游记》中，唐僧奉命只身前往西天，而在途中收了孙悟空、猪八戒、沙和尚和白龙马四位徒弟。也就是说，西天取经的队伍是在完成这项事业过程中组建的。

　　优脉创立之初仅几个人，到现在发展为几十个人的总部团队，几十个各地的办公室伙伴，未来可能还有更多的人加入。我们一路走来，拥有了众多支持我们的股东，以及越来越多合作的家族办公室、越来越多加盟的团队成员，大家因为共同的愿景和价值观走到了一起。回首这一路也要感谢自己，我们在 6 年前有勇气去开始做这件事情。其实，我后来也碰到了不少想做家族办公室服务的人，他们同样有着不错，甚至优于我的条件，遗憾的是他们总想等到所有资源齐备才着手，无意中错失了最佳的入局时机。刚开始创业的时候，我只是有了一个想法，幸得三位合伙人义无反顾地参与，几位核心团队成员的支持与一路陪伴，坚持至今。

所以如果一个人心中有梦想，真正想做一件事情，那么当下就可以开始，而不是必须等到万事俱备。这就好比真想出国的人，不见得非要等到学好英语再成行，或者说想学游泳的人，也不是非要等学会了游泳姿势再下水。最好的语言学习环境是置身其中，最有效的学游泳方法就是下水。只有开始了，一切才有可能。虽然刚开始会碰到一些问题、挑战，遭受一些痛苦，但是只要敢于开始并且持续努力，不断探索，不盲动，保持好现金流，就一定能找到越来越多的志同道合者，让公司愈加发展壮大。

在做生意的行动力上，我一直非常佩服温州人。很早就发现了一个有趣的现象，很多温州人"两眼一抹黑"就去闯荡西班牙等小语种国度，而且他们不仅在异国生活得挺好，还把生意做得很大。套用一句耐克的广告语，Just do it! 只有你去做了，别人才愿意帮你。

如果我不在家族办公室服务平台这件事上起步，也就不会得到何总的投资，更不会得到他的"坚持做正确的事，比正确地做事更重要"的意见。如果我们不是在 2014 年就启动，我们就不可能有 6 年的经历，不可能合作了那么多的家族办公室，或许今时今日还在脑子里琢磨"买方定位"理论。而今天我们已经有了 6 年经验，我们知晓了"买方定位"的家族办公室应该怎么做，特别是已经知晓了哪些不能做，有了可落地的行动指南。

虽然我们还不敢自诩对于做"买方定位"家族办公室这件事已经精通知晓，但是在这个过程当中，我们已经越来越有切身体会，怎么去做将来会更好。在这一点上，我非常肯定并感谢我们的创始团队同事，大家愿意在 2014 年就开始做"买方定位"的家族办公室专业服务平台，因为 2015 年才被称为中国家族办公室的元年，可见彼时整体市场环境有多不成熟。

所以"徒弟都是路上收的"这句话，我也送给所有想做家族办公室的人。如果你想要在中国做家族办公室或理财工作室，认定这是你想要从事的事业，那么投入其中并积极解决各种问题，这个实践过程一定会比你在"岸上"想象半天，做各种准备更具价值。

幸运的人总有原因

最后我想分享一个关于"幸运"的感悟。我们经常会觉得有些人很幸运，我自己也经常被这样评价："应总这个人很幸运，过去工作的每一家机构都不错，比如去到平安不仅'火箭式'升迁还成为集团发展改革中心早期成员，比如得以在外企经历中国金融业入世之后的千禧年代黄金时期，比如加盟诺亚不久之后公司就实现了纽约证券交易所上市……"没错，我确实是幸运的。但是，大家有没有想过，看似幸运这件事单纯是因为"上天垂青"，还是任何幸运的人都是有原因的？

我觉得还是要善于思考。身处任何一个行业，特别是金融行业，更需要多去看书，多去跟专业人士沟通，进行系统性思考，这会让你更好地完成想要达成的目标，更快地找到应该前进的方向。因为不断进行系统性思考的时候，你就能知道应该寻求什么样的人进行合作，或者说什么样的人就会主动与你联系。

举个例子。2018 年对于优脉而言是一个非常特别的年份，彼时市场环境出现重大转变，我作为核心团队成员又生病休息了一段时间，但也正是在这一年，我们取得了优脉发展历程中的一个重大跨越——全球知名资产管理公司 Azimut 集团战略入股优脉。

那么，Azimut 集团为什么能够出现并成为我们的股东？回头看，其实还是因为我们过去的行为：比如很早就进入了这个行业并且一直做得很规范，完全以风险管理为核心，进行体系化布局，在业务发展之初就搭建好了基于风控思考的 IT 系统；比如我们整个核心作业团队原来都有世界 500 强工作经历，拥有系统性思考、整体性规划、专业化作业基因。再加上我们始终保持着初心，整个团队过去几年的经历，刚好跟这家海外大机构的过往经验相吻合——其在欧洲市场经历过像中国财富市场刚刚起步一样的初级阶段，认可我们的做法，看好我们的未来，所以双方的携手看似偶然，实则必然。

这里还有一个小插曲，Azimut 集团和优脉的合作缘起并非股权投资，而是一个产品推广需求。彼时其旗下的一款基金想在中国市场推广，这款基金是以财产险的再保险为底层资产的二级市场基金。当时因为我还在医院休整，由我的创始合伙人李文煜带队进行沟通。李文煜曾经担任标准人寿中国区首席核保师，同时又非常熟悉中国财富管理市场。她提到了一系列专业问题和落地实操问题，这引起了对方的关注，以及对优脉的兴趣。所以很快有了我和对方的正式沟通，或许是我们的理念、团队和坚持让 Azimut 有了不一样的感受，这次沟通之后入股事宜就开始顺利推进。后来我们才知道，在理念和做法上，优脉居然和 Azimut 在 20 世纪 80 年代在欧洲起步时惊人地相似。

幸运的人总是有幸运的原因的。如果我们过去不是一直坚持这个方向和专业作业，Azimut 集团可能也不会"喜欢"我们。而我们在这么干的时候，并没有期待会有某个大机构将来"喜欢"我们，只是觉得需要如此。所以幸运的前提，并不是基于吸引某个人（机构）去干某件事情，而是你内心有自己的观点和坚持，这会吸引和你一样的人。

优脉的做法也因此获得了许多同行的支持，包括家族办公室。比如伯凡家办，其负责人从招商银行离职后，一直想做家族办公室。为此，他曾经去过某大型财富管理机构担任区域总经理，但是很快发现了不可调和的问题和挑战，进而在全市场中对各种各样的机构进行尽调，因为他决心审慎选择再次合作的伙伴。他北上北京，南下广州和深圳，又落脚上海，几乎看遍了全市场的机构。彼时他找到优脉，在优脉职场整整待了一个月做尽调，每天和优脉同事一起上下班，和每一个岗位的每一位同事做沟通，最后才选择跟我们合作。从建立合作至今，伯凡发展得很好，我们彼此的合作也非常默契。

再比如我们早期的一个合作家办——小脉家族办公室。其创始人在过去十几年中一直帮助身边的客户移民美国，2015 年在朋友圈看到优脉的一个 H5 介绍页后找到我们，来访之后当场决定签约。我至今记得她当时由衷而发的一句感叹："优脉是过去两年里我一直在寻找的机构。"原来，她身边有十几个关系很深的客户，基于长期的信任希望她能够帮忙打理资产，比如保险、信托这些家族有需求的业务。于是她就开始琢磨怎样才能完成好客户的托付。她找了大型财富管理机构，也找了银行的私行部，但发现这些机构都要求她入职当一名销售才行，但是这样的话，一来因为要担业务新指标可能不能全身心做好存量客户的全方位服务，二来万一离开了机构，后续服务怎么维系也是个问题，这些都背离了她当初只是想服务好客户的初衷。此后她又陆续看了一些单纯的产品供应平台，但自觉专业判断力还不够，害怕伤害到客户，于是她继续寻找合适的机构……所以当我问她"你想明白了吗？"时，她不假思索地回答要做"买方定位"家族办公室。如今 5 年过去，小脉成功地走到了现在，始终践行着其对客户的承诺。

正是因为市场中有着伯凡、小脉这些同样坚守的人，我们才有了今天的发展。从这个角度来看，我们确实是幸运的。如果你想做一个被幸运眷顾的人，你首先要思考清楚想成为什么样的人，并坚持做自己，相信自己所坚持的是能够为他人创造价值的。最终，与你有着共同价值观的人就会找到你，愿意主动支持你，彼此携手前行。

如果你是一位资深专业人员，希望有个自由身，可以结合自己的意愿与想法去为客户管理资产，或者说你是一个家族成员，希望学会如何管理家族资产，那么不妨就从现在开始努力，在此过程中始终保持初心，坚持做正确的事，珍惜那些愿意不断挑战你的人，注重风险管理和现金流管控，确保办公室能够实现可持续运转，后续的成长和发展就是一件自然而然的事情。

深度思考：我们在巴菲特年会中到底看到了什么

回到本章的主题"让财富温暖人生"，这也是我们这些年经营下来的、做财富管理的最真切体会。如果你拥有的财富能够让你自己、你的后辈、你的周围人的生活以及整个社会更加美好，这就是最大的价值。

在这件事情上，一个最好的楷模就是巴菲特。这些年每年5月，全世界投资界都翘首以盼一场盛会，"股神"沃伦·巴菲特的公司伯克希尔·哈撒韦（Berkshire Hathaway）的股东大会。这个大会年年都在巴菲特的故乡内布拉斯州的奥马哈市举行，奥马哈成了全球金融从业人员的"麦加"，巴菲特也早已赢得"奥马哈的神谕"的美誉。每年大会开完，随后较长一段时间里，金融界乃至社会各界都要对"巴菲特现象"进行热烈讨论。不过随着时间的推移，讨论的重点出现了一个明显的变化趋势，就是从"巴菲特如何通过投资赚这么多钱"开始转向"巴菲特为什么这么长寿又幸福"。

你或许会说，如果我像巴菲特一样是股神、是首富，我自然快乐幸福。其实不然。巴菲特曾在股东年会上这样回答一个小男孩关于延迟满足的问题："所谓延迟满足不是说不提倡去做。我一直相信，储蓄还是有很大作用的。但我不觉得很多富人因为有了很多钱就幸福。幸福和财富不是成正比的。如果你有了50万、100万美元还不幸福，你有了500万或者1亿美元也不会幸福的。"

2017年，我曾和几位企业家朋友去到巴菲特年会现场。几万人聚集在奥马哈这样一个小城市，其中也包括很多来自东半球的中国人。那一刻，我真切感受到大家对他的喜爱，不仅仅是因为他的投资收益率很高，更重要的是他的人生给别人带来了很多启示。那年巴菲特和芒格分别是86岁和93岁高龄，他们往那一坐，能够给大家讲上一天。这首先得有健康的身体做基础。抛开年龄不谈，我参加过国内众多知名投资人年会，从未见过一个GP大佬全程自己做报告和回答问题的，这种职业精神也是同道望其项背的。除此之外，还有幽默、友谊、成就、睿智……总之，人类"幸福学"研究者们所研究出来的成就人类幸福的每一个要素，似乎都在他身上体现了。

此前一位同在现场参会的浙江企业家胡先生，曾由衷表示："我们正生活在一个动荡和变化的环境中，各行各业都会面临冲击，未来永远是不可知的，你只有和走在时代前列的企业和人去连接，才能真正感知到世界是在按怎么样的逻辑在变化，你也才不会被时代拉下。""我原本是想在50岁退休，但是看到巴菲特和芒格都八九十岁了，还在快乐地工作，我觉得我也应该继续去工作。"胡先生说，"去追求健康的身体与心态是我最大的收获"。

　　彼时，另一位同样来自浙江的企业家，优脉联盟永信家族办公室创始人沈先生也带着女儿一起去到了现场。"作为一名天使投资人，观察周围的企业发展一直是我的功课之一。"沈先生说，"国内的不少企业发展很不稳定，一时间知名度会非常高，一时间又可能面临倒闭的情况，而反观巴菲特的公司，从一个小企业发展成世界知名巨头，连续几十年保持稳定的增长，这其中就有许多值得我们学习的东西。我还关注到巴菲特不仅在长达几十年的投资历程中拥有显赫的业绩与独到的投资思想，同时也拥有健康与快乐，这对于国内的企业家来说是非常值得关注的。"他表示，自己在从业生涯中看到过太多企业经营者过着并不快乐的日子，健康也随之消耗殆尽。

　　巴菲特总是说，自己是最幸运的，可以和喜欢的人在一起做喜欢的事，很快乐。他总是教导年轻人要找到自己喜欢的事情，做自己喜欢的事情才会快乐。他在6岁的时候就找到了自己喜欢的事情，这真的很幸运。巴菲特的财富并不是他幸福、长寿的原因，他喜欢投资，又擅长投资。或许我们可以这样理解：做自己喜欢的事情，无所为而为，过程即奖励，无问西东，安顿好自己的心灵，此时的财富就会成为温暖你人生的一道光。

　　所以今天的我也更能理解祖父当年讲的"只要耕耘，定有收获，耕耘需努力，收获为人民"这句话的含义。在经营企业的每一天、每个月或者每个季度的过程当中，这句话其实不一定都成立，但是当你把它放在一个更长的时间轴里，你会发现其中的真谛。最后的"收获为人民"则是最重要的注脚，这个收获不只是对耕耘者自己而言，更多的是对你所能影响到的方方面面，如家人、团队、合作伙伴、客户、社会而言，包括你的下一代。比如你很努力地工作，你碰到困难不低头，那么你的孩子也会学习这些，无须明言、潜移默化。

　　人生或许有阶段性，前半生可能更多的是为了在社会上更好地生存，获得更多的认可，赚取更多的金钱，谋得更高的职位……有一个主动或者被动打拼的过程。但是越往后，越会回归自我、回归本性，思考自己想要什么样的生活、喜欢什么样的事情，然后进入你所期待的生活和事业状态，并为身边人、为社会创造价值。

与财富管理行业的成长发展相比，成立 6 年的优脉才刚刚开始，一切都在路上。我们需要全力把"让财富温暖人生"这个目标落实下去，从扎扎实实理解客户需求开始，从帮助客户做好各项管理财富的工作（比如筛选优质资产、做好解决方案）落地，从扎扎实实支持我们的联盟成员实现可持续发展（比如运营成本更低、运营效果更高）起步，我们相信这中间的每一步都是有意义的，也希望得到更多同道人的认同，携手一起让财富温暖人生。

本章观点

相比古代，现代社会的人们的寿命得到大大延长。纵观"股神"巴菲特的传奇一生，我们会发现其财富与事业的快速成长是在其 50 岁时正式展开的。因此，对于步入中年的（超）高净值人士来说，如何规划自己未来几十年的生活，需要有更加清晰的思路：

● 重新思考一下自己到底想要什么样的生活、想追寻什么、想留下什么。

● 我们的信念是什么？我们真正喜欢的是什么？

● 在我们人生的下半场，尝试着在喜欢的领域和跟喜欢的人一起做喜欢的事，体会其中过程，收获成果，让财富温暖人生。

致　谢

有人说，一个人的财富量级取决于他关系紧密人士的平均值；而我想说，一本书的创作出版亦取决于作者周边阅历沉淀的平均值。这本书与其说是我多年工作经验体会的总结，更可以说是身边人给予我的支持和帮助的总结：与我共承担的创业伙伴，富有前瞻性视野的股东，秉持共同价值观的家办合伙人，努力打拼的同事，卓越的合作伙伴，以及我身边的家人、朋友和同学，他们不仅为这本书提供了素材，他们"就是这本书"。他们都将生命中很珍贵的一部分（或思想，或建议，或信任，或坚守，或支持，或付出）慷慨无私地给予了我。虽然这本书的署名是我，但其实我只是代表了自己身边的这些同行者，他们才是这本书真正的主人。

感谢共同打拼至今、极具创业精神的创始团队。老同事、公司首席运营官李文煜女士，七年如一日的认真负责，永远选择站在客户视角思考，刨根问底是她的鲜明标签，面对一个个看似天马行空的规划，她总能不断熟悉、透彻了解，并最终落地。首席信息官马文凯先生、架构师李敏先生，从优脉成立最初就致力于打造可以穿越家族资产管理长周期的信息管理系统，并且他真的做到了。我在前文曾用了"最支持我的人 & 不断挑战我的人"来形容他，这背后饱含的是深深的感谢。以及感谢在此过程中，所有参与过优脉工作的同事们，他们都为中国家族资产管理之路的探索（曾）一起努力着。

感谢支持我理念起飞和不断跃迁的各位股东。何伯权先生，在我们踏上征途的第

291

一天就给了我们坚定的支持，他给了我和团队"做正确的事比正确地做事更重要"的建议，并这么多年来一直支持着我们初衷不变。感谢张敏先生，他永远温文儒雅、思如泉涌，让人每时每刻都能感受到他对天使投资的激情和专业，他说"相信你和你的团队，如果你失败了，我会再给你一笔"，这种信任让我在出征创业战场时信心满满、不惧险阻。感谢汉能资本陈宏先生、步长集团赵涛先生、老鹰基金刘小鹰先生、开物资本王秋虎先生，在见面半小时内就决定支持我们的事业，还在资产筛选、团队经营建设等方面给予了诸多支持。感谢安中集团（Azimut）亚太区总裁顾慕烁（Massimo Guiat）先生及中国公司总经理赵柏龄先生，他们将自身的经验与我们分享，坚定地支持我们的做法。以上这些投资人对财富行业的前瞻性思考和经验给我们注入了极大的精神力量和专业能力，没有他们的支持，我很难相信优脉能有今天的发展！

感谢创业过程中，一路走来的优脉联盟家族办公室合伙人，我们一起在中国实践买方定位的家族资产管理。小脉家族办公室的焦庆晔女士，一位专业的移民顾问，她是优脉第一位家族办公室合作者。伯凡家族办公室创始人张斌先生，一位资深的私人银行家，优脉理念在西北地区的开拓者和实践者，不仅是我志同道合的伙伴，还是一位知己好友，其对工作细节的认真严谨值得我学习，也激励着优脉坚持思考、不断精进。高脉家族办公室创始人高震先生，他曾是真正的高尔夫玩家和成功企业家，"为喝杯健康的牛奶养一头奶牛"，因洞悉财富管理行业传统商业模式的弊端，而投身于让有产者不焦虑的终身事业，带来了企业家角度的启迪和思考。以及永信家族办公室创始人沈功灿先生、开石家族办公室创始人伯立思先生、青贝家族办公室创始人刘青女士等在中国家族办公室发展初期就荣辱与共的伙伴们，你们对家族办公室的实践和努力是这本书成型的重要动力。

感谢我的朋友们，你们在各自专业领域给予了诚挚的建议和不求回报的帮助，令我备感温暖和感激。观韬（杭州）律师事务所的甘为民律师是我的多年挚友，专注于知识产权、公司与并购领域，同时也是优脉及本书的法律顾问，对优脉股权结构设计提出重要的优化建议，这保障了公司发展的顺利进行。感谢给我警醒"现金流就是空气"的老同学、德勤会计师事务合伙人杨海蛟先生，在发展方向上给予了诸多建设性意见的多年老友秦悦民律师，以及在公司起步阶段提供免费办公职场的老同学顾军先生。

感谢一直默默支持着我的家人。我的太太是一位职业女性，但她一直以来分担了大部分的家庭事务处理工作，让我得以全身心投入我所热爱的金融和财富管理事业，柴米油盐和信念得以同行，并和我父母一样永远最关心我的身体健康，这背后所有无形的付出，我可以感受到。女儿应悦亦参与了本书的整理，其文字编辑工作能力让人侧目，后代已然成长，让人颇感欣慰。

最后特别感谢吴晓波先生，早在 2014 年，我们就曾携手聚焦消费升级，联合中信信托，一起尝试了财富管理市场的"互联网＋金融"新玩法，此后多年，彼此一直保持着交流、沟通和思想碰撞，包括这本书得以顺利出版亦离不开他和他的团队的无私支持。